新编平面几何
300题

万喜人 著

中国科学技术大学出版社

内 容 简 介

本书汇集了作者新编的平面几何题目300余道,按题型分类,每类题目由易到难.其中大部分为基础题,难度适中.也有部分题目综合性较强,难度较大.每道题都经过细致推敲、精心打磨,具有典型性.本书有助于初中生读者破解数学中考压轴题,有助于参加高中数学联赛和更高级别的数学竞赛的选手破解平面几何试题.

本书适合中上水平的初中生和更高年级的学生,也可供中学数学教师在教学中参考,还可供平面几何爱好者使用.

图书在版编目(CIP)数据

新编平面几何300题/万喜人著. —合肥:中国科学技术大学出版社,2023.2
ISBN 978-7-312-05584-3

Ⅰ. 新… Ⅱ. 万… Ⅲ. 几何课—初中—教学参考资料 Ⅳ. G634.633

中国国家版本馆CIP数据核字(2023)第008140号

新编平面几何300题
XINBIAN PINGMIAN JIHE 300 TI

出版	中国科学技术大学出版社
	安徽省合肥市金寨路96号,230026
	http://press.ustc.edu.cn
	https://zgkxjsdxcbs.tmall.com
印刷	安徽国文彩印有限公司
发行	中国科学技术大学出版社
开本	787 mm×1092 mm 1/16
印张	18.25
字数	305千
版次	2023年2月第1版
印次	2023年2月第1次印刷
定价	50.00元

前　言

　　近年来,为了辅导热爱数学且有数学特长的初中"尖子生",我们编制了较多的平面几何题,用于学生练习、考试或者自我检测.本书汇集了300余道题目,一一给出解答,部分题目一题多解.选题的原则是加强基础,既注意广度,也考虑深度,着重启迪读者的思维,增长读者的智慧,要求难而不怪,高而可攀.

　　学数学的最好方法是做数学题."几何没有王者之道".做一定量的题是必需的.我们希望本书的广大读者能从本书中体会几何之妙,享受几何之美,培养兴趣与品位,提高思考能力.

　　收入本书的题目按题型分类,每类题由易到难.其中大部分为基础题,难度适中.也有部分题目综合性较强,难度较大.有些题目的解答中用到了课本外的知识,如调和点列、调和线束、极点与极线等.这部分题目用"※"标记.对这部分题目,大多数初中生读者可以自然地跳过去,只有立志参加全国高中数学联赛或更高级别的数学竞赛的读者才需要理解掌握.

　　本书适合中上水平的初中生和更高年级的学生,也可供中学数学教师在教学中参考,还可供平面几何爱好者使用.

　　长沙万喜教育培训学校的罗凤梅老师、万家利老师承担了艰苦的录入工作,她们付出了辛勤的劳动和大量的心血,在此向她们表示感谢.

　　由于作者水平有限,书中难免有不妥甚至错误之处,希望读者不吝指正.

万喜人

2022 年 11 月于长沙

目 录

前言 …………………………………………………………………… (ⅰ)

第 1 章　线段相等或图形全等 ………………………………………… (1)

第 2 章　角相等或图形相似 …………………………………………… (49)

第 3 章　线段或角的和差倍分 ………………………………………… (83)

第 4 章　直线平行 ……………………………………………………… (89)

第 5 章　直线垂直 ……………………………………………………… (117)

第 6 章　线段的比例式或乘积式 ……………………………………… (137)

第 7 章　点共线或线共点 ……………………………………………… (168)

第 8 章　四点共圆或直线与圆相切 …………………………………… (207)

第 9 章　三角形的"心" ………………………………………………… (265)

第 10 章　定值问题 …………………………………………………… (272)

第 11 章　几何不等式 ………………………………………………… (283)

第1章　线段相等或图形全等

习　题

1. 如图 T1.1 所示,在四边形 $ABCD$ 中,$\angle ABC = \angle ADC = 90°$,$AE \perp BD$ 于点 E,$CF \perp BD$ 于点 F. 求证:$BE = DF$.

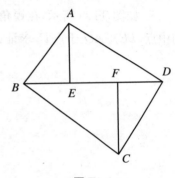

图 T1.1

2. 如图 T1.2 所示,在 $\triangle ABC$ 中,$\angle BAC = 135°$,$AD \perp BC$ 于点 D,且 $AD = 1$,$BC = 5$. 求 AB.

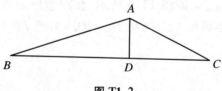

图 T1.2

3. 如图 T1.3 所示,点 A、C、D、B 依次在一条直线上,且 $AC = BD$. 点 M、N 在直线 AB 的同侧,$MA \perp AB$,$NB \perp AB$. 直线 DM 与 CN 交于点 I,MC 与 ND 交于点 J,$IE \perp AB$ 于点 E,$JF \perp AB$ 于点 F. 求证:$CF = DE$.

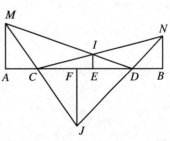

图 T1.3

4. 如图 T1.4 所示,在凸四边形 ABCD 中,$\angle BAD = \angle BCD = 90°$,O 为 BD 的中点,点 A 关于 BC 的对称点为 E,点 C 关于 AD 的对称点为 F. 求证:$OE = OF$.

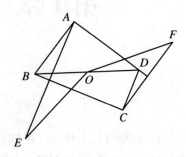

图 T1.4

5. 如图 T1.5 所示,在锐角 △ABC 中,$AB \neq AC$,O 为外心,$AD \perp BC$ 于点 D,M 为 BC 的中点,$BE \perp AO$ 于点 E. 求证:$MD = ME$.

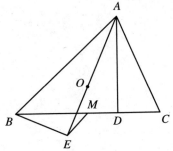

图 T1.5

6. 如图 T1.6 所示,在四边形 ABCD 中,$\angle DAB = \angle ABC$,点 E、F 分别在边 CD、DA 上,满足 $CE = CB$,$DE = DF$,直线 EF 与 BA 交于点 K,CK 交 AD 于点 P. 求证:$AP = PF$.

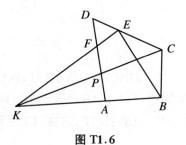

图 T1.6

7. 如图 T1.7 所示,在平行四边形 $ABCD$ 中,点 E、F 分别在直线 AB、AD 上,BF 与 DE 交于点 G,作 $FH \parallel GC$,交 CD 于点 H. 求证:$AE = CH$.

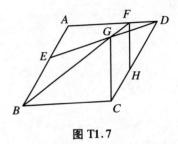

图 T1.7

8. 如图 T1.8 所示,在 $\triangle ABC$ 中,O 为外心,P 为形内一点,D、E、F 分别为三边 BC、CA、AB 的中点,点 P 关于 D、E、F 的对称点分别为 M、N、L,H 是 $\triangle MNL$ 的垂心. 求证:O 为 PH 的中点.

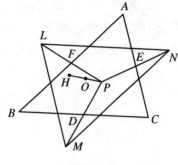

图 T1.8

9. 如图 T1.9 所示,在 $\triangle ABC$ 中,点 E、F 分别在 AC、AB 上,BE 与 CF 交于点 P,AP 与 EF 交于点 T,作 $FK \parallel BC$,交直线 CT 于点 K,AK 与 BC 交于点 D. 求证:$BD = DC$.

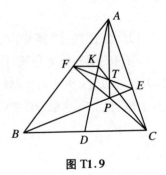

图 T1.9

10. 如图 T1.10 所示,点 P 在 $\triangle ABC$ 内,D 为 BC 的中点.作 $AE \parallel PD$,交 BC 于 E;$EF \parallel PB$,交 AB 于 F;$EK \parallel PC$,交 AC 于 K;$BX \parallel EK$,分别交 FK、AC 于点 L、X.求证:$BL = LX$.

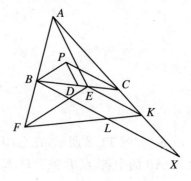

图 T1.10

11. 如图 T1.11 所示,点 D 在 $\triangle ABC$ 内.点 E 在 $\angle ABC$ 内,满足 $\angle ABE = \angle DBC$,$AE \perp AB$.点 F 在 $\angle ACB$ 内,满足 $\angle ACF = \angle DCB$,$AF \perp AC$.$DK \perp BC$ 于点 K,$AT \perp BC$ 于点 T,AT 交 EF 于点 P.求证:$AP = DK$.

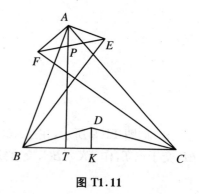

图 T1.11

12. 如图 T1.12 所示,在 $\triangle ABC$ 中,延长 CB 至点 D,延长 BC 至点 E,使 $BD = CE$.直线 l 为 $\angle BAC$ 的外角平分线,作 $DJ \perp DE$,交 l 于点 J;$ET \perp DE$,交 l 于点 T.CJ 与 BT 交于点 K,$KL \perp DE$ 于点 L.作 $JM \perp AB$ 于点 M,$TN \perp AC$ 于点 N,直线 JM 与 TN 交于点 Q,$QS \perp BC$ 于点 S.求证:$BS = CL$.

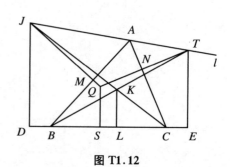

图 T1.12

13. 如图 T1.13 所示,在锐角△ABC 中,$AB \neq AC$,$BE \perp AC$ 于点 E,$CF \perp AB$ 于点 F,BE 与 CF 交于点 H. 取点 B 关于 AC 的对称点 T,点 C 关于 AB 的对称点 V,M、N 分别为 BC、TV 的中点. MN 与 AH 交于点 K. 求证:$AK = KH$.

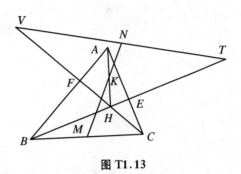

图 T1.13

14. 如图 T1.14 所示,⊙O 是△ABC($AB \neq AC$)的外接圆,过点 B、C 的⊙P 还分别交直线 AB、AC 于点 D、E. △ADE 的外接圆与⊙O 过点 A 的切线交于点 A、F. 求证:$PA = PF$.

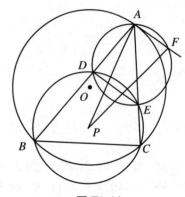

图 T1.14

15. 如图 T1.15 所示,⊙O 的弦 AB 与 CD 交于点 P,点 D 关于点 P 的对称点为 E,⊙(ACP)与⊙(BCE)交于点 C、F. 直线 AF 交⊙(BCE)于点 F、K. 求证:$AD = BK$.

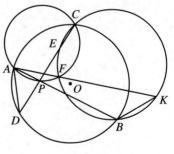

图 T1.15

16. 如图 T1.16 所示,在△ABC 中,点 D、E 在边 BC 上,⊙(ABE)交直线 AC 于点 A、F,⊙(ACD)交直线 AB 于点 A、K.点 P 为⊙(AFK)的圆心.求证:PD = PE.

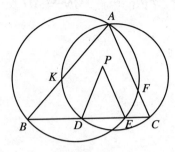

图 T1.16

17. 如图 T1.17 所示,圆 φ 与圆 ε 相交于点 E、F,△ABC 内接于圆 φ,点 D 为$\overset{\frown}{BAC}$的中点,直线 AE 与圆 ε 交于点 E、M,DF 与圆 ε 交于点 F、N,直线 MN 分别交 AB、AC 于点 U、V.求证:AU = AV.

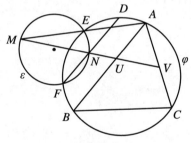

图 T1.17

18. 如图 T1.18 所示,四边形 ABCD 内接于⊙O,点 M、N 分别为 BD、AC 的中点,直线 ON 交⊙(OMC)于点 O、K,过点 K 作 PT ∥ AC,分别交直线 BA、AD 于点 P、T.求证:PK = KT.

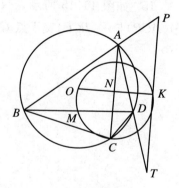

图 T1.18

19. 如图 T1.19 所示,在△ABC 中,AB = AC>BC,点 D 在 AC 上,且 BD = BC,点 F 在 BD 的延长线上,且 AF∥BC,E 为 AD 的中点,I 为△ABD 的内心,直线 EI 与 AB 交于点 K.求证:BF = BK.

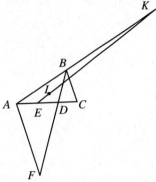

图 T1.19

20. 如图 T1.20 所示,⊙O 是矩形 ABCD 的外接圆,点 P 在直线 BC 上,直线 PE 交⊙O 于点 E、F,直线 PO 分别交 AE、DF 于点 G、H.求证:OG = OH.

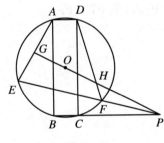

图 T1.20

21. 如图 T1.21 所示,在△ABC 中,∠BAC = 60°,在△ABC 外侧作正△BCD,过 D 任作一条直线,分别交直线 AB、AC 于点 E、F,EC 与 BD 交于点 M,FB 与 CD 交于点 N.P、Q 分别为 DB、DC 的中点.求证:直线 PQ 平分线段 MN.

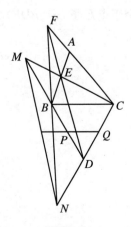

图 T1.21

22. 如图 T1.22 所示，点 P 在 $\triangle ABC$ 内，D 为 BC 的中点．作 $AE \parallel PD$，交 BC 于 E；$EF \parallel PB$，交 AB 于 F；$EK \parallel PC$，交 AC 于点 K. AP 与 FK 交于点 M. 求证：$FM = MK$.

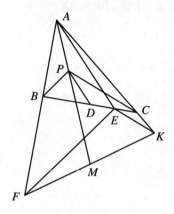

图 T1.22

23. 如图 T1.23 所示，在 $\triangle ABC$ 中，点 D、E 分别在边 AB、AC 上，$BD = CE$，AD 的中垂线分别交 $\triangle ABC$ 的外接圆 $\odot O$ 的 $\overparen{AB}$、$\overparen{ACB}$ 于点 F、K，AE 的中垂线分别交 $\overparen{AC}$、$\overparen{ABC}$ 于点 T、V. 求证：$VT = FK$.

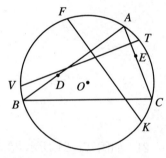

图 T1.23

24. 如图 T1.24 所示，在 $\triangle ABC$ 中，AD 是角平分线，过点 B、C 的圆还分别与 CA、AB 交于点 E、F，$\odot(BDF)$ 交 BE 于点 B、P，$\odot(CDE)$ 交 CF 于点 C、K. 求证：$PE = KF$.

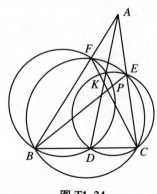

图 T1.24

25. 如图 T1.25 所示,已知在△ABC 中,过点 B、C 的圆还分别与 AB、AC 交于点 D、E,BE 与 CD 交于点 F,直线 AF 交 BC 于点 K.点 P 满足 BP 与△BDK 的外接圆相切,CP 与△CEK 的外接圆相切.求证:直线 AP 平分线段 BC.

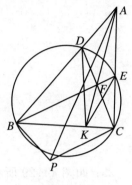

图 T1.25

26. 如图 T1.26 所示,在△ABC 中,∠BAC≠90°,AB≠AC,H 为垂心,AD 为 BC 边上的中线,外接圆⊙O 的弦 AE⊥AD.求证:直线 AD 平分线段 EH.

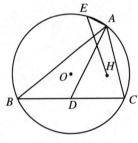

图 T1.26

27. 如图 T1.27 所示,已知在△ABC 中,AD⊥BC 于点 D,点 E、F 分别为 AB、AC 的中点,直线 CE、DE 分别与过 C、D、F 三点的圆再次相交于点 V、T,直线 TV 交 EF 于点 K.求证:KE = KF.

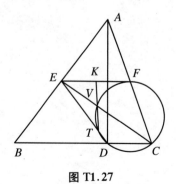

图 T1.27

28. 如图 T1.28 所示,圆 Γ 为 $\triangle ABC$ 的外接圆,圆 Γ 的弦 $EF \parallel BC$(点 E 与 B 在 BC 的中垂线的同侧),D 为 EF 的中点,$EG \perp AB$ 于点 G,$FH \perp AC$ 于点 H.求证:$DG = DH$.

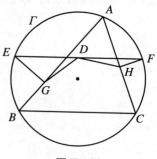

图 T1.28

29. 如图 T1.29 所示,圆 Γ 中三弦 AB、CD、EF 共点于 P(弦的端点在圆上的排列顺序无限制,点 P 在圆内或圆外),点 G、H 在圆 Γ 上,使得 $CG \parallel AB \parallel DH$,直线 EH、FG 分别交直线 AB 于点 M、N.求证:$AM = BN$.

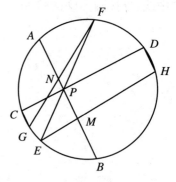

图 T1.29

30. 如图 T1.30 所示,已知在 $\triangle ABC$ 中,$AB = AC$,内切圆与三边 BC、CA、AB 分别切于点 D、E、F,BE、CF 分别交内切圆于点 G、H(G 不同于 E,H 不同于 F),DF、DE 分别交 GH 于点 M、N.求证:$GM = MN = NH$.

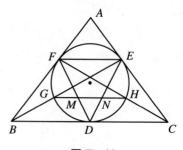

图 T1.30

31. 如图 T1.31 所示,在 △ABC 中,AB≠AC,圆 Γ 是外接圆.直线 t 为过 A 的圆 Γ 的切线,直线 s 为 ∠BAC 的外角平分线,在 s 上任取一点 P(P 不在圆 Γ 上),PB、PC 与圆 Γ 的第二个交点分别为 E、F,直线 EF 与 t 交于点 K.求证:KP = KA.

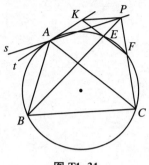

图 T1.31

32. 如图 T1.32 所示,在 △ABC 中,AD 为角平分线,I 为内心.点 P 在 △IBC 的外接圆上,AE⊥BP 于点 E,AF⊥CP 于点 F.求证:直线 EF 平分线段 AD.

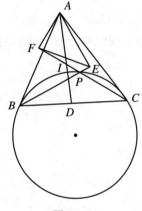

图 T1.32

33. 如图 T1.33 所示,在锐角 △ABC 中,AD⊥BC 于点 D,点 D 关于 AB 的对称点为 F,AE 是外接圆 ⊙O 的直径,BE 的中点为 P.求证:PC = PF.

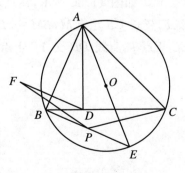

图 T1.33

34. 如图 T1.34 所示，四边形 $ABCD$ 为圆内接四边形，AC 与 BD 交于点 E，直线 AD 与 BC 交于点 F，点 G、H 在线段 AD 上，$\angle AEG = \angle DEH$．作 $FN \parallel EG$，交直线 BD 于点 N；$FM \parallel EH$，交直线 BD 于点 M．直线 NG、MH 分别交 AB 于点 K、T．求证：$AK = BT$．

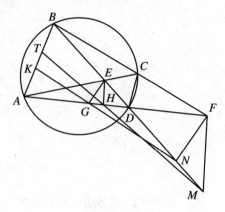

图 T1.34

35. 如图 T1.35 所示，过 $\odot O$ 外一点 P 作 $\odot O$ 的两条切线 PA、PB，A、B 为切点，再过 P 作 $\odot O$ 的一条割线，交 $\odot O$ 于点 C、D（$PC < PD$）．点 E、F 在 $\odot O$ 上，使得 $CE \parallel DF \parallel PB$，直线 AE、AF 分别交直线 PB 于点 G、H．求证：$BG = BH$．

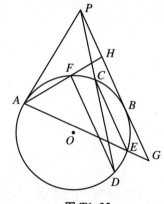

图 T1.35

36. 如图 T1.36 所示，在 $\triangle ABC$ 中，$AB \neq AC$，内切圆与边 BC、CA、AB 分别切于点 D、E、F．延长 CB 至点 M，$BM = BF$；延长 BC 至点 N，$CN = CE$．ME 与 NF 相交于点 P，$AT \perp BC$ 于点 T，直线 DP 交 AT 于点 K．求证：$AK = KT$．

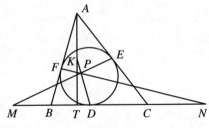

图 T1.36

37. 如图 T1.37 所示,已知在 △ABC 中,点 D、E 分别在 AB、AC 的延长线上,且 BD = BC = CE. T 为 △ABC 的 ∠A 内的旁心,直线 AT 交 △ABC 的外接圆 φ 于点 F(F≠A),交 △ADE 的外接圆 ε 于点 K(K≠A). 求证:TF = TK.

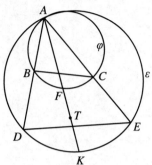

图 T1.37

38. 如图 T1.38 所示,点 P 为 ⊙O 外一点,过 P 的一条直线交 ⊙O 于点 A、B(PA>PB),过 P 的另一条直线交 ⊙O 于点 C、D(PD>PC),AC 与 BD 交于点 E,直线 OE 与 ⊙O 的交点之一为 F,过点 F 作 ⊙O 的切线,分别交 PA、PD 于点 M、N. 求证:直线 PE 平分线段 MN.

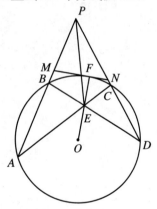

图 T1.38

39. 如图 T1.39 所示,圆 φ 与圆 ε 相交于点 A、B,过点 A 的直线还分别交圆 φ、圆 ε 于点 C、D,过点 A 的另一直线还分别交圆 φ、圆 ε 于点 E、F,⊙(ACF)(表示过 A、C、F 三点的圆)、⊙(ADE) 与直线 AB 的第二个交点分别为 G、H. 求证:BG = BH.

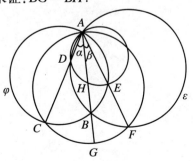

图 T1.39

40. 如图 T1.40 所示，圆 Γ 的弦 XY 上有点 A、B，使得 $XA = YB$，点 P 在圆 Γ 上，PA、PB 再次分别交圆 Γ 于点 C、D，直线 CD 与 XY 交于点 K，过点 K 的一条直线交圆 Γ 于点 E、F，PE、PF 分别交 XY 于点 G、H. 求证：$XG = YH$.

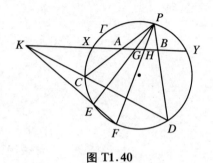

图 T1.40

41. 如图 T1.41 所示，在 $\triangle ABC$ 中，点 D、E、F 分别在边 BC、CA、AB 上，使得 B、C、E、F 四点共圆，AD、BE、CF 三线共点于 H，点 X 在 AD 上，$\triangle DXE$ 的外接圆与 BC 交于点 L（与 D 不重合），$\triangle DFX$ 的外接圆与 BC 交于点 N（与 D 不重合）. 求证：$BN = CL$.

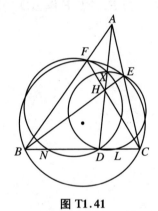

图 T1.41

42. 如图 T1.42 所示，在 $\triangle ABC$ 中，点 D、E 分别在边 AB、AC 上，$DE \parallel BC$. BE 与 CD 交于点 F，$\triangle BDF$ 的外接圆与 $\triangle CEF$ 的外接圆交于点 F、P. 延长 BE、CD，分别与 $\triangle ABC$ 的外接圆交于点 M、N. 直线 PF 与 MN 交于点 K. 求证：$MK = NK$.

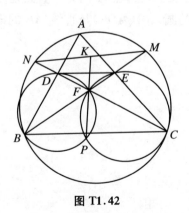

图 T1.42

※43. 如图 T1.43 所示,在△ABC 中,AB>AC,∠BAC 的外角平分线交 BC 于点 D,点 M 在∠BAC 的平分线上,AE⊥BM 于点 E,AF⊥CM 于点 F.求证:直线 FE 平分线段 AD.

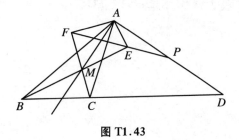

图 T1.43

※44. 如图 T1.44 所示,点 D 在△ABC 内部,且∠BDC = 90° + $\frac{1}{2}$∠A,点 E 在 BD 的延长线上,∠EAD = ∠ABD,△ACD 的外接圆交直线 BC 于点 C、F.求证:EA = EF.

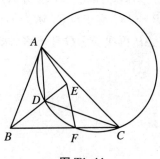

图 T1.44

※45. 如图 T1.45 所示,在△ABC 中,AB≠AC,点 D、E、F 分别在边 BC、CA、AB 上,使得 EF∥BC,DE = DF.⊙(DBF)与⊙(DCE)交于点 D、K,⊙(DBE)与⊙(DCF)交于点 D、T.点 M 是 BC 的中点.AM 与 TK 交于点 P.求证:KP = PT.

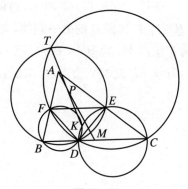

图 T1.45

※46. 如图 T1.46 所示，AB 为 $\odot O$ 的弦（不是直径），点 C 在 AB 的延长线上，点 D、E 在 $\odot O$ 上，使得 DB 平分 $\angle CDE$，直线 CE 交 $\odot O$ 于点 E、F. $\odot O$ 在点 A 处的切线交直线 DF 于点 P. 求证：$PA = PC$.

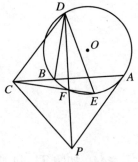

图 T1.46

※47. 如图 T1.47 所示，$\odot O$ 的二弦 AC、BD 所在的直线交于点 E，且 $AC = BD$，直线 AB 与 DC 交于点 F. M 为 $\odot O$ 上一点，直线 ME 再次交 $\odot O$ 于点 N，交 $\odot(AFM)$ 于点 P，直线 AP 再次交 $\odot O$ 于点 K. 求证：$NC = NK$.

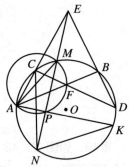

图 T1.47

※48. 如图 T1.48 所示，过圆 Γ 外一点 P 作圆 Γ 的一条割线，交圆于点 A、B（$PA < PB$），过 P 作圆 Γ 的另一割线，交圆于点 D、C（$PD < PC$）. AC 与 BD 交于点 K，直线 PK 交圆 Γ 于点 M、N（$PN < PM$）. 点 G 在圆 Γ 上，CG 与 BN 交于点 E. 作 $EF \parallel MN$，交 MG 于点 F，直线 BF 交 MN 于点 H. 求证：$MH = NH$.

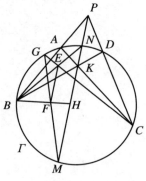

图 T1.48

※49. 如图 T1.49 所示，圆 φ 与圆 ε 相交于点 A、B，点 C、D 在圆 φ 上，直线 AC 与 BD 交于点 E，AD 与 BC 交于点 F，直线 EF 交圆 φ 于点 H、G，直线 AH、AG 与圆 ε 的第二个交点分别为 M、N，直线 EF 交 MN 于点 K. 求证：$MK = NK$.

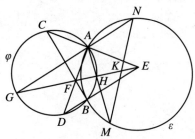

图 T1.49

※50. 如图 T1.50 所示，过 $\odot O$ 外一点 P 作一直线，交 $\odot O$ 于点 A、B（$PA < PB$），过 P 作另一直线，交 $\odot O$ 于点 D、C（$PD < PC$），AC 与 BD 交于点 E，直线 PE 交 $\odot O$ 于点 G、H（$PG < PH$），过点 E 作直线 $t \perp OE$. 点 M、N 在 $\odot O$ 上，使得 $GM \parallel t \parallel HN$，直线 PM、PN 分别交直线 t 于点 V、T. 求证：$EV = ET$.

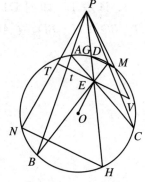

图 T1.50

※51. 如图 T1.51 所示，P 为 $\odot O$ 外一点，过 P 作一直线，交 $\odot O$ 于点 A、B（$PA < PB$），过 P 作另一直线，交 $\odot O$ 于点 D、C（$PD < PC$），AC 与 BD 交于点 E，线段 PE 的延长线交 $\odot O$ 于点 K，任作一条与 OK 垂直的直线，分别交 AK、PK、DK 于点 V、I、T. 求证：$IT = IV$.

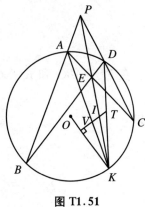

图 T1.51

※52. 如图 T1.52 所示,已知在△ABC 中,AB≠AC,O 为外心,过点 B、C 的⊙P 还分别交 AB、AC 于点 D、E,BE 与 CD 交于点 F,⊙P 的过点 D、E 的切线相交于点 K.求证:直线 FO 平分线段 KP.

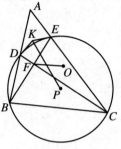

图 T1.52

解　析

1. **证法 1** 如图 D1.1 所示,延长 AE,交 BC 于点 G,延长 CF,交 AD 于点 H.因 $AG \perp BD$,$CH \perp BD$,故 $AG \parallel CH$,所以

$$\frac{HF}{AE} = \frac{DF}{DE}, \quad \frac{CF}{GE} = \frac{BF}{BE}.$$

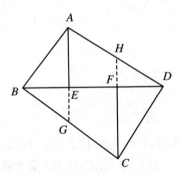

图 D1.1

故

$$\frac{HF \cdot CF}{AE \cdot GE} = \frac{DF \cdot BF}{DE \cdot BE}.$$

在 Rt△ABG 和 Rt△CDH 中,由射影定理得

$$DF^2 = HF \cdot CF, \quad BE^2 = AE \cdot GE.$$

所以

$$\frac{DF^2}{BE^2} = \frac{DF \cdot BF}{DE \cdot BE},$$

即

$$\frac{DF}{BE}=\frac{BF}{DE}=\frac{BF+DF}{BE+DE}=1,$$

亦即 $BE=DF$.

证法 2 如图 D1.2 所示,连接 AC,并设 AC 的中点为 O,作 $OM \perp BD$ 于点 M,连接 BO、DO.

因为 $BO=\frac{1}{2}AC=DO$,所以 M 为 BD 的中点.

又因为 $AE \parallel OM \parallel CF$(都与 BD 垂直),所以

$$\frac{EM}{MF}=\frac{AO}{OC}=1,$$

即 $EM=MF$.

故 $BE=DF$.

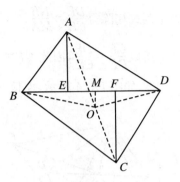

图 D1.2

证法 3 因为 $\angle ABE=90°-\angle CBF=\angle BCF$,所以 Rt$\triangle ABE \sim$ Rt$\triangle BCF$,故 $\frac{BE}{CF}=\frac{AE}{BF}$.

因为 $\angle CDF=90°-\angle ADE=\angle DAE$,所以 Rt$\triangle CDF \sim$ Rt$\triangle DAE$,故 $\frac{CF}{DE}=\frac{DF}{AE}$.

因此 $\frac{BE}{DE}=\frac{DF}{BF}$,故 $\frac{BE}{BE+DE}=\frac{DF}{DF+BF}$,即 $\frac{BE}{BD}=\frac{DF}{BD}$,所以 $BE=DF$.

2. 如图 D1.3 所示,取点 D 关于 AB、AC 的对称点 E、F.直线 BE、CF 相交于点 K.

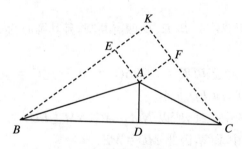

图 D1.3

易知四边形 $AEKF$ 为正方形,边长为 1.

设 $BE=BD=x$,则 $CF=CD=5-x$.

在 Rt$\triangle KBC$ 中,由勾股定理得 $BK^2+CK^2=BC^2$,即 $(x+1)^2+(5-x+1)^2=5^2$. 解得 $x=2$ 或 3.

于是 $BD=2$ 或 3. 从而 $AB=\sqrt{5}$ 或 $\sqrt{10}$.

3. 因 $MA \parallel JF \parallel NB$,故

$$\frac{CF}{AC}=\frac{JF}{MA}, \quad \frac{DF}{BD}=\frac{JF}{NB}.$$

以上两式相除,并利用 $AC=BD$ 得 $\frac{CF}{DF}=\frac{NB}{MA}$.

由 $AC=BD$ 知 $DA=CB$.

因 $MA \parallel IE \parallel NB$，故
$$\frac{DE}{DA} = \frac{IE}{MA}, \quad \frac{CE}{CB} = \frac{IE}{NB}.$$
以上两式相除得 $\dfrac{DE}{CE} = \dfrac{NB}{MA}$.

所以 $\dfrac{CF}{DF} = \dfrac{DE}{CE}$，因此 $CF = DE$.

4. 如图 D1.4 所示，连接 AC、CE、AF、AO、CO.

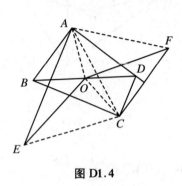

图 D1.4

因为 $\angle BAD = \angle BCD = 90°$，$O$ 为 BD 的中点，所以 A、B、C、D 四点共圆，O 为其圆心，$AO = CO$.

又因为 A、E 关于 BC 对称，C、F 关于 AD 对称，所以 $CE = CA = AF$.

于是
$$\angle ECO = \angle ECB + \angle OCB = \angle ACB + \angle OBC,$$
$$\angle FAO = \angle FAD + \angle DAO = \angle CAD + \angle ADO$$
$$= \angle OBC + \angle ACB,$$

从而 $\angle ECO = \angle FAO$.

故 $\triangle ECO \cong \triangle FAO$，所以 $OE = OF$.

5. **证法 1** 如图 D1.5 所示，直线 ED 交 AC 于点 F，取 AB 的中点 N，连接 NE、ND、NM.

因 $AD \perp BC$，$BE \perp AE$，故 A、B、E、D 四点共圆，且其圆心为 N.

所以 $NE = ND$，且
$$\angle CDF = \angle BDE = \angle BAO = 90° - \angle C = \angle DAC,$$
从而 $\angle CFD = \angle CDA = 90°$，即 $ED \perp AC$.

因为 NM 为 $\triangle ABC$ 的中位线，所以 $NM \parallel AC$，$NM \perp ED$.

故 NM 为线段 ED 的中垂线，因此 $MD = ME$.

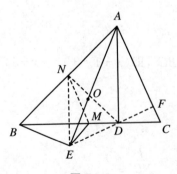

图 D1.5

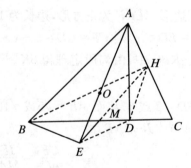

图 D1.6

证法 2 如图 D1.6 所示，作 $BH \perp AC$ 于点 H，连接 DH、MH、DE.

在 Rt$\triangle BCH$ 中，因为 M 为斜边 BC 的中点，所以 $MH = MB$，因此 $\angle BHM = \angle HBM$.

因 $BE \perp AE$, $AD \perp BC$, $BH \perp AC$, 故 A、B、E、D、H 五点共圆.

又 $\angle BAO = 90° - \angle C = \angle DAC$, 所以 $BE = HD$, 四边形 $BEDH$ 为等腰梯形.

故 $\angle BHE = \angle HBD = \angle HBM = \angle BHM$, 即 H、M、E 三点共线.

因此 $MD = ME$.

6. 仅就如图 D1.7 所示的情形进行证明. 其他情形类似可证(一些角可用它们的邻补角替换).

过点 C 作 $GH \parallel AD$, 分别交直线 BK、EF 于点 G、H. 则

$\angle CGB = \angle DAK = \angle CBG \Rightarrow CG = CB$,

$\angle H = \angle DFE = \angle DEF = \angle CEH \Rightarrow CE = CH$.

所以 $CG = CB = CE = CH$.

因 $AF \parallel GH$, 故 $AP = PF$.

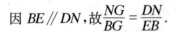

图 D1.7

7. 如图 D1.8 所示, 设直线 BF 与 CD 交于点 N.

因 $FH \parallel GC$, 故 $FG = \dfrac{NG \cdot CH}{CN}$.

因 $BE \parallel DN$, 故 $\dfrac{NG}{BG} = \dfrac{DN}{EB}$.

对 $\triangle ABF$ 及其截线 EGD, 由梅涅劳斯定理得

$$\dfrac{AE}{EB} \cdot \dfrac{BG}{GF} \cdot \dfrac{FD}{DA} = 1.$$

又 $DA = BC$, 所以

$$\dfrac{AE}{EB} = \dfrac{GF}{BG} \cdot \dfrac{BC}{FD} = \dfrac{NG \cdot CH}{CN \cdot BG} \cdot \dfrac{CN}{DN} = \dfrac{CH}{EB},$$

故 $AE = CH$.

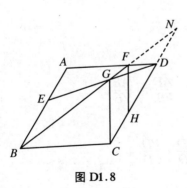

图 D1.8

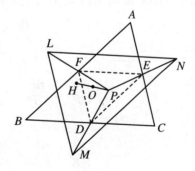

图 D1.9

8. 如图 D1.9 所示, 连接 DE、EF、FD.

因 D、E、F 分别为 PM、PN、PL 的中点, 故 $\triangle DEF$ 与 $\triangle MNL$ 位似, 位似中心为点 P, 位似比为 $1 : 2$.

又点 O 为 $\triangle DEF$ 的垂心, H 为 $\triangle MNL$ 的垂心, 所以 P、O、H 三点共线, 且 $\dfrac{PO}{PH} = \dfrac{1}{2}$.

故 O 为 PH 的中点.

9. 如图 D1.10 所示,作 $FM \parallel AC$,交 CK 的延长线于点 M,延长 FK,交 AC 于点 N.
对 $\triangle AEF$ 及点 P,由塞瓦定理得

$$\frac{AB}{BF} \cdot \frac{FT}{TE} \cdot \frac{EC}{CA} = 1 \Rightarrow \frac{AB \cdot EC}{BF \cdot CA} = \frac{TE}{FT} = \frac{EC}{FM}$$

$$\Rightarrow \frac{BF}{FM} = \frac{AB}{AC} = \frac{BF}{CN}$$

$$\Rightarrow FM = CN.$$

所以

$$\frac{BD}{DC} = \frac{FK}{KN} = \frac{FM}{CN} = 1,$$

即 $BD = DC$.

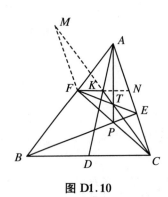

图 D1.10

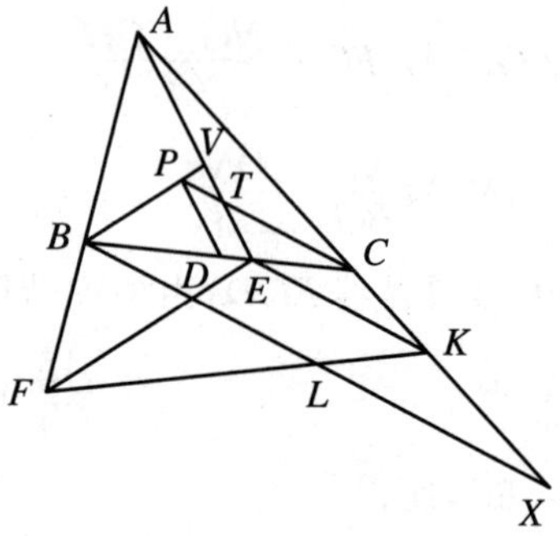

图 D1.11

10. 如图 D1.11 所示,设 BP、CP 分别交 AE 于点 V、T.
考虑 $\triangle ABX$ 被直线 FLK 截,由梅涅劳斯定理得

$$\frac{BL}{LX} \cdot \frac{XK}{KA} \cdot \frac{AF}{FB} = 1.$$

又

$$\frac{XK}{CK} = \frac{BE}{CE}, \quad \frac{CK}{AK} = \frac{TE}{AE}, \quad \frac{AF}{FB} = \frac{AE}{VE},$$

所以

$$\frac{XK}{AK} \cdot \frac{AF}{FB} = \frac{BE \cdot TE}{VE \cdot CE} = \frac{BD}{PD} \cdot \frac{PD}{CD} = 1.$$

故 $BL = LX$.

11. 易知 $\angle FAP = 90° - \angle CAT = \angle C$. 同理,$\angle EAP = \angle B$. 从而 $\angle EAF = \angle B + \angle C = 180° - \angle A$.

由张角定理得

$$\frac{\sin \angle FAP}{AE} + \frac{\sin \angle EAP}{AF} = \frac{\sin \angle EAF}{AP}$$

$$\Leftrightarrow \frac{\sin\angle C}{AE} + \frac{\sin\angle B}{AF} = \frac{\sin\angle A}{AP}$$

$$\Leftrightarrow \frac{AB}{AE} + \frac{AC}{AF} = \frac{BC}{AP} \quad (\text{正弦定理})$$

$$\Leftrightarrow \frac{BK}{DK} + \frac{CK}{DK} = \frac{BC}{AP} \quad (\text{Rt}\triangle ABE \backsim \text{Rt}\triangle KBD, \text{Rt}\triangle ACF \backsim \text{Rt}\triangle KCD)$$

$$\Leftrightarrow AP = DK.$$

12. 如图 D1.12 所示,延长 SQ,交 JT 于点 P.

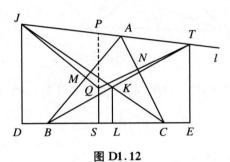

图 D1.12

因 $\angle AJM = 90° - \angle JAM = 90° - \angle TAN = \angle ATN$,故 $QJ = QT$.

因 $JD \parallel PS \parallel TE$(都与 DE 垂直),故

$$\frac{SD}{SE} = \frac{PJ}{PT} = \frac{QJ\sin\angle JQP}{QT\sin\angle TQP} = \frac{\sin B}{\sin C} = \frac{AC}{AB}.$$

在 $\triangle ABT$ 中,$\dfrac{BT}{\sin\angle BAT} = \dfrac{AB}{\sin\angle KTA}$.

在 $\triangle ACJ$ 中,$\dfrac{CJ}{\sin\angle CAJ} = \dfrac{AC}{\sin\angle KJA}$.

又 $\angle BAT = \angle CAJ$,所以

$$\frac{BT}{CJ} = \frac{AB}{AC} \cdot \frac{\sin\angle KJA}{\sin\angle KTA} = \frac{AB}{AC} \cdot \frac{KT}{KJ}$$

$$\Rightarrow \frac{AC}{AB} = \frac{KT}{BT} \cdot \frac{CJ}{KJ} = \frac{LE}{BE} \cdot \frac{CD}{LD} = \frac{LE}{LD}.$$

故 $\dfrac{SD}{SE} = \dfrac{LE}{LD}$,因此 $SD = LE$,所以 $BS = CL$.

13. **证法 1** 设 O 为 $\triangle ABC$ 的外心,连接线段,如图 D1.13 所示.

由三角形中位线定理得 $FM \underline{\underline{\parallel}} \dfrac{1}{2}BV \underline{\underline{\parallel}} EN$,$ME \underline{\underline{\parallel}} \dfrac{1}{2}CT \underline{\underline{\parallel}} FN$.

又 $BV = BC = CT$,所以 $MENF$ 为菱形,$MN \perp EF$.

因 B、C、E、F 四点共圆,故 $\angle AFE = \angle ACB$. 所以 $\angle OAB + \angle AFE = 90° - \angle ACB + \angle ACB = 90°$,即 $AO \perp EF$.

故 $MN \parallel AO$. 又 $OM \parallel AH$(都与 BC 垂直),所以 $AOMK$ 为平行四边形.

从而 $AK = OM = \frac{1}{2}AH$, 故 $AK = KH$.

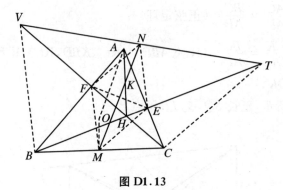

图 D1.13

证法 2 如图 D1.14 所示, 作 $\triangle ABC$ 的外接圆 $\odot O$ 的直径 AQ, 直线 VB 与 TC 相交于 X, XH 的中点为 L.

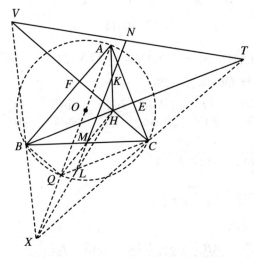

图 D1.14

因 $\angle QBA = 90°$, $CH \perp AB$, 故 $BQ \parallel CH$.

同理, $CQ \parallel BH$. 所以 $BHCQ$ 为平行四边形.

又因为 M 是 BC 的中点, 所以 M 也是 HQ 的中点.

因 $BV = BC$, $BQ \parallel CV$, 故 BQ 平分 $\angle XBC$.

同理, CQ 平分 $\angle XCB$. 所以 Q 是 $\triangle XBC$ 的内心.

又 A 是 $\triangle XBC$ 的 $\angle BXC$ 内的旁心, 故 X、Q、A 三点共线.

由完全四边形的牛顿线定理知 L、M、N 三点共线.

因为 $LM \parallel XQ$ (LM 是 $\triangle HXQ$ 的中位线), 即 $MK \parallel QA$, 又 $HM = MQ$, 所以 $AK = KH$.

14. 如图 D1.15 所示, 设 T 为 $\triangle ADE$ 的外心, 则 $PT \perp DE$.

因 $\angle OAB = 90° - \angle ACB = 90° - \angle ADE$,故 $AO \perp DE$,所以 $PT \parallel AO$.

又因 AF 为 $\odot O$ 的切线,故 $AO \perp AF$. 所以 $PT \perp AF$.

由垂径定理知 PT 是 AF 的中垂线. 所以 $PA = PF$.

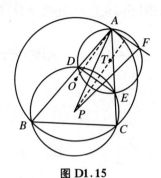

图 D1.15

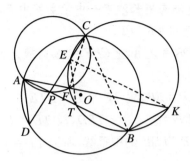

图 D1.16

15. 如图 D1.16 所示,设直线 AB 交 $\odot(BCE)$ 于点 B、T,连接 ET、EK、BC、CF.

因 $\angle EKF = \angle ECF = \angle PAF$,故 $BT \parallel KE$,因此 $ET = BK$.

因 $\angle D = \angle TBC = \angle PET$,$DP = EP$,$\angle APD = \angle TPE$,故 $\triangle PAD \cong \triangle PTE$,所以 $AD = ET = BK$.

16. **证法 1** 如图 D1.17 所示,设 M 为 DE 的中点,连接 PB、PC、PM. 设 $\odot(AFK)$ 的半径为 r.

由圆幂定理得

$$PB^2 - r^2 = BK \cdot BA = BD \cdot BC,$$
$$PC^2 - r^2 = CF \cdot CA = CE \cdot BC.$$

所以

$$PB^2 - PC^2 = BC(BD - CE)$$
$$= (BM + CM)(BM - CM) = BM^2 - CM^2.$$

故 $PM \perp BC$,PM 为线段 DE 的中垂线,从而 $PD = PE$.

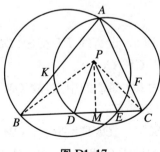

图 D1.17

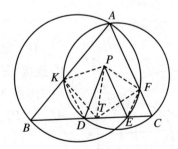

图 D1.18

证法 2 只证如图 D1.18 所示的情形,其他情形证明类似. 设 $\odot(PKD)$ 交 BC 于点 D、T,连接线段如图所示.

因 $\angle KPT = \angle BDK = \angle KAC = \frac{1}{2}\angle KPF$,故 $\angle FPT = \frac{1}{2}\angle KPF = \angle FAB = \angle FEC$. 因

此 P、F、E、T 四点共圆.

因 $\triangle PKT \cong \triangle PFT$,故 $\odot(PKDT)$ 与 $\odot(PFET)$ 半径相等.

因为 $\angle PTD + \angle PTE = 180°$,所以 $PD = PE$.

证法3(湖南省长沙市一中学生罗中天提供) 如图D1.19所示,连接 KD、FE 并延长,交于点 T. 连接 PK、PF.

因 $\angle BDK = \angle A$,$\angle CEF = \angle A$,故 $\angle T = 180° - 2\angle A = 180° - \angle KPF$. 所以 K、P、F、T 四点共圆.

又因 $KP = FP$,故 TP 平分 $\angle DTE$.

因 $\angle TDE = \angle A = \angle TED$,故 $TD = TE$.

因此 TP 为 DE 的中垂线. 所以 $PD = PE$.

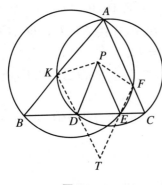

图 D1.19

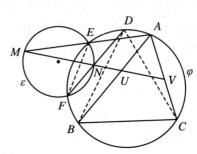

图 D1.20

17. 如图 D1.20 所示(图形画得不相同时,证明过程要稍作变动),连接 EF、DB、DC. 因为

$$\angle AUV = \angle AMU + \angle MAU = \angle EFD + \angle EAB \stackrel{m}{=\!=} \frac{1}{2}(\overset{\frown}{DE} + \overset{\frown}{EB}) \stackrel{m}{=\!=} \angle DCB,$$

$$\angle UAV = \angle BAC = \angle BDC,$$

所以 $\triangle AUV \sim \triangle DCB$.

因 $DC = DB$,故 $AU = AV$.

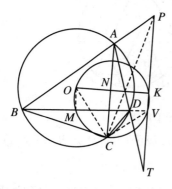

图 D1.21

18. 如图 D1.21 所示,设直线 PT 交 $\odot(OMC)$ 于点 K、V. 连接 OM、MV、CP、CV、OC.

因点 M、N 分别为 BD、AC 的中点,故 $OM \perp BD$,$ON \perp AC$. 又 $PT \parallel AC$,故 $OK \perp PT$.

从而 $\angle OMV = 180° - \angle OKV = 90°$,即 $OM \perp MV$.

所以直线 BD 与 MV 重合,即点 V 在直线 BD 上.

因为 $\angle CVT = \angle COK = \frac{1}{2}\angle AOC = \angle ABC$,所以 P、B、C、V 四点共圆. 于是

$$\angle ACP = \angle CPV = \angle CBV = \angle CBD = \angle CAD.$$

所以 AT 与 CP 的交点在 AC 的中垂线 OK 上.

故 $PK=KT$.

19. 如图 D1.22 所示,DI 交 AB 于点 T,设 $AB=AC=c$,$BD=BC=a$,$AD=b$.

因等腰 $\triangle BDC \backsim$ 等腰 $\triangle ABC$,故 $DC = c - b = \dfrac{a^2}{c}$.

因 $AF // BC$,故 $\dfrac{BF}{BD} = \dfrac{AC}{CD}$,所以

$$BF = \dfrac{AC \cdot BD}{CD} = \dfrac{c^2}{a}.$$

考虑 $\triangle ADT$ 被直线 EIK 截,由梅涅劳斯定理得

$$\dfrac{AE}{ED} \cdot \dfrac{DI}{IT} \cdot \dfrac{TK}{KA} = 1.$$

又 $\dfrac{AE}{ED} = 1$,$\dfrac{DI}{IT} = \dfrac{BD}{BT} = \dfrac{a}{BT}$,所以

$$\dfrac{a}{BT} \cdot \dfrac{BT+BK}{c+BK} = 1,$$

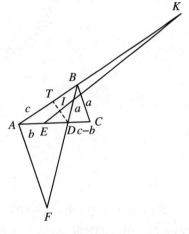

图 D1.22

因此

$$BK = \dfrac{(c-a)BT}{a-BT} = \dfrac{(c-a)\dfrac{ac}{a+b}}{a-\dfrac{ac}{a+b}} = \dfrac{(c-a)c}{a+b-c} = \dfrac{(c-a)c}{a-\dfrac{a^2}{c}} = \dfrac{c^2}{a}.$$

故 $BF=BK$.

注 下面两道类似的题,证法也类似.

(1) 如图 D1.23 所示,在 $\triangle ABC$ 中,$AB=AC>BC$,点 D 在 AC 上,且 $BD=BC$,E 为 AD 的中点,J 为 $\triangle ABD$ 的 $\angle ABD$ 内的旁心,JE 与 DB 交于点 F. 求证:$BF=AB$.

(2) 如图 D1.24 所示,在 $\triangle ABC$ 中,$\angle C=2\angle B$,点 D 为 BC 的中点,$\angle ACB$ 的平分线交 AB 于点 E,J 为 $\angle BAC$ 内的旁心,JD 与 CA 交于点 F. 求证:$AE=AF$.

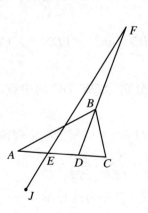

图 D1.23

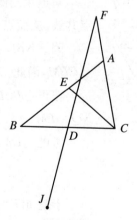

图 D1.24

20. 如图 D1.25 所示,设直线 DA 与 PO 交于点 Q,作 $FK \parallel PQ$,交 $\odot O$ 于点 K,连接 QK、GK、OK、OF.

在矩形 $ABCD$ 中,A、O、C 三点共线,且 $OQ = OP$.

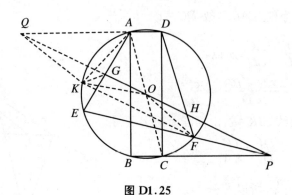

图 D1.25

又因为 $OK = OF$,$\angle KOQ = \angle OKF = \angle OFK = \angle FOP$,所以 $\triangle OKQ \cong \triangle OFP$,故 $KQ = FP$,因此四边形 $PQKF$ 为等腰梯形.

故 $\angle KQG = \angle FPH = \angle EFK = \angle EAK$,因此 A、G、K、Q 四点共圆. 所以 $\angle KGQ = \angle KAQ = \angle KFD = \angle FHP$.

于是 $\triangle GKQ \cong \triangle HFP$,所以 $GQ = HP$.

故 $OG = OH$.

注 点 E、F 的位置互换,结论仍成立. 证法类似.

21. 如图 D1.26 所示,设 $\triangle ABC$ 的外接圆 Γ 交 CE 于点 K(不同于 C),直线 BK 与 AC 交于点 F',直线 PQ 与 MN 交于点 T.

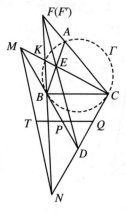

图 D1.26

因为 $\angle DBC = \angle DCB = 60° = \angle BAC$,所以 BD、CD 都是圆 Γ 的切线.

对退化的圆内接六边形 $ABBKCC$,由帕斯卡定理得 E、D、F' 三点共线. 从而点 F' 与 F 重合.

因 $\angle NBD = \angle BCM$,$BD = BC$,$\angle BDN = \angle CBM$,故 $\triangle BDN \cong \triangle CBM$,因此 $DN = BM$.

在正 $\triangle BCD$ 中,P、Q 分别为 DB、DC 的中点,所以 $DP = QD$,$NQ = PM$.

考虑 $\triangle DMN$ 被直线 PQ 截,由梅涅劳斯定理得

$$\frac{MT}{TN} \cdot \frac{NQ}{QD} \cdot \frac{DP}{PM} = 1.$$

于是 $MT = TN$,即直线 PQ 平分线段 MN.

22. 如图 D1.27 所示,设 FE 分别交 AM、AK 于 N、V. AE 与 PC 交于 X,BP 分别交

AE、AC 于点 Y、T.

考虑△FKV 被直线 MNA 截,由梅涅劳斯定理得

$$\frac{FM}{MK} \cdot \frac{KA}{AV} \cdot \frac{VN}{NF} = 1.\qquad ①$$

因 $KE /\!/ CX$,故 $\dfrac{KA}{AC} = \dfrac{AE}{AX}$.

因 $BT /\!/ FV$,故 $\dfrac{AT}{AV} = \dfrac{AY}{AE}$.

所以 $\dfrac{KA}{AV} = \dfrac{AY}{AX} \cdot \dfrac{AC}{AT}$.

又因为 $\dfrac{VN}{NF} = \dfrac{PT}{PB}$,所以

$$\frac{KA}{AV} \cdot \frac{VN}{NF} = \frac{AY}{AX} \cdot \frac{AC}{AT} \cdot \frac{PT}{PB}.\qquad ②$$

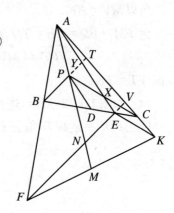

图 D1.27

由直线 ATC 截△PXY 得

$$\frac{YA}{AX} \cdot \frac{XC}{CP} \cdot \frac{PT}{TY} = 1.\qquad ③$$

由直线 AYX 截△PCT 得

$$\frac{CA}{AT} \cdot \frac{TY}{YP} \cdot \frac{PX}{XC} = 1.\qquad ④$$

③×④,整理得

$$\frac{YA}{AX} \cdot \frac{CA}{AT} = \frac{CP \cdot YP}{PT \cdot PX}.\qquad ⑤$$

因 $PD /\!/ AE$,$CD = DB$,故

$$\frac{CP}{PX} = \frac{CD}{DE} = \frac{DB}{DE} = \frac{PB}{PY}.\qquad ⑥$$

将式⑥代入式⑤得

$$\frac{YA}{AX} \cdot \frac{CA}{AT} \cdot \frac{PT}{PB} = 1.\qquad ⑦$$

由式①、式②、式⑦得 $FM = MK$.

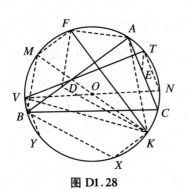

图 D1.28

23. 如图 D1.28 所示,在⊙O 上取点 M、X,使得 $FM /\!/ AB /\!/ KX$.

因∠$FDA =$ ∠$FAD =$ ∠MBA,故 $FD /\!/ MB$.

于是四边形 $FMBD$ 为平行四边形,$FM = BD$.

同理,$KX = BD$.

所以 $FM = KX$,且 $FM /\!/ KX$.

故 MK 为⊙O 的直径.

类似地,在⊙O 上取点 N、Y,使得 $TN /\!/ AC /\!/ VY$,则

NV 为 $\odot O$ 的直径.

所以 $\overset{\frown}{MV} = \overset{\frown}{NK}$.

因 $FM = BD = CE = TN$, 故 $\overset{\frown}{FM} = \overset{\frown}{TN}$. 所以
$$\overset{\frown}{VFT} = \overset{\frown}{MV} + \overset{\frown}{FM} + \overset{\frown}{FT} = \overset{\frown}{NK} + \overset{\frown}{TN} + \overset{\frown}{FT} = \overset{\frown}{FTK},$$

从而 $VT = FK$.

24. 如图 D1.29 所示,连接 DF、PF、EF.

因 $\angle BDF = \angle BPF$, 故 $\angle FDC = \angle FPE$.

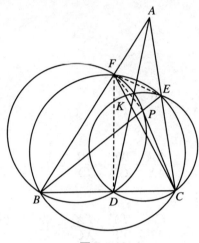

图 D1.29

又 $\angle FCD = \angle FEP$, 故 $\triangle FDC \backsim \triangle FPE$, 因此 $PE = \dfrac{DC \cdot EF}{CF}$.

同理, $KF = \dfrac{BD \cdot EF}{BE}$.

因为 AD 平分 $\angle BAC$, $\triangle ABE \backsim \triangle ACF$, 所以
$$\dfrac{BD}{DC} = \dfrac{AB}{AC} = \dfrac{BE}{CF} \Rightarrow \dfrac{DC}{CF} = \dfrac{BD}{BE}.$$

故 $PE = KF$.

25.

直线 AP 平分线段 BC $\Leftrightarrow$ $S_{\triangle ABP} = S_{\triangle ACP}$

$\Leftrightarrow AB \cdot BP \sin\angle DBP = AC \cdot CP \sin\angle ECP$

$\Leftrightarrow \dfrac{AB}{AC} \cdot \dfrac{BP}{CP} \cdot \dfrac{\sin\angle DKB}{\sin\angle EKC} = 1$ (注意 $\angle DBP + \angle DKB = 180°$)

$\Leftrightarrow \dfrac{AE}{DA} \cdot \dfrac{\sin\angle BCP}{\sin\angle CBP} \cdot \dfrac{\sin\angle DKB}{\sin\angle EKC} = 1$

$\Leftrightarrow \dfrac{AE}{DA} \cdot \dfrac{\sin\angle CEK}{\sin\angle EKC} \cdot \dfrac{\sin\angle DKB}{\sin\angle BDK} = 1$

$\Leftrightarrow \dfrac{AE}{DA} \cdot \dfrac{CK}{EC} \cdot \dfrac{BD}{KB} = 1$

$\Leftrightarrow \dfrac{AE}{EC} \cdot \dfrac{CK}{KB} \cdot \dfrac{BD}{DA} = 1$

$\Leftrightarrow AK$、BE、CD 三线共点.

证毕.

26. 如图 D1.30 所示,不妨设 $AB>AC$(图形画得不相同时,证明类似),作 $HF\perp AD$ 于点 F,延长 AD 至点 K,使 $DK=DA$. DK 交⊙O 于点 T,连接 ET、HK、BH、CH、BK、CK.

因 $AE\perp AD$,故 ET 为⊙O 的直径.

因 AK 与 BC 互相平分,故四边形 $ABKC$ 为平行四边形. 所以 $BK\parallel AC$.

又 $BH\perp AC$,故 $BK\perp BH$.

同理,$CK\perp CH$.

又因为 $HF\perp AD$,所以 B、F、H、C、K 五点都在以 HK 为直径的圆上. 注意到 $\triangle KBC\cong \triangle ACB$,知⊙($BFHCK$)与⊙$O$ 直径相等,即 $HK=ET$.

因 $AD\cdot DT=BD\cdot DC=FD\cdot DK$,$AD=DK$,故 $DT=FD$,$FK=AT$.

所以 Rt$\triangle HFK\cong$Rt$\triangle EAT$,从而 $HF=AE$.

又 $HF\parallel AE$(都与 AD 垂直),所以四边形 $AEFH$ 为平行四边形,故直线 AD 平分线段 EH.

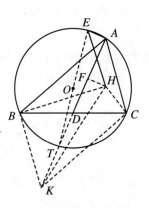

图 D1.30

27. 如图 D1.31 所示,连接 DF.

因为 $EF\parallel BC$,所以 $\angle KEV=\angle VCD=\angle KTE$,故 $KE^2=KV\cdot KT$.

在 Rt$\triangle ADC$ 中,因 F 为斜边 AC 的中点,故 $FD=FC$.

所以 $\angle KFD=\angle FDC=\angle FCD$,因此 KF 为过 C、D、F 三点的圆的切线,从而 $KF^2=KV\cdot KT$.

故 $KE=KF$.

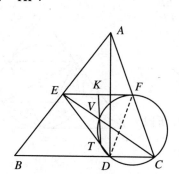

图 D1.31

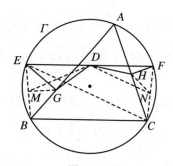

图 D1.32

28. 设 M、N 分别为 BE、CF 的中点,连接线段如图 D1.32 所示(图形画得不相同时,证明类似).

因弦 $EF \parallel BC$，D 为 EF 的中点，故
$$DM = DN, \angle DME = \angle DNF = \angle ECF = \angle ABE + \angle ACF.$$
又 $EG \perp AB, FH \perp AC$，故
$$MG = \frac{1}{2}BE = \frac{1}{2}CF = NH,$$
$$\angle DMG = \angle EMG - \angle DME = 2\angle ABE - (\angle ABE + \angle ACF)$$
$$= \angle ABE - \angle ACF,$$
$$\angle DNH = \angle DNF - \angle HNF = \angle ABE + \angle ACF - 2\angle ACF$$
$$= \angle ABE - \angle ACF,$$

从而 $\angle DMG = \angle DNH$。所以 $\triangle DMG \cong \triangle DNH$。

故 $DG = DH$。

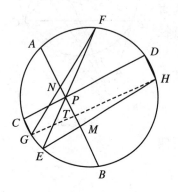

图 D1.33

29. 如图 D1.33 所示，连接 GH，交 AB 于点 T。

因 $CG \parallel AB \parallel DH$，故 $AP = BT, AT = BP$。

因为
$$\frac{AM \cdot AN}{BM \cdot BN} = \frac{S_{\triangle AEH}}{S_{\triangle BEH}} \cdot \frac{S_{\triangle AFG}}{S_{\triangle BFG}}$$
$$= \frac{AE \cdot AH}{BE \cdot BH} \cdot \frac{AF \cdot AG}{BF \cdot BG}$$
$$= \frac{AE \cdot AF}{BE \cdot BF} \cdot \frac{AH \cdot AG}{BH \cdot BG}$$
$$= \frac{S_{\triangle AEF}}{S_{\triangle BEF}} \cdot \frac{S_{\triangle AHG}}{S_{\triangle BHG}} = \frac{AP}{BP} \cdot \frac{AT}{BT} = 1,$$

所以 $\frac{AM}{BM} = \frac{BN}{AN}$，于是 $AM = BN$。

30. 如图 D1.34 所示，连接 FG、DG、DH。

由等腰 $\triangle ABC$ 的对称性知 $DG = DH, GE = HF, DF = DE$。

因 $\triangle BFG \sim \triangle BEF, \triangle BDG \sim \triangle BED$，故 $\frac{FG}{EF} = \frac{BF}{BE} = \frac{BD}{BE} = \frac{DG}{DE}$，即 $FG \cdot DE = DG \cdot EF$。所以
$$GE \cdot DF = FG \cdot DE + DG \cdot EF = 2FG \cdot DE,$$
故 $HF = GE = 2FG$。

在内切圆中，因 $DG = DH$，故 $\angle GFD = \angle HFD$。所以 $\frac{GM}{MH} = \frac{FG}{HF} = \frac{1}{2}$，从而 $GM = \frac{1}{3}GH$。

同理，$NH = \frac{1}{3}GH$。

所以 $GM = MN = NH$。

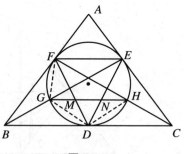

图 D1.34

31. 如图 D1.35 所示，用同一法，作 $PX \parallel BC$，交直线 t 于点 X，XE 与圆 Γ 的第二个交

点为 F'. 设直线 s 与圆 Γ 的第二个交点为 N, 则 N 为 $\overset{\frown}{BAC}$ 的中点. 连接 BN、CN、EN.

因为
$$\angle XPN = \angle XPB - \angle NPE$$
$$= \angle CBE - (\angle ANB - \angle NBE)$$
$$= \angle CBE + \angle NBE - \angle ACB$$
$$= \angle NBC - \angle ACB$$
$$= \angle NCB - \angle ACB$$
$$= \angle ACN = \angle XAN,$$

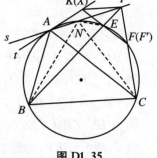

图 D1.35

所以 $XP^2 = XA^2 = XE \cdot XF'$. 从而 $\angle PF'E = \angle XPE = \angle EBC$
$= 180° - \angle EF'C$, 因此 C、F'、P 三点共线.

从而点 F' 与 F 重合, 点 X 与 K 重合.

所以 $KP = KA$.

32. 如图 D1.36 所示(图形画得不同时, 证明类似), △ABC 的三个内角简记为 A、B、C, 设 $\angle IBP = \angle ICP = \alpha$, EF 与 AD 交于点 K.

$$AE = AB\sin\angle ABE = AB\sin\left(\frac{B}{2} + \alpha\right), \quad AF = AC\sin\left(\frac{C}{2} - \alpha\right),$$

$$\angle EAF = 180° - \angle EPF = 180° - \angle BIC = 90° - \frac{A}{2},$$

$$\angle EAK = \angle EAB - \angle DAB = 90° - \frac{B}{2} - \alpha - \frac{A}{2} = \frac{C}{2} - \alpha,$$

$$\angle FAK = \angle FAC - \angle DAC = \frac{B}{2} + \alpha.$$

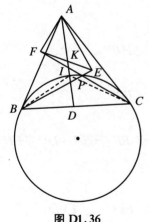

图 D1.36

由张角定理得
$$\frac{\sin\angle FAK}{AE} + \frac{\sin\angle EAK}{AF} = \frac{\sin\angle EAF}{AK}$$

$$\Rightarrow \frac{\sin\left(\frac{B}{2} + \alpha\right)}{AB\sin\left(\frac{B}{2} + \alpha\right)} + \frac{\sin\left(\frac{C}{2} - \alpha\right)}{AC\sin\left(\frac{C}{2} - \alpha\right)} = \frac{\sin\left(90° - \frac{A}{2}\right)}{AK}$$

$$\Rightarrow \frac{1}{AB} + \frac{1}{AC} = \frac{\cos\frac{A}{2}}{AK}.$$

因为 $S_{\triangle ACD} + S_{\triangle ABD} = S_{\triangle ABC}$, 所以

$$\frac{1}{AB} + \frac{1}{AC} = \frac{2\cos\frac{A}{2}}{AD}.$$

故 $AD = 2AK$, 所以直线 EF 平分线段 AD.

33. **证法 1** 如图 D1.37 所示, 作 $BK \perp AC$ 于点 K, $PM \perp AC$ 于点 M, $FT \perp FD$, 交 CB 的延长线于点 T, 延长 PB, 交 FT 于点 N. 连接 EC、AF、FK. 把 △ABC 的三内角简记为

$\angle A$、$\angle B$、$\angle C$.

因 $\angle AFB = \angle ADB = 90° = \angle AKB$，故 A、F、B、D、K 五点共圆．从而 $\angle KFD = \angle KBD = 90° - \angle C$.

于是 $\angle KFT + \angle KCT = \angle KFD + 90° + \angle C = 180°$，因此 C、K、F、T 四点共圆．

在 Rt$\triangle TFD$ 中，因 $BF = BD$，故 $BT = BF$.

因 $FT \perp FD$，$AB \perp FD$，故 $FT \parallel AB$.

因 $EB \perp AB$，故 $BN \perp FT$．从而 NP 是 FT 的中垂线．

因为 $BK \parallel PM \parallel EC$（都与 AC 垂直），P 为 BE 的中点，所以 MP 是 CK 的中垂线．

故 P 为 $\odot(CKF)$ 的圆心，$PC = PF$.

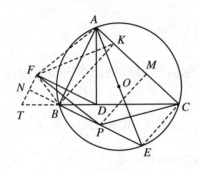
图 D1.37

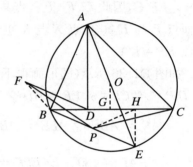
图 D1.38

证法 2 如图 D1.38 所示，作 $OG \perp BC$ 于点 G，$EH \perp BC$ 于点 H，连接 BF、PH.

因 O 为 $\triangle ABC$ 的外心，故 $BG = CG$.

因 $AD \parallel OG \parallel EH$，$AO = OE$，故 $DG = GH$.

所以 $CH = BD = BF$.

在 Rt$\triangle BEH$ 中，P 为斜边 BE 的中点，故 $PH = BP = PE$，从而
$$\angle PHE = \angle PEH = 90° - \angle HBE = \angle ABD = \angle ABF,$$
所以
$$\angle CHP = 90° + \angle PHE = \angle ABP + \angle ABF = \angle FBP.$$
故 $\triangle HCP \cong \triangle BFP$（边角边），因此 $PC = PF$.

34. 如图 D1.39 所示，延长 HE，交 BF 于点 L．作 $DU \parallel EG$，交 BF 于点 U；$DV \parallel EH$，交 BF 于点 V.

因 $\angle AEG = \angle DEH = \angle BEL$，故
$$\angle FDU = \angle EGD = \angle AEG + \angle EAG = \angle BEL + \angle EBL = \angle ELC = \angle FVD,$$
因此
$$DF^2 = FU \cdot FV. \qquad ①$$

由梅涅劳斯定理得
$$\frac{AK}{KB} \cdot \frac{BN}{ND} \cdot \frac{DG}{GA} = 1 = \frac{BT}{TA} \cdot \frac{AH}{HD} \cdot \frac{DM}{MB}.$$

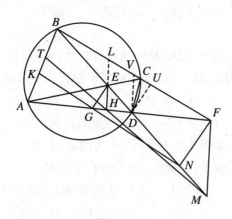

图 D1.39

要证 $AK = BT$,只要证 $\dfrac{AK}{KB} = \dfrac{BT}{TA}$,这只要证

$$\dfrac{AH \cdot AG}{DH \cdot DG} \cdot \dfrac{ND}{BN} \cdot \dfrac{DM}{MB} = 1. \qquad ②$$

因 $DU \parallel NF$,故

$$\dfrac{ND}{BN} = \dfrac{FU}{BF}. \qquad ③$$

因 $DV \parallel MF$,故

$$\dfrac{DM}{MB} = \dfrac{FV}{BF}. \qquad ④$$

因 $\angle AEG = \angle DEH$,故 $\dfrac{AH \cdot AG}{DH \cdot DG} = \left(\dfrac{AE}{DE}\right)^2$.

因 $\triangle EAB \sim \triangle EDC$,$\triangle FAB \sim \triangle FCD$,故 $\dfrac{AE}{DE} = \dfrac{AB}{CD} = \dfrac{BF}{DF}$.

所以

$$\dfrac{AH \cdot AG}{DH \cdot DG} = \left(\dfrac{BF}{DF}\right)^2. \qquad ⑤$$

把式③~式⑤代入式②并利用式①,知式②成立.证毕.

35. 如图 D1.40 所示,作 $AK \parallel PB$,交⊙O 于点 K(不同于 A),过点 K 作⊙O 的切线 KQ,交 PB 于点 Q.连接 KE.

因 AP、KQ、PQ 均为⊙O 的切线,且 $AK \parallel PQ \parallel DF \parallel CE$,故线段 AK、PQ、DF、CE 有公共的中垂线,B 是 PQ 的中点.

由 P、C、D 三点共线,知 Q、E、F 三点共线.

因 $\angle EKQ = \angle KAE = \angle AGB$,故 K、E、G、Q 四点共圆.所以

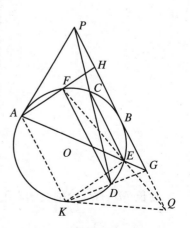

图 D1.40

$$\angle EKG = \angle EQG = \angle CEF = \angle EFD = \angle EKD,$$

故 K、D、G 三点共线.

因 $AK \parallel FD \parallel HG$,故 $AF = KD, AH = KG, FH = DG$. 所以

$$BH^2 = FH \cdot AH = DG \cdot KG = BG^2 \Rightarrow BH = BG.$$

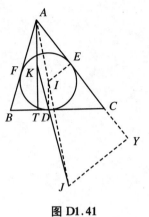

图 D1.41

36. 不妨设 $AB<AC$,设 $\triangle ABC$ 的三边长分别为 $a、b、c$,$2p = a+b+c$,三内角简记为 $\angle A、\angle B、\angle C$,内切圆半径为 r. 如图 D1.41 所示,I 为内心,J 为 $\angle A$ 内的旁心,作 $JY \perp AC$ 于点 Y,设直线 JD 交 AT 于点 K'.

因 $A、I、J$ 三点共线,$ID \perp BC$,$ID \parallel AT$,故

$$\frac{ID}{AK'} = \frac{JI}{JA} = \frac{EY}{AY} = \frac{a}{p},$$

即 $AK' = \frac{pr}{a}$.

因 $\frac{1}{2}aAT = S_{\triangle ABC} = pr$,故 $AT = \frac{2pr}{a}$.

所以 $AK' = \frac{1}{2}AT$,即直线 JD 经过 AT 的中点 K'.

下面证明直线 JD 经过点 P.

如图 D1.42 所示,J 为 $\angle A$ 内的旁心,则点 E、F 关于 JA 对称,点 M、F 关于 JB 对称,点 N、E 关于 JC 对称. 所以 $JM = JF = JE = JN$,从而 $M、F、E、N$ 四点共圆,J 为其圆心,记为 $\odot J$.

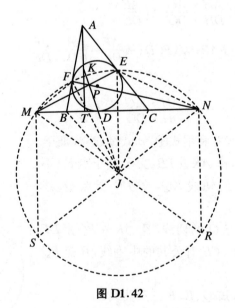

图 D1.42

延长 $MJ、NJ$,分别交 $\odot J$ 于 R、S.

因$\triangle PMF \backsim \triangle PNE$,故$\dfrac{MP}{NP} = \dfrac{MF}{NE}$.

因为
$$\dfrac{S_{\triangle PMJ}}{S_{\triangle PNJ}} = \dfrac{MP \cdot MJ \sin \angle PMJ}{NP \cdot NJ \sin \angle PNJ} = \dfrac{MF}{NE} \cdot \dfrac{\sin \angle ENR}{\sin \angle FMS}$$

$$= \dfrac{MF}{NE} \cdot \dfrac{\sin\left(90° + \dfrac{\angle C}{2}\right)}{\sin\left(90° + \dfrac{\angle B}{2}\right)} = \dfrac{BF}{CE} = \dfrac{BD}{CD} = \dfrac{MD}{ND},$$

所以点 D 在直线 JP 上,即直线 JD 经过点 P.

故 AT 的中点 K'、P、D、J 四点共线,点 K' 与 K 重合.

从而 $AK = KT$.

37. 如图 D1.43 所示,作 $TL \perp AD$ 于点 L. 把 $\angle BAC$ 简记为 $\angle A$.

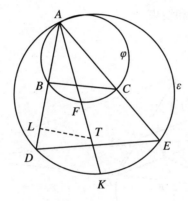

图 D1.43

因 T 为 $\triangle ABC$ 的 $\angle A$ 内的旁心,故
$$AT = \dfrac{AL}{\cos \angle TAL} = \dfrac{AB + AC + BC}{2\cos \dfrac{\angle A}{2}}.$$

又
$$AF = \dfrac{AB + AC}{2\cos \dfrac{\angle A}{2}},$$

$$AK = \dfrac{AD + AE}{2\cos \dfrac{\angle A}{2}} = \dfrac{AB + AC + 2BC}{2\cos \dfrac{\angle A}{2}},$$

所以
$$AF + AK = \dfrac{AB + AC + BC}{\cos \dfrac{\angle A}{2}} = 2AT,$$

故 $TF = TK$.

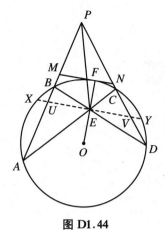

图 D1.44

38. **证法 1** 如图 D1.44 所示,过点 E 作 $XY \perp OE$,交 $\odot O$ 于点 X、Y,分别交 PA、PD 于点 U、V. 则 $EX = EY$.

由蝴蝶定理得 $EU = EV$.

又 MN 是 $\odot O$ 的切线,故 $MN \perp OF$. 从而 $MN /\!/ UV$.

故直线 PE 平分线段 MN.

证法 2 如图 D1.45 所示,设直线 AD 与 BC 交于点 Q(可能是无穷远点),PE 与 AD 交于点 K,连接 PQ.

由熟知结论有 $OE \perp PQ$.

因 MN 是 $\odot O$ 的切线,故 $OF \perp MN$.

所以 $MN /\!/ PQ$.

由完全四边形 $PBAEDC$ 的调和性质得 $(A,D;K,Q)$ 是调和点列.

从而 $P(A,D;K,Q)$ 是调和线束.

于是直线 PE 平分线段 MN.

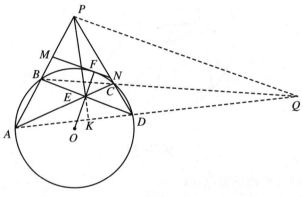

图 D1.45

39. **证法 1** 如图 T1.39 所示(图形画得不相同时,证明过程要稍作相应改动),设 $\angle CAG = \alpha$,$\angle FAG = \beta$.

由共端点三弦定理得:在 $\odot(ADE)$ 中,

$$AH\sin(\alpha + \beta) = AD\sin\beta + AE\sin\alpha,$$

在 $\odot(ACF)$ 中,

$$AG\sin(\alpha + \beta) = AC\sin\beta + AF\sin\alpha,$$

所以

$$(AH + AG)\sin(\alpha + \beta) = (AD + AC)\sin\beta + (AE + AF)\sin\alpha.$$

在圆 φ 中,

$$AB\sin(\alpha + \beta) = AC\sin\beta + AE\sin\alpha,$$

在圆 ε 中,

$$AB\sin(\alpha+\beta)=AD\sin\beta+AF\sin\alpha,$$

所以
$$2AB\sin(\alpha+\beta)=(AD+AC)\sin\beta+(AE+AF)\sin\alpha.$$

故 $AH+AG=2AB$,因此 $BG=BH$.

证法 2 连接线段如图 D1.46 所示.

因 $\angle BGF=\angle DCF$,由 $\angle ABF=\angle ADF$ 有 $\angle FBG=\angle FDC$,故 $\triangle BGF \backsim \triangle DCF$,因此 $\dfrac{BG}{DC}=\dfrac{BF}{DF}$.

因 $\angle HBE=\angle DCE$,由 $\angle AHE=\angle ADE$ 有 $\angle BHE=\angle CDE$,故 $\triangle BHE \backsim \triangle CDE$,因此 $\dfrac{BH}{DC}=\dfrac{BE}{CE}$.

因 $\angle BDF=\angle BAE=\angle BCE$,$\angle BFD=\angle BAD=\angle BEC$,故 $\triangle BDF \backsim \triangle BCE$,因此 $\dfrac{BF}{DF}=\dfrac{BE}{CE}$.

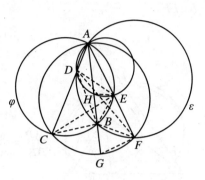

图 D1.46

故 $BG=BH$.

40. 如图 D1.47 所示,过点 P 作圆 Γ 的切线,交直线 XY 于点 T. 连接 PX、PY、XC、YD、XD、YC.

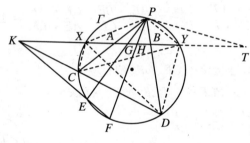

图 D1.47

则 $\triangle TPX \backsim \triangle TYP$,因此
$$\frac{XT}{YT}=\frac{S_{\triangle TPX}}{S_{\triangle TYP}}=\frac{XP^2}{YP^2}.$$

所以
$$\frac{XA \cdot XB}{YA \cdot YB}=\frac{S_{\triangle XPC}}{S_{\triangle YPC}} \cdot \frac{S_{\triangle XPD}}{S_{\triangle YPD}}=\frac{XP \cdot XC}{YP \cdot YC} \cdot \frac{XP \cdot XD}{YP \cdot YD}$$
$$=\frac{XC \cdot XD}{YC \cdot YD} \cdot \frac{XP^2}{YP^2}=\frac{S_{\triangle XCD}}{S_{\triangle YCD}} \cdot \frac{XT}{YT}=\frac{XK}{YK} \cdot \frac{XT}{YT}.$$

同理,$\dfrac{XG \cdot XH}{YG \cdot YH}=\dfrac{XK}{YK} \cdot \dfrac{XT}{YT}$.

所以 $\dfrac{XG \cdot XH}{YG \cdot YH}=\dfrac{XA \cdot XB}{YA \cdot YB}$.

因为 $XA=YB$,所以 $XB=YA$. 故

$$\frac{XG}{YH} = \frac{YG}{XH} = \frac{XG + YG}{YH + XH} = 1,$$

即 $XG = YH$.

41. 如图 D1.48 所示，设 AC 交 $\odot(DXE)$ 于点 E、K，AB 交 $\odot(DXF)$ 于点 F、P，连接 PK、EF.

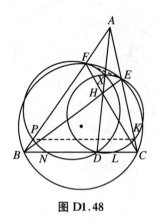

图 D1.48

因为 $BN \cdot BD = BP \cdot BF$，$CL \cdot CD = CK \cdot CE$，所以要证 $BN = CL$，只要证明

$$\frac{BP \cdot BF}{BD} = \frac{CK \cdot CE}{CD}. \qquad ①$$

因 $AF \cdot AP = AX \cdot AD = AE \cdot AK$，$\triangle AEF \sim \triangle ABC$，故 $\frac{AP}{AK} = \frac{AE}{AF} = \frac{AB}{AC}$，因此 $PK // BC$.

所以 $\frac{BP}{CK} = \frac{AB}{AC} = \frac{AE}{AF}$.

对 $\triangle ABC$ 及点 H，由塞瓦定理得

$$\frac{BD}{CD} \cdot \frac{CE}{EA} \cdot \frac{AF}{FB} = 1 \Rightarrow \frac{CD}{BD} = \frac{CE \cdot AF}{AE \cdot BF}.$$

于是

$$\frac{BP}{CK} \cdot \frac{BF}{CE} \cdot \frac{CD}{BD} = \frac{AE}{AF} \cdot \frac{BF}{CE} \cdot \frac{CE \cdot AF}{AE \cdot BF} = 1,$$

故式①成立.

42. 如图 D1.49 所示，连接 BP、CP、DP、EP.

因为 $\angle PDF = \angle PBF$，$\angle PCF = \angle PEF$，所以 $\triangle PDC \sim \triangle PBE$. 又 $DE // BC$，故 $\frac{DP}{BP} = \frac{DC}{BE} = \frac{CF}{BF}$.

因为

$$\angle BDP = \angle BFP = \angle ECP,$$
$$\angle BPD = \angle BFD = \angle CFE = \angle CPE,$$

所以 $\triangle BDP \sim \triangle ECP$，故 $\frac{CE}{BD} = \frac{CP}{DP}$.

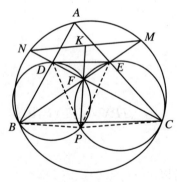

图 D1.49

所以

$$\frac{MK}{NK} = \frac{S_{\triangle FMK}}{S_{\triangle FNK}} = \frac{FM\sin\angle MFK}{FN\sin\angle NFK} = \frac{CF}{BF} \cdot \frac{\sin\angle BFP}{\sin\angle CFP}$$

$$= \frac{CF}{BF} \cdot \frac{\sin\angle BDP}{\sin\angle BPD} \cdot \frac{\sin\angle CPE}{\sin\angle CEP}$$

$$= \frac{CF}{BF} \cdot \frac{BP}{BD} \cdot \frac{CE}{CP} = \frac{DP}{BP} \cdot \frac{BP}{CP} \cdot \frac{CP}{DP} = 1,$$

故 $MK = NK$.

※43. 证法 1（湖南省长沙市一中学生罗中天提供） 如图 D1.50 所示，作 $AT \perp BD$ 于

点 T,连接 FT、ET、PT.

由角元塞瓦定理得
$$\frac{\sin\angle ACM}{\sin\angle BCM} \cdot \frac{\sin\angle CBM}{\sin\angle ABM} = 1,$$
即
$$\frac{\sin\angle ACM}{\sin\angle BCM} = \frac{\sin\angle ABM}{\sin\angle CBM}.$$

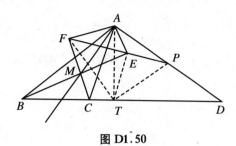

图 D1.50

又由四点共圆知
$$\angle ACM = \angle ATF,$$
$$\angle BCM = \angle FAT,$$
$$\angle CBM = \angle EAT,$$
$$\angle ABM = \angle ATE.$$

所以
$$\frac{AF}{FT} = \frac{\sin\angle ATF}{\sin\angle FAT} = \frac{\sin\angle ATE}{\sin\angle EAT} = \frac{AE}{ET}.$$

因
$$\angle PAE = 90° - \angle MAE = \angle AME = \angle AFE,$$
故 $\triangle PAE \backsim \triangle PFA$. 所以 $\left(\frac{AF}{AE}\right)^2 = \frac{PF}{PE}$,且 $PA^2 = PE \cdot PF$.

过 T 作 $\odot(FTE)$ 的切线,交 FE 于点 P'. 则 $\triangle P'TE \backsim \triangle P'FT$,所以 $\left(\frac{FT}{TE}\right)^2 = \frac{P'F}{P'E}$.

从而 $\frac{P'F}{P'E} = \frac{PF}{PE}$,点 P' 与 P 重合.

故 $PT^2 = PE \cdot PF = PA^2$.

所以在 $\mathrm{Rt}\triangle ATD$ 中,P 为 AD 的中点,即直线 EF 平分线段 AD.

证法 2 如图 D1.51 所示,设直线 BE、CF 分别交直线 AD 于点 T、K,直线 FE 交 AD 于点 P,AM 交 BC 于点 N.

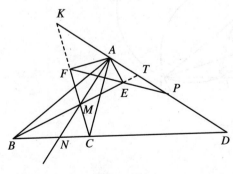

图 D1.51

因 $AE \perp BM$,$AF \perp CM$,$AD \perp AM$,故 A、E、M、F 四点共圆,AD 为其切线.

因 $\angle MEF = \angle MAF = \angle K$,故 E、F、K、T 四点共圆.

于是 $AP^2 = PE \cdot PF = PT \cdot PK$.

因 $(B,C;N,D)$ 为调和点列,故 $M(B,C;N,D)$ 为调和线束.从而 $(T,K;A,D)$ 为调和点列.

于是 P 为 AD 的中点,即直线 FE 平分线段 AD.

※44. 把 $\triangle ABC$ 的三内角简记为 $\angle A$、$\angle B$、$\angle C$,设 $\angle BAD = \alpha$,$\angle EAD = \angle ABD = \beta$.

因 $\angle BDC = \angle ABD + \angle A + \angle ACD$,故

$$\angle ACD = 90° + \frac{1}{2}\angle A - \beta - \angle A = 90° - \frac{1}{2}\angle A - \beta,$$

$$\angle BCD = \angle C - \angle ACD = \angle C - 90° + \frac{1}{2}\angle A + \beta,$$

$$\angle AFC = \angle ADC = \angle BAD + \angle B + \angle BCD$$

$$= \alpha + \angle B + \angle C - 90° + \frac{1}{2}\angle A + \beta$$

$$= 90° - \frac{1}{2}\angle A + \alpha + \beta,$$

$$\angle AFB = 90° + \frac{1}{2}\angle A - \alpha - \beta.$$

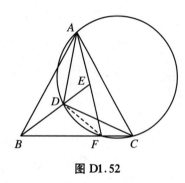

图 D1.52

当 $AB = AC$ 时,如图 D1.52 所示,因 $\angle BCD = \angle C - 90° + \frac{1}{2}\angle A + \beta = \beta$,故 $\angle DAF = \angle DCF = \beta = \angle DAE$,所以 A、E、F 三点共线.

因 $\angle EAD = \angle ABD$,故 $EA^2 = ED \cdot EB$.

因 $\angle EFD = \angle AFD = \angle ACD = 90° - \frac{1}{2}\angle A - \beta = \angle DBF$,故 $EF^2 = ED \cdot EB$.

于是 $EA = EF$.

当 $AB \neq AC$ 时,不妨设 $AB < AC$(当 $AB > AC$ 时,证明类似).

如图 D1.53 所示,作 $\angle BAC$ 的平分线,交 BC 于点 T,交 $\triangle ABC$ 的外接圆于点 M,过点 A 作 $\triangle ABC$ 的外接圆的切线,交 CB 的延长线于点 P.连接 PE、AF、DF.

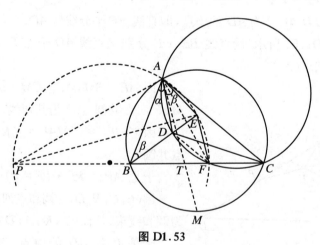

图 D1.53

因 $\angle BDC = 90° + \frac{1}{2}\angle A$,故 $\triangle BCD$ 的外接圆圆心为点 M,记为 $\odot M$.

因为 $PA^2 = PB \cdot PC$,由 $\angle EAD = \angle ABD$,知 $EA^2 = ED \cdot EB$,所以点 P、E 均位于点圆

A 与 $\odot M$ 的根轴上. 从而 $PE \perp AM$.

又由 $\angle PAT = \angle PAB + \angle BAT = \angle C + \dfrac{1}{2}\angle A = \angle PTA$，知 $PA = PT$，所以
$$\angle APE = \angle FPE.$$

因为
$$\angle AEP = 180° - \angle PAE - \angle APE = 180° - \angle C - \alpha - \beta - \dfrac{1}{2}(\angle B - \angle C)$$
$$= 90° + \dfrac{1}{2}\angle A - \alpha - \beta = \angle AFB,$$

所以 P、A、E、F 四点共圆.

故 $EA = EF$.

※45. 设 BE 与 CF 相交于 N. 首先证明：D、K、N 三点共线.

设 BE 交 $\odot(DBF)$ 于点 B、X，CF 交 $\odot(DCE)$ 于点 C、Y，连接线段如图 D1.54 所示.

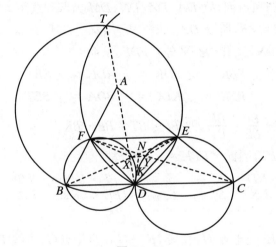

图 D1.54

因 $DE = DF$，$EF \parallel BC$，故
$$\angle BXF = \angle BDF = \angle DFE = \angle DEF = \angle CDE = \angle CYE.$$

从而 X、Y、E、F 四点共圆.

于是 $\angle YXE = \angle YFE = \angle YCB$，所以 B、C、Y、X 四点共圆.

故 $NX \cdot NB = NY \cdot NC$，即点 N 对 $\odot(DBF)$ 与 $\odot(DCE)$ 的幂相等. 从而点 N 在 $\odot(BDF)$ 与 $\odot(DCE)$ 的根轴 DK 上.

同理，点 A 在直线 DT 上.

如图 D1.55 所示，设 AM 与 EF 交于点 Z，连接各条线段.

对 $\triangle TDK$ 及直线 APN，由梅涅劳斯定理得
$$\dfrac{TA}{AD} \cdot \dfrac{DN}{NK} \cdot \dfrac{KP}{PT} = 1.$$

欲证 $KP = PT$，只要证 $\dfrac{TA}{AD} \cdot \dfrac{ND}{NK} = 1$.

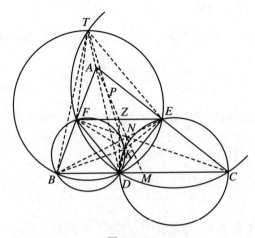

图 D1.55

因 A、Z、N、M 为调和点列,故 DA、DZ、DN、DM 为调和线束.

因为 $DE=DF$,$EZ=ZF$,所以 $DZ \perp EF$. 从而 $DZ \perp DM$.

所以 DZ 平分 $\angle ADN$. 又有 DZ 平分 $\angle FDE$,从而

$$\angle FBK = \angle FDK = \angle ADE = \angle EBT,$$
$$\angle BFK = \angle KDC = \angle BDA = \angle BET.$$

所以 $\triangle BFK \backsim \triangle BET$,故 $\dfrac{BF}{BE} = \dfrac{BK}{BT}$,即 $BF \cdot BT = BE \cdot BK$.

又有 $\angle FBK = \angle EBT$,因此 $\angle EBK = \angle TBF$. 故

$$\frac{TA}{AD} \cdot \frac{ND}{NK} = \frac{S_{\triangle BFT}}{S_{\triangle BFD}} \cdot \frac{S_{\triangle BED}}{S_{\triangle BEK}} = \frac{BF \cdot BT \sin \angle TBF}{BE \cdot BK \sin \angle EBK} = 1.$$

证毕.

※46. 延长 DB、AE,交于点 H,直线 HC 与 EB 交于点 G,直线 HC 与 DF 交于点 P'. 连接线段如图 D1.56 所示.

首先证明 $P'A$ 为 $\odot O$ 的切线,从而点 P' 与 P 重合.

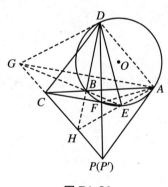

图 D1.56

因 $\angle BAE = \angle BDE = \angle BDC$,故 A、D、C、H 四点共圆.

从而 $\angle CHD = \angle CAD = \angle BED$,故 G、H、E、D 四点共圆.

于是 $\angle BGC = \angle BDE = \angle BDC$,因此 D、G、C、B 四点共圆.

由圆幂定理得

$$AB \cdot BC = DB \cdot BH = GB \cdot BE,$$

所以 A、G、C、E 四点共圆.

从而 $\angle AGP' = 180° - \angle AEF = \angle ADP'$,有 A、D、G、P' 四点共圆.

所以 $\angle CDG = \angle CBG = \angle EBA = \angle EDA$,从而 $\angle BDG = \angle BDA$.

所以
$$\angle P'AF = \angle P'AG - \angle GAB - \angle BAF$$
$$= \angle FDG - \angle BEF - \angle BDF = \angle FDG - \angle BDF - \angle BDF$$
$$= \angle BDG - \angle BDF = \angle BDA - \angle BDF = \angle FDA.$$

故 $P'A$ 为 $\odot O$ 的切线,从而点 P' 与 P 重合.

因为 $\angle PAB = \angle ADB = \angle ACH$,所以 $PA = PC$.

注 本题有一定难度,这出乎意料.

※47. 如图 D1.57 所示(其他情形的证明类似),在 $\odot O$ 上取点 K_1,使 $NK_1 = NC$,AK_1 交 MN 于点 P_1.只要证明点 P_1 在 $\odot(AFM)$ 上,即证明 A、M、F、P_1 四点共圆.

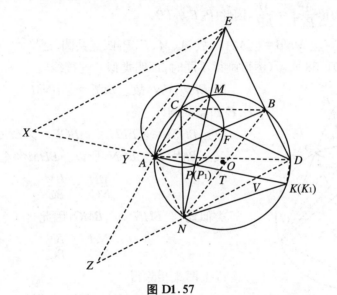

图 D1.57

连接 BN、DN.设直线 AK_1 分别交 BN、DN 于点 T、V,EA 与 DN 交于点 Z.作 $EX \parallel DN$,交直线 AK_1 于点 X;$EY \parallel BN$,交直线 AK_1 于点 Y.连接 P_1F、AM、AN、AD、BC、DK_1.

因 $NK_1 = NC$,故 $\overset{\frown}{NK_1} = \overset{\frown}{NC}$,因此 $\angle NAV = \angle NBC = \angle NAZ$.又 $EX \parallel VZ$,所以
$$\frac{VN}{NZ} = \frac{AV}{AZ} = \frac{VX}{ZE}.$$

考虑 $\triangle AVZ$ 被直线 NP_1E 截,由梅涅劳斯定理得
$$\frac{VN}{NZ} \cdot \frac{ZE}{EA} \cdot \frac{AP_1}{P_1V} = 1.$$

故 $\dfrac{VX \cdot AP_1}{EA \cdot P_1V} = 1$.因此
$$\frac{AP_1}{P_1T} = \frac{P_1V}{VX} \cdot \frac{EA}{P_1T}.$$

①

因 $AC = BD$,故 $CB // AD$,$AB = DC$,$EC = EB$.

又 $NK_1 = NC$,所以

$$\angle BTA \stackrel{m}{=} \frac{1}{2}(\widehat{AB} + \widehat{NK_1}) = \frac{1}{2}(\widehat{DC} + \widehat{NC}) = \frac{1}{2}\widehat{DCN} \stackrel{m}{=} \angle DK_1N = \angle EBN.$$

注意 $EY // BT$,知在四边形 $EBTY$ 中,$EB = YT$. 所以 $EC = EB = YT$. 于是

$$\frac{AF}{FB} = \frac{AD}{CB} = \frac{EA}{EC}. \qquad ②$$

因为 $\dfrac{P_1V}{P_1X} = \dfrac{P_1N}{P_1E} = \dfrac{P_1T}{P_1Y}$,所以

$$\frac{P_1V}{P_1T} = \frac{P_1X}{P_1Y} = \frac{P_1V + P_1X}{P_1T + P_1Y} = \frac{VX}{YT}. \qquad ③$$

由式①~式③得 $\dfrac{AP_1}{P_1T} = \dfrac{AF}{FB}$,因此 $P_1F // TB$.

所以 $\angle MP_1F = \angle MNB = \angle MAF$,故 A、M、F、P_1 四点共圆. 证毕.

※48. 如图 D1.58 所示(图形画得不同时,证明类似),连接线段.

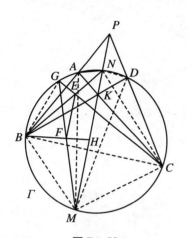

图 D1.58

因 $EF // MN$,故 $\angle BEF = \angle BNM = \angle BGF$,所以 G、B、F、E 四点共圆.

故 $\angle BHM = \angle EFH = \angle BGE = \angle BNC$.

又 $\angle BMH = \angle BCN$,所以 $\triangle BHM \sim \triangle BNC$,因此

$$\frac{MH}{NC} = \frac{BM}{BC}.$$

类似地,$\triangle BHN \sim \triangle BMC$,因此

$$\frac{NH}{MC} = \frac{BN}{BC}.$$

以上两式相除得

$$\frac{MH}{NH} \cdot \frac{MC}{NC} = \frac{BM}{BN}. \qquad ①$$

因 $\dfrac{S_{\triangle ABM}}{S_{\triangle ABN}} = \dfrac{MP}{NP} = \dfrac{S_{\triangle CDM}}{S_{\triangle CDN}}$,故

$$\frac{AM \cdot BM}{AN \cdot BN} = \frac{CM \cdot DM}{CN \cdot DN}. \qquad ②$$

因 $\dfrac{S_{\triangle NAC}}{S_{\triangle MAC}} = \dfrac{NK}{MK} = \dfrac{S_{\triangle NBD}}{S_{\triangle MBD}}$,故

$$\frac{AN \cdot CN}{AM \cdot CM} = \frac{BN \cdot DN}{BM \cdot DM}. \qquad ③$$

②×③得

$$\frac{BM}{BN} = \frac{CM}{CN}. \qquad ④$$

由式①与式④得 $MH = NH$.

※49. 设直线 BH 交圆 ε 于点 B、P,EF 与 PM 交于点 T,如图 D1.59 所示,连接线段(图

形画得不同时,证明类似).

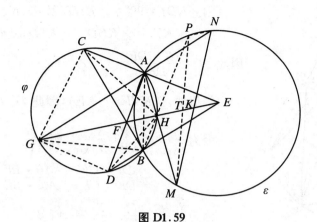

图 D1.59

因 $\dfrac{S_{\triangle ACG}}{S_{\triangle ACH}} = \dfrac{GE}{HE} = \dfrac{S_{\triangle BDG}}{S_{\triangle BDH}}$,故

$$\dfrac{AG \cdot CG}{AH \cdot CH} = \dfrac{BG \cdot DG}{BH \cdot DH}. \qquad ①$$

因 $\dfrac{S_{\triangle ADG}}{S_{\triangle ADH}} = \dfrac{GF}{HF} = \dfrac{S_{\triangle BCG}}{S_{\triangle BCH}}$,故

$$\dfrac{AG \cdot DG}{AH \cdot DH} = \dfrac{BG \cdot CG}{BH \cdot CH}. \qquad ②$$

①×②,整理得 $BH \cdot AG = AH \cdot BG$. 所以

$$\dfrac{MT}{PT} = \dfrac{S_{\triangle HMT}}{S_{\triangle HPT}} = \dfrac{HM\sin\angle MHT}{HP\sin\angle PHT} = \dfrac{BH}{AH} \cdot \dfrac{\sin\angle AHG}{\sin\angle BHG} = \dfrac{BH \cdot AG}{AH \cdot BG} = 1.$$

因为 $\angle ANP = \angle ABP = \angle ABH = \angle AGH$,所以 $TK \parallel PN$.

故 $\dfrac{MK}{NK} = \dfrac{MT}{PT} = 1$,即 $MK = NK$.

※50. 如图 D1.60 所示,设直线 PV 与 NH 交于点 K,直线 t 交 $\odot O$ 于点 X、Y.

因 $t \perp OE$,故 E 为 XY 的中点.

又因为 $GM \parallel XY$,所以 $EG = EM$.

因为 $GM \parallel HN$,所以 $\overset{\frown}{MH} = \overset{\frown}{GN}$. 故

$$\angle GME = \angle MGE = \angle MGH = \angle GMN,$$

因此 M、E、N 三点共线.

又因为 G、H 调和分割 PE,所以

$$\dfrac{GM}{NH} = \dfrac{GE}{EH} = \dfrac{PG}{PH} = \dfrac{GM}{HK},$$

故 $NH = HK$.

又因为 $TV \parallel NK$,所以 $ET = EV$.

※51. 设线段 PE 交 $\odot O$ 于点 F,延长 KO,交 $\odot O$ 于

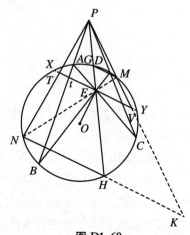

图 D1.60

点 N,记 $TV \perp OK$ 于点 H. 如图 D1.61 所示,连接线段.

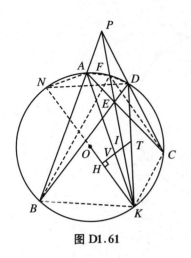

图 D1.61

因 $\angle NDT = 90° = \angle KHT$,故 D、N、H、T 四点共圆.

所以 $\angle KTI = \angle KND = \angle KFD$,从而 $\triangle KTI \sim \triangle KFD$,

因此 $IT = \dfrac{IK \cdot DF}{DK}$.

类似地,$\triangle KVI \sim \triangle KFA$,因此 $IV = \dfrac{IK \cdot AF}{AK}$.

因为 $\dfrac{S_{\triangle FCD}}{S_{\triangle KCD}} = \dfrac{FP}{KP} = \dfrac{S_{\triangle FAB}}{S_{\triangle KAB}}$,所以

$$\dfrac{DF \cdot CF}{DK \cdot CK} = \dfrac{AF \cdot BF}{AK \cdot BK}. \qquad ①$$

因为 $\dfrac{S_{\triangle FBD}}{S_{\triangle KBD}} = \dfrac{FE}{KE} = \dfrac{S_{\triangle FAC}}{S_{\triangle KAC}}$,所以

$$\dfrac{DF \cdot BF}{DK \cdot BK} = \dfrac{AF \cdot CF}{AK \cdot CK}. \qquad ②$$

①×②得 $\dfrac{DF}{DK} = \dfrac{AF}{AK}$.

故 $IT = IV$.

※52. 如图 D1.62 所示,对退化的圆内接六边形 $BDDCEE$,由帕斯卡定理得 A、K、F 三点共线.

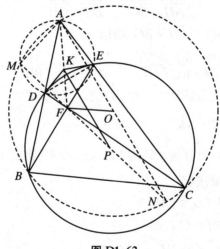

图 D1.62

作 $\triangle ADE$ 的外接圆与 $\triangle ABC$ 的外接圆 $\odot O$,交于点 A、M,由熟知结论知 $\angle AMP = 90°$,且 MP 经过点 F.

设直线 MP 交 $\odot O$ 于点 N(不同于 M),则 AN 为 $\odot O$ 的直径,O 为 AN 的中点.

因为 $\angle EAO = 90° - \angle ABC = 90° - \angle AED$,所以 $AN \perp DE$.

又因 $KP \perp DE$,故 $KP \parallel AN$.

因此直线 FO 平分线段 KP.

第 2 章 角相等或图形相似

习 题

1. 如图 T2.1 所示,在△ABC 中,点 E、F 分别在 AB、AC 上,BF 与 CE 交于点 P,已知 CE = 2AE,BE = EP,CF = FP. 求证:∠BAC = 90°.

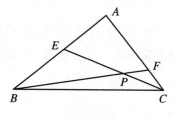

图 T2.1

2. 如图 T2.2 所示,在△ABC 中,AB ≠ AC,点 D、E、F 均在线段 BC 上,∠BAD = ∠CAE,BF = CE,作 FK∥AB,交 AD 于点 K. 求证:∠ACK = ∠ABC.

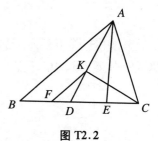

图 T2.2

3. 如图 T2.3 所示,在△ABC 中,点 D、E 在边 BC 上,且 ∠BAD = ∠CAE < $\frac{1}{2}$∠BAC,BF⊥AD 于点 F,DH⊥AB 于点 H,EG⊥AC 于点 G. 求证:∠AFH = ∠AFG.

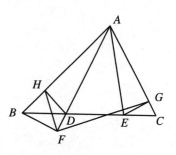

图 T2.3

4. 如图 T2.4 所示,在△ABC 中,∠B、∠C 为锐角,点 D、E 均在边 BC 上,BD＜BE,且 AD=AE.点 M、N 分别在 AD、AE 上,MN∥BC,直线 BM 交 AC 于点 F,直线 CN 交 AB 于点 K.求证:∠ADK=∠AEF.

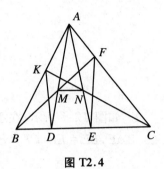

图 T2.4

5. 如图 T2.5 所示,在△ABC 中,点 D、E 分别在 AB、AC 上,BD=CE,作 MN∥BC,分别交 AB、AC 于点 M、N,点 K 满足 MK∥CD,NK∥BE.求证:AK 平分∠BAC.

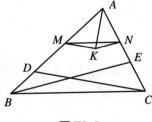

图 T2.5

6. 如图 T2.6 所示,已知在锐角△ABC 中,AD 是外接圆直径,H 是垂心,过 H 作 EF∥BC,分别交 AB、AC 于点 E、F.求证:DA 平分∠EDF.

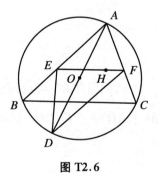

图 T2.6

7. 如图 T2.7 所示,已知在△ABC 中,AB≠AC,∠BAC 的平分线交 BC 于点 D,交△ABC 的外接圆于点 E,△CDE 的外接圆交 AC 于点 C、P. 点 F 在 AD 上,CF 与 DP 交于点 V,作 VT∥AE,交 CE 于点 T,直线 PT 与 AE 交于点 K. 求证:∠FBD = ∠KCE.

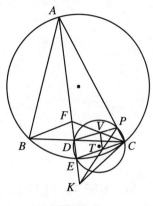

图 T2.7

8. 如图 T2.8 所示,在凸四边形 ABCD 中,∠BAD = ∠BCD<90°,点 E 在 BC 上,满足 EC = ED,作 EF∥AB,交 AC 于点 F. 求证:∠EDF = ∠BDA.

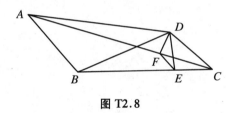

图 T2.8

9. 如图 T2.9 所示,已知在△ABC 中,过点 B、C 的圆 φ 分别交 AB、AC 于点 F、E,BE 与 CF 交于点 P,直线 AP 交 BC 于点 D. △ABD 的外接圆与圆 φ 交于点 B、K. 求证:∠APE = ∠PKE.

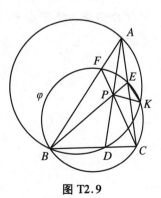

图 T2.9

10. 如图 T2.10 所示,点 D 在 $\triangle ABC$ 内,使得 $\angle ABD = \angle ACD$,点 E 在直线 BD 上, $AE = AB$,点 F 在直线 CD 上,$AF = AC$,$\triangle ABE$ 的外接圆与 $\triangle ACF$ 的外接圆相交于 A、K. 求证:$\angle BAD = \angle CAK$.

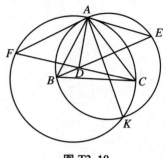

图 T2.10

11. 如图 T2.11 所示,在 $\triangle ABC$ 中,点 D、E 在 $\angle BAC$ 内,满足 $\angle ADB = \angle AEC = 90°$,$\angle BAD = \angle CAE$. 直线 BD 与 AE 交于点 F,CE 与 AD 交于点 G,$\odot(FG)$(以 FG 为直径的圆记为 $\odot(FG)$)与 BC 交于点 M、N. 求证:$\angle BAM = \angle CAN$.

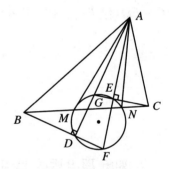

图 T2.11

12. 如图 T2.12 所示,在 $\triangle ABC$ 中,点 D 在 BC 上,延长 AD,交 $\triangle ABC$ 的外接圆于点 E,$\odot(CDE)$ 交 AC 于点 F(F 异于点 C),交 $\odot(ABF)$ 于点 K(K 异于点 F). 求证:KD 平分 $\angle BKC$.

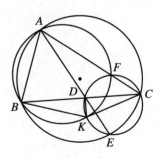

图 T2.12

13. 如图 T2.13 所示,⊙O 与 ⊙P 相交于点 A、B,点 C 在 ⊙P 上而在 ⊙O 外,直线 CA、CB 与 ⊙O 的第二个交点分别为 D、E,EF 是 ⊙O 的直径,作 $CH \perp EF$ 于点 H,交 ⊙P 于点 K(不同于 C).求证:BF 平分 $\angle DBK$.

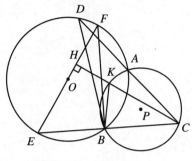

图 T2.13

14. 如图 T2.14 所示,在圆内接四边形 $ABCD$ 中,直线 AB 与 DC 交于点 E,AD 与 BC 交于点 F,作平行四边形 $AECH$.求证:$\angle BEF = \angle AHF$.

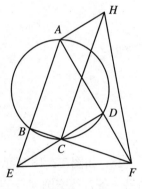

图 T2.14

15. 如图 T2.15 所示,在圆内接四边形 $ABCD$ 中,直线 AB 与 DC 交于点 E,AD 与 BC 交于点 F,作平行四边形 $ABCH$,直线 AH 与 CD 交于点 G.求证:$\triangle GDH \backsim \triangle AEF$.

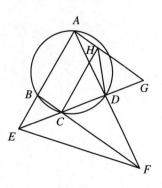

图 T2.15

16. 如图 T2.16 所示,过⊙O 外一点 P 作⊙O 的两条切线,切点分别为 A、B. 点 C 在线段 AB 上,$OD \perp PC$ 于点 D. 过 P 的直线 PF 交⊙O 于点 E、$F(PE < PF)$,延长 FC,交⊙O 于点 K. 求证:$\angle CDE = \angle CDK$.

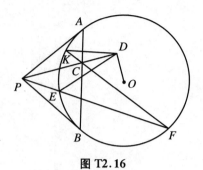

图 T2.16

17. 如图 T2.17 所示,已知 D 为 $\triangle ABC$ 内一点,满足 $\angle BAD = \angle BCD$,点 E 在 BC 上,使得 $ED = EC$,作 $EF \parallel AB$,交 AC 于点 F. 求证:$\angle CDF = \angle ABD$.

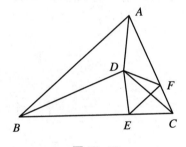

图 T2.17

18. 如图 T2.18 所示,过圆 φ 外一点 P 的一条直线交圆 φ 于点 A、$B(PA < PB)$,过点 P 的另一条直线交圆 φ 于点 D、$C(PD < PC)$,AC 与 BD 交于点 E,过 P、C、E 三点的圆 ε 与圆 φ 交于点 C、F,延长 PB 至点 K,使 $BK = BP$. 求证:$\angle BEK = \angle FCP$.

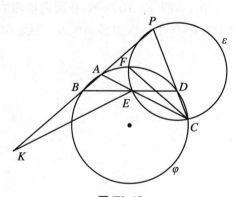

图 T2.18

19. 如图 T2.19 所示,⊙O 与⊙P 内切于点 A(⊙O 在⊙P 里面),BC 是⊙O 的弦,⊙P 的直径 $EF \perp BC$ 于点 D,点 F、A 在直线 BC 的同侧,直线 FA 与 BC 交于点 H,EH 再次交⊙P 于点 G. 求证:$\angle BAD = \angle CAG$.

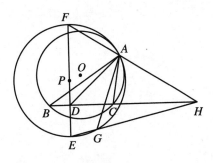

图 T2.19

20. 如图 T2.20 所示,点 A、B、C、D 依次在同一直线上,过点 A、D 的圆 φ 与过点 B、C 的圆 ε 相交于点 E、F($AE < AF$),直线 DF 再次交圆 ε 于点 G,点 H 在 AG 上,使得 $\angle AHB = \angle CHG$. 求证:$\angle AEH = 2\angle GAD$.

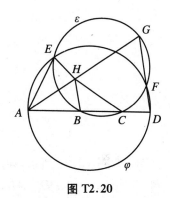

图 T2.20

21. 如图 T2.21 所示,在 $\triangle ABC$ 中,$AB > AC$,外接圆过点 A 的切线交 BC 的延长线于点 D,E 为 AD 的中点,作 $BF \parallel AD$,交直线 EC 于点 F. K 为 BC 的中点. 求证:$\angle BAK = \angle CAF$.

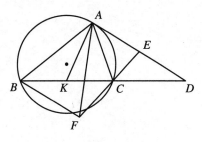

图 T2.21

22. 如图 T2.22 所示，⊙O_1 与 ⊙O_2 相交于点 A、B，点 C 在 ⊙O_1 上而在 ⊙O_2 外面，点 D 在 ⊙O_2 上而在 ⊙O_1 外面，使得 $AC = AD$．E 是 ⊙O_1 上 $\overset{\frown}{BC}$（不包含点 A）的中点，F 是 ⊙O_2 上 $\overset{\frown}{BD}$（不包含点 A）的中点．M 为 △AEF 的外心．求证：∠CAM = ∠DAM．

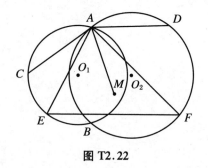

图 T2.22

23. 如图 T2.23 所示，在 △ABC 中，$AB < AC$，点 D、E 在 BC 上，且 ∠BAD = ∠CAE，点 P 在 CB 的延长线上，∠PAB = ∠ACB，△APD 的外接圆交直线 AE 于点 A、F．求证：∠BFD = ∠CFE．

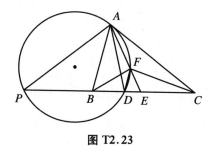

图 T2.23

24. 如图 T2.24 所示，在 △ABC 中，∠ABC = 2∠C，∠ABC 的平分线交 AC 于点 D，$AE \perp BC$ 于点 E．已知 $DE \parallel AB$，求 ∠ABC 的度数．

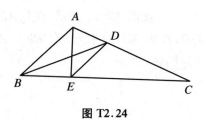

图 T2.24

25. 如图 T2.25 所示,在 △ABC 中,作 DE∥BC,分别交 AB、AC 于点 D、E。⊙P 过点 B、D,与边 BC 再次交于点 T,$\overparen{BDT}$ 的中点为 F。⊙Q 过点 C、E,与边 BC 再次交于点 V,$\overparen{CEV}$ 的中点为 K。直线 BF 与 CK 交于点 M,DF 与 EK 交于点 N。求证:∠DAM = ∠EAN.

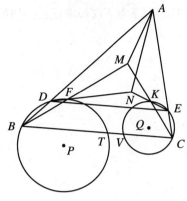

图 T2.25

26. 如图 T2.26 所示,圆 φ 为 △ABC(AB≠AC)的外接圆,点 E、F 分别在 CA、AB 上,∠ABE = ∠ACF,BE 与 CF 交于点 P,AP 与圆 φ 交于点 A、D,过 D、E、F 三点的圆 ε 与圆 φ 相交于点 D、K。M 为 BC 的中点。求证:∠BAM = ∠CAK.

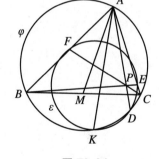

图 T2.26

27. 如图 T2.27 所示,大圆 ⊙O 与小圆 ⊙P 内切于点 A,⊙P 的弦 BC 的中垂线交 ⊙P 于点 D,交 ⊙O 于点 E,且点 D、E 在直线 BC 的同侧,点 D 与点 A 在 BC 的异侧,直线 EB 交 ⊙O 于点 E、F,直线 EC 交 ⊙O 于点 E、K。∠FAK 的平分线交直线 DE 于点 T。求证:BD 平分 ∠EBT.

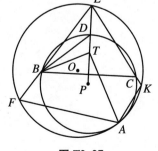

图 T2.27

28. 如图 T2.28 所示,在△ABC 中,点 D、E 分别在边 AB、AC 上,满足 B、C、E、D 四点共圆.点 P 与 A 在直线 BC 的异侧,点 T 与 A 在直线 DE 的异侧,且 PB = PC,TD = TE,∠P = ∠T.⊙P 以点 P 为圆心,PB 长为半径.⊙T 以点 T 为圆心,TD 长为半径.⊙P 与 ⊙T 相交于点 F、G.求证:∠BAF = ∠CAG.

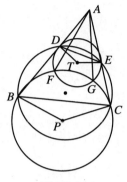

图 T2.28

29. 如图 T2.29 所示,在△ABC 中,点 D、F 在边 AB 上,点 E、K 在边 AC 上,且∠ADE = ∠ACB,FK∥BC,⊙(BEF) 与 ⊙(CDK) 相交于点 M、N.求证:∠BAM = ∠CAN.

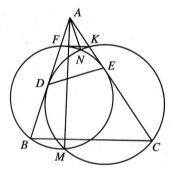

图 T2.29

※30. 如图 T2.30 所示,在△ABC 中,AB ≠ AC,AD 平分∠BAC.过点 D 作 ⊙(ACD) 的切线,交 AB 于点 E;过 D 点作 ⊙(ABD) 的切线,交 AC 于点 F.BF 与 CE 交于点 K.求证:∠EDA = ∠FDK.

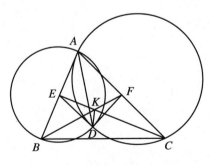

图 T2.30

※31. 如图 T2.31 所示,在△ABC 中,∠BAC 的平分线交 BC 于点 D,点 K 在∠BAC 的外角平分线上,点 F 在直线 BK 上,直线 FD 与 KC 交于点 T.求证:AD 平分∠FAT.

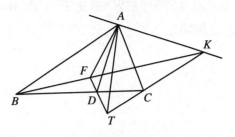

图 T2.31

※32. 如图 T2.32 所示,在△ABC 中,AB = AC,点 D、E 分别在 AB、AC 上,BE 与 CD 相交于点 P,AP 与 DE 相交于点 F.BF 与 CD 相交于点 M,CM 的中点为 V.CF 与 BE 相交于点 N,BN 的中点为 U.求证:∠BCU = ∠CBV.

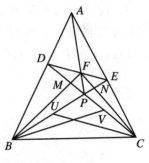

图 T2.32

※33. 如图 T2.33 所示,在△ABC 中,AB ≠ AC,点 D、E、F 分别在边 BC、CA、AB 上,AE = AF,AD、BE、CF 三线共点于 P,DT⊥EF 于 T.BC 的中点为 M.△ABC 的外接圆 φ 与△AEF 的外接圆 ε 相交于点 A、K,直线 KM 与圆 φ 交于点 K、N.求证:∠BAN = ∠CAT.

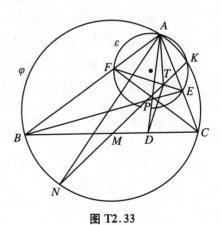

图 T2.33

※34. 如图 T2.34 所示,圆 φ 与圆 ε 外切于点 P,点 A、B 是圆 ε 上不同的两点(都不同于 P),直线 AC 交圆 φ 于点 D、C($AD<AC$),直线 BE 交圆 φ 于点 F、E($BF<BE$). $\odot(PAC)$ 与 $\odot(BPE)$ 相交于点 P、M,$\odot(APD)$ 与 $\odot(BPF)$ 相交于 P、N. 求证:$\angle MAC = \angle NAB$.

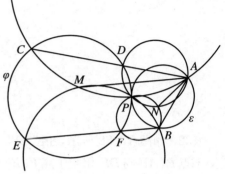

图 T2.34

※35. 如图 T2.35 所示,在不在同一直线上的线段 AB、AC 上分别取点 D、E,线段 BD、CE 的中垂线交于点 P,$\odot(BPE)$ 与 $\odot(CPD)$ 交于点 P、F,$\odot(BPC)$ 与 $\odot(DPE)$ 交于点 P、G. 求证:$\angle AFP = \angle AGP$ 或 $\angle AFP + \angle AGP = 180°$.

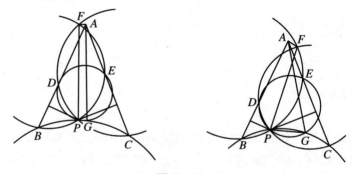

图 T2.35

※36. 如图 T2.36 所示,四边形 $ABCD$ 内接于 $\odot O$,延长 AB、DC,交于点 E,延长 AD、BC,交于点 F. 求证:$\odot(EF)$ 与 $\odot O$ 直交.

注 ① $\odot(EF)$ 表示以 EF 为直径的圆;② 直交是指相交的两圆在交点处的切线垂直;③ 类似地,设 AC 与 BD 交于点 P,则 $\odot(EP)$ 与 $\odot O$ 直交,$\odot(FP)$ 与 $\odot O$ 直交.

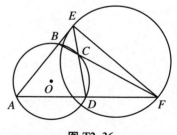

图 T2.36

※37. 如图 T2.37 所示,四边形 ABCD 内接于⊙O,对角线 AC 与 BD 交于点 E,两组对边都不平行,DA、CB 的延长线交于点 F,边 AB、CD 的中点分别为 G、H,直线 FE 交⊙O 于点 P、K(FP<FK).求证:∠BGP=∠BGK=∠CHP=∠CHK.

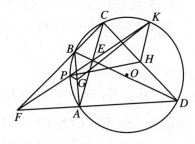

图 T2.37

※38. 如图 T2.38 所示,在△ABC 中,点 E、F 分别在 AC、AB 上,BE 与 CF 交于点 P,AP 与 EF 交于点 T,点 K 在直线 EF 上,使得 B、C、T、K 四点共圆.⊙(BFK)与⊙(CEK)交于点 K、D,M 为 BC 的中点.求证:∠BAM=∠CAD.

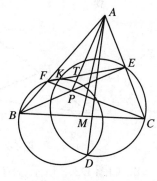

图 T2.38

※39. 如图 T2.39 所示,在△ABC 中,O 为外心,⊙P 过点 B、C,还分别与 AB、AC 交于点 D、E,BE 与 CD 交于点 F,PK⊥AF 于点 K,点 K 关于 DE 的对称点为 T,DE 的中点为 N,PN 交 OF 于点 V.求证:∠AVF=∠ATF.

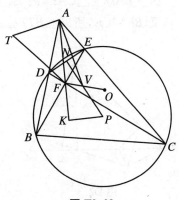

图 T2.39

解　析

1. 如图 D2.1 所示，设 CE 的中点为 K，连接 AK．
考虑△ABF 被直线 EPC 截，由梅涅劳斯定理得
$$\frac{AE}{EB} \cdot \frac{BP}{PF} \cdot \frac{FC}{CA} = 1.$$

又 $PF = FC, AE = \frac{1}{2}CE = KC$，所以 $\frac{KC}{EB} = \frac{CA}{BP}$．

因为 $BE = EP, CF = FP$，所以
$$\angle ACK = \angle FPC = \angle BPE = \angle PBE.$$

故△$ACK \sim$ △PBE．

由 $BE = EP$，知 $AK = KC = KE$．

故 $\angle BAC = 90°$．

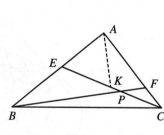

图 D2.1

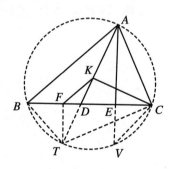

图 D2.2

2. 如图 D2.2 所示，$AB > AC$（当 $AB < AC$ 时证明类似），延长 AD、AE，分别交△ABC 的外接圆于点 T、V，连接 BT、CV、CT、FT．

因 $FK \parallel AB$，故 $\angle KFC = \angle ABC = \angle ATC$．

所以 C、K、F、T 四点共圆，有 $\angle KCF = \angle KTF$．

又 $\angle ACB = \angle ATB$，所以 $\angle ACK = \angle BTF$．

因 $\angle BAD = \angle CAE$，故 $BT = CV$，$\angle TBF = \angle VCE$．

又 $BF = CE$，所以△$BTF \cong$ △CVE，故 $\angle ACK = \angle BTF = \angle CVE = \angle ABC$．

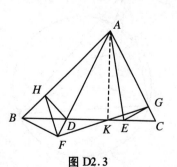

图 D2.3

3. 如图 D2.3 所示，作 $AK \perp BC$ 于点 K．

因 $BF \perp AF, EG \perp AC$，故 A、B、F、K，A、K、E、G 分别四点共圆．

所以 $\angle BKF = \angle BAD = \angle CAE = \angle EKG$．因此 F、K、G 三点共线．

又因 B、F、D、H 四点共圆，故 $\angle AFH = \angle ABD = \angle AFK = \angle AFG$．

4. 如图 D2.4 所示,过点 A 作 $TS \parallel BC$,分别交 DK、EF 于点 T、S. 则

$$AT = \frac{AK \cdot BD}{KB}, \quad AS = \frac{AF \cdot CE}{FC}.$$

对 $\triangle ABE$、$\triangle ACD$,由梅涅劳斯定理得

$$\frac{AK}{KB} \cdot \frac{BC}{CE} \cdot \frac{EN}{NA} = 1 = \frac{AF}{FC} \cdot \frac{CB}{BD} \cdot \frac{DM}{MA}.$$

因 $MN \parallel BC$,故 $\frac{EN}{NA} = \frac{DM}{MA}$. 所以

$$\frac{AK \cdot BD}{KB} = \frac{AF \cdot CE}{FC},$$

因此 $AT = AS$.

因 $AD = AE$,故 $\angle TAD = \angle ADE = \angle AED = \angle SAE$,所以 $\triangle ADT \cong \triangle AES$,故 $\angle ADK = \angle AEF$.

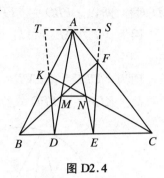

图 D2.4

5. 如图 D2.5 所示,作 $BP \parallel CD$, $CP \parallel BE$. BP 与 CP 交于点 P,连接 PD、PE.

因为 $S_{\triangle PBD} = S_{\triangle PCB} = S_{\triangle PCE}$, $BD = CE$,所以点 P 到 AB、AC 的距离相等,即 AP 平分 $\angle BAC$.

因为 $MN \parallel BC$, $MK \parallel CD \parallel BP$, $NK \parallel BE \parallel CP$,直线 BM 与 CN 交于点 A,所以 $\triangle KMN$ 与 $\triangle PBC$ 位似,位似中心为点 A.

故 A、K、P 三点共线. 从而 AK 平分 $\angle BAC$.

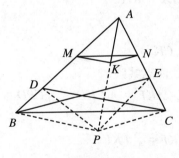

图 D2.5

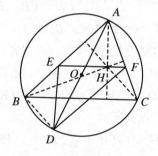

图 D2.6

6. 如图 D2.6 所示,连接 AH、BH、CH、BD.

由 $AH \perp BC$, $EF \parallel BC$ 得 $AH \perp EF$.

因 $\angle AFE = \angle ACB = \angle ADB$,故 $\text{Rt}\triangle AHF \sim \text{Rt}\triangle ABD$.

所以 $\frac{AF}{AD} = \frac{AH}{AB}$, $\angle HAF = \angle BAD$,因此 $\angle DAF = \angle BAH$,故 $\triangle ADF \sim \triangle ABH$.

从而 $\angle ADF = \angle ABH = 90° - \angle BAC$.

同理,$\angle ADE = 90° - \angle BAC$.

所以 $\angle ADF = \angle ADE$,即 DA 平分 $\angle EDF$.

7. 如图 D2.7 所示,连接 PF.

因 $\angle APD = \angle AEC = \angle ABD$, AD 平分 $\angle BAC$,故 $\triangle APD \cong \triangle ABD$,点 P 与点 B 关于

AD 对称.所以 $\angle FBD = \angle FPD$.

因为 $VT \parallel AE$,所以 $\angle APV = \angle AEC = \angle VTC$,故 P、V、T、C 四点共圆,有 $\angle TCV = \angle TPV$.

因为 $\angle CPK = \angle CVT = \angle CFK$,所以 C、P、F、K 四点共圆,有 $\angle KCF = \angle KPF$.

故 $\angle KCE = \angle FPD = \angle FBD$.

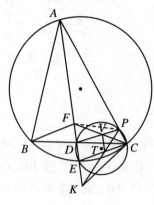

图 D2.7

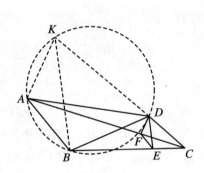

图 D2.8

8. 如图 D2.8 所示,延长 CD,交 $\triangle ABD$ 的外接圆于点 K,连接 AK、BK.

因为 $\angle BKD = \angle BAD = \angle BCD = \angle EDC$,所以 $DE \parallel KB$.

又因为 $EF \parallel AB$,所以 $\dfrac{CD}{DK} = \dfrac{CE}{EB} = \dfrac{CF}{FA}$,从而 $DF \parallel KA$.

故 $\angle EDF = \angle BKA = \angle BDA$.

9. 如图 D2.9 所示,连接 AK、FK、BK、DK、CK.

因 $\angle KDP = \angle KBA = \angle KCP$,故 D、P、K、C 四点共圆.

又 $\angle AKD = 180° - \angle ABD = \angle FKC$,于是 $\angle AKF = \angle CKD = \angle CPD = \angle APF$,从而 A、F、P、K 四点共圆.

故 $\angle APE = \angle PAF + \angle PBF = \angle PKF + \angle EKF = \angle PKE$.

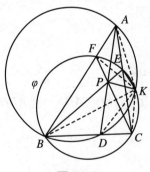

图 D2.9

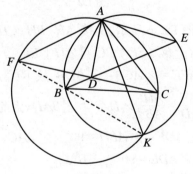

图 D2.10

10. 如图 D2.10 所示,连接 BF、BK.

因为 $AE = AB$,所以

$$\angle AKB = \angle AEB = \angle ABD = \angle ACF = \angle AKF,$$
故 K、B、F 三点共线.

因为 $AF = AC$,所以 $\angle AFD = \angle ACD = \angle ABD$,从而 A、D、B、F 四点共圆.

故 $\angle BAD = \angle BFD = \angle KFC = \angle CAK$.

11. 因 $\angle ADB = \angle AEC = 90°$,由 $\angle BAD = \angle CAE$ 得 $\angle BAF = \angle CAG$,故
$$\triangle ABD \backsim \triangle ACE, \quad \triangle ABF \backsim \triangle ACG.$$
所以 $\dfrac{BD}{CE} = \dfrac{AB}{AC} = \dfrac{BF}{CG}$.

显然,点 D、E 都在 $\odot(FG)$ 上. 故
$$\frac{AB^2}{AC^2} = \frac{BD \cdot BF}{CE \cdot CG} = \frac{BM \cdot BN}{CN \cdot CM}.$$
于是 $\angle BAM = \angle CAN$.

12. 如图 D2.11 所示,连接 KF、EF、CE.

因
$$\angle BKC = \angle BKF + \angle FKC = 180° - \angle BAF + \angle FEC$$
$$= \angle ABC + \angle ACB + \angle FEC$$
$$= \angle AEC + \angle DEF + \angle FEC$$
$$= 2\angle DEC = 2\angle DKC,$$
故 KD 平分 $\angle BKC$.

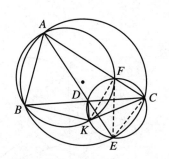

图 D2.11

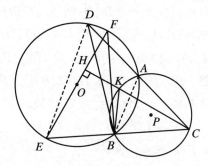

图 D2.12

13. 如图 D2.12 所示,连接 ED、AB.

因 EF 是 $\odot O$ 的直径,故
$$\angle EBF = 90° = \angle CBF.$$
接下来只需证明 $\angle DBE = \angle KBC$.

因 $CH \perp EF$,$FB \perp BC$,故
$$\angle BCK = \angle BFE = \angle BDE.$$
又
$$\angle BKC = \angle BAC = \angle BED,$$
所以 $\triangle CBK \backsim \triangle DBE$,故 $\angle KBC = \angle DBE$.

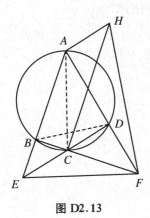

图 D2.13

14. 如图 D2.13 所示,连接 AC、BD.

因 $\triangle ECB \backsim \triangle EAD$,$AECH$ 为平行四边形,故

$$\frac{BE}{AH} = \frac{BE}{CE} = \frac{ED}{EA}.$$

因 $\triangle EDB \backsim \triangle EAC$,$\triangle FAC \backsim \triangle FBD$,故

$$\frac{ED}{EA} = \frac{BD}{AC} = \frac{BF}{AF}.$$

所以 $\dfrac{BE}{AH} = \dfrac{BF}{AF}$. 结合 $\angle EBF = \angle ADC = \angle HAF$ 得 $\triangle BEF \backsim \triangle AHF$.

故 $\angle BEF = \angle AHF$.

15. 因 $ABCH$ 为平行四边形,$ABCD$ 为圆内接四边形,故 $\triangle CHG \backsim \triangle EBC \backsim \triangle EDA$,所以

$$\frac{GH}{GC} = \frac{AD}{AE}. \qquad ①$$

因 $AG \parallel BF$,故

$$\frac{GD}{GC} = \frac{AD}{AF}. \qquad ②$$

① ÷ ② 得 $\dfrac{GH}{GD} = \dfrac{AF}{AE}$.

又 $\angle G = \angle DCF = \angle BAD$,所以 $\triangle GDH \backsim \triangle AEF$.

16. 如图 D2.14 所示,连接 OA、OB、DA.

因 PA、PB 均为 $\odot O$ 的切线,故 $OA \perp PA$,$OB \perp PB$. 又因为 $OD \perp PD$,所以 P、A、D、O、B 五点共圆.

因此 $\angle PAC = \angle PBA = \angle PDA$,故

$$PC \cdot PD = PA^2 = PE \cdot PF.$$

从而 C、D、F、E 四点共圆.

因

$$PC \cdot CD = AC \cdot CB = KC \cdot CF,$$

故 K、D、F、P 四点共圆.

所以 $\angle CDE = \angle F = \angle CDK$.

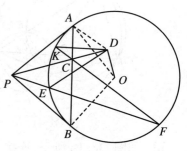

图 D2.14

17. 如图 D2.15 所示,延长 CD,交 $\triangle ABD$ 的外接圆于点 K,连接 KB、KA.

因

$$\angle BKD = \angle BAD = \angle BCD = \angle EDC,$$

故 $DE \parallel KB$.

因为 $EF \parallel AB$,所以

$$\frac{CD}{DK} = \frac{CE}{EB} = \frac{CF}{FA},$$

从而 $DF \parallel KA$.

所以 $\angle CDF = \angle AKD = \angle ABD$.

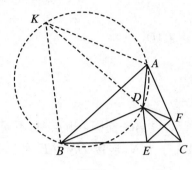

图 D2.15

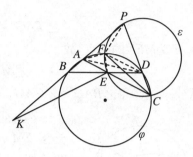

图 D2.16

18. 连接线段如图 D2.16 所示.

因 $\angle AEF = \angle DPF$, $\angle EAF = \angle PDF$, 故 $\triangle AEF \backsim \triangle DPF$, 因此 $\dfrac{AF}{DF} = \dfrac{AE}{PD}$.

因 $\triangle AEB \backsim \triangle DEC$, 故 $\dfrac{AB}{CD} = \dfrac{BE}{CE}$.

考虑 $\triangle CPA$ 被直线 DEB 截, 由梅涅劳斯定理得 $\dfrac{CD}{DP} \cdot \dfrac{PB}{BA} \cdot \dfrac{AE}{EC} = 1$. 所以

$$\frac{AE}{PD} = \frac{AB}{CD} \cdot \frac{CE}{BP} = \frac{BE}{CE} \cdot \frac{CE}{BK} = \frac{BE}{BK},$$

从而 $\dfrac{AF}{DF} = \dfrac{BE}{BK}$.

结合 $\angle KBE = \angle DFA$ 得 $\triangle BEK \backsim \triangle FAD$.

故 $\angle BEK = \angle FAD = \angle FCP$.

19. 如图 D2.17 所示, 设直线 BC 交 $\odot P$ 于点 M、N ($HN < HM$), 连接 AM、AN. 过点 A 作两圆的公切线 AK, 点 K 与 C 在直线 HA 的同侧.

因
$$\angle CAN + \angle NAK = \angle CAK = \angle ABC$$
$$= \angle BAM + \angle M,$$
$$\angle NAK = \angle M,$$

故
$$\angle CAN = \angle BAM. \qquad ①$$

连接 AE, 交 BC 于点 T_1, 连接 FG, 交 BC 于点 T_2.

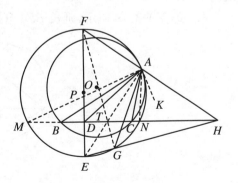

图 D2.17

因 EF 为 $\odot P$ 的直径,且 $EF \perp BC$ 于点 D,故 T_1、A、F、D,T_2、G、E、D 分别四点共圆,所以
$$HT_1 \cdot HD = HA \cdot HF = HG \cdot HE = HT_2 \cdot HD,$$
因此 $HT_1 = HT_2$,点 T_1 与 T_2 重合,统一记为点 T.

于是
$$\angle TAG = \angle TFE = \angle TAD. \qquad ②$$
因点 E 为 $\overset{\frown}{MEN}$ 的中点,故
$$\angle MAT = \angle NAT. \qquad ③$$
由式①~式③得 $\angle BAD = \angle CAG$.

20. 如图 D2.18 所示,设 AG 交圆 ε 于点 M(不同于 G),连接 EM 并延长,交 AD 于点 N,连接 HN、EF,作 $\angle BHC$ 的平分线,交 BC 于点 P.

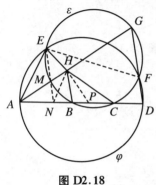

图 D2.18

因
$$\angle NMA = \angle EMG = \angle EFG = \angle NAE,$$
故 $\triangle NMA \backsim \triangle NAE$,所以 $\angle NEA = \angle NAM$,且
$$NA^2 = NM \cdot NE = NB \cdot NC = (AB - NA)(AC - NA)$$
$$\Rightarrow NA = \frac{AB \cdot AC}{AB + AC}.$$

因 HP 与 AG 分别为 $\angle BHC$ 及其外角的平分线,故
$$\frac{BP}{PC} = \frac{HB}{HC} = \frac{AB}{AC} \Rightarrow \frac{AP - AB}{AC - AP} = \frac{AB}{AC} \Rightarrow AP = \frac{2AB \cdot AC}{AB + AC}.$$

所以 $AP = 2NA$,N 为 AP 的中点.

又因 $\angle AHP = 90°$,故 $NH^2 = NA^2 = NM \cdot NE$. 所以
$$\angle NEA = \angle NAM = \angle NHM = \angle NEH,$$
从而 $\angle AEH = 2\angle GAD$.

21. 如图 D2.19 所示,延长 BF、AC,使它们交于点 T.

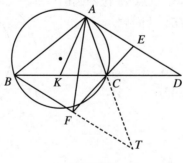

图 D2.19

因 $BT // AD$,故 $\dfrac{BF}{FT} = \dfrac{DE}{EA} = 1$,即 $BF = FT$.

因为 AD 为 $\triangle ABC$ 的外接圆的切线,所以 $\angle T = \angle CAD = \angle ABC$,从而 $\triangle ABC \backsim \triangle ATB$,$AK$、$AF$ 为对应边上的中线,故 $\angle BAK = \angle CAF$.

22. 如图 D2.20 所示,$\odot O_1$ 的半径 $\leqslant \odot O_2$ 的半径,设 $\angle EAC = \angle EAB = \alpha$,$\angle FAD = \angle FAB = \beta$,$\angle BAM = \gamma$.

延长 AB 至 K,使 $BK = AC = AD$. 连接 BE、EC、EK、KF.

因 E 是 $\odot O_1$ 上 $\overset{\frown}{BC}$ 的中点,故 $BE = CE$.

又因为 $\angle EBK = \angle ECA$,$BK = AC$,所以 $\triangle KBE \cong \triangle ACE$,故 $KE = AE$.

同理,$KF = AF$.

故点 K 与点 A 关于 EF 对称,即 $AB \perp EF$.

所以 $\angle FAM = 90° - \angle AEF = \angle EAB$,即 $\beta - \gamma = \alpha$,故 $2\alpha + \gamma = 2\beta - \gamma$,即 $\angle CAM = \angle DAM$.

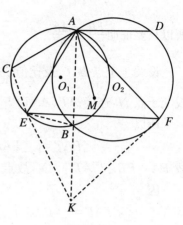

图 D2.20

23. **证法 1** 如图 D2.21 所示,连接 PF.

因
$$\angle PFA = \angle PDA = \angle DAC + \angle ACD$$
$$= \angle EAB + \angle PAB = \angle PAF,$$

故 $PF = PA$. 所以 $PF^2 = PA^2 = PB \cdot PC$,因此 $\angle PFB = \angle FCE$.

因
$$\angle PAD = \angle PAB + \angle BAD$$
$$= \angle ACB + \angle CAE = \angle PEA,$$

故 $PF^2 = PA^2 = PD \cdot PE$,因此 $\angle PFD = \angle FED$,即
$$\angle PFB + \angle BFD = \angle FCE + \angle CFE,$$

所以 $\angle BFD = \angle CFE$.

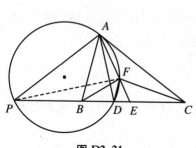

图 D2.21

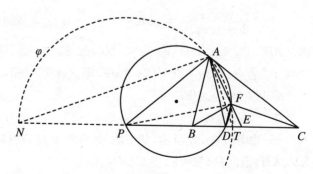

图 D2.22

证法 2 如图 D2.22 所示,因 $\angle BAD = \angle CAE$,由斯坦纳定理,有
$$\left(\frac{AB}{AC}\right)^2 = \frac{BD \cdot BE}{CD \cdot CE}.$$

要证 $\angle BFD = \angle CFE$，只要证
$$\left(\frac{FB}{FC}\right)^2 = \frac{BD \cdot BE}{CD \cdot CE}.$$
所以只要证明 $\dfrac{FB}{FC} = \dfrac{AB}{AC}$.

设关于定点 B、C 及比值 $\dfrac{AB}{AC}$ 的阿波罗尼斯圆为圆 φ. 圆 φ 与 CB 交于点 T，与 CB 的延长线交于点 N，连接 AT、AN、PF. 则 AT 平分 $\angle BAC$.

所以
$$\angle PAT = \angle PAB + \angle BAT = \angle ACT + \angle CAT = \angle PTA,$$
故 $PA = PT$. 又 $AT \perp AN$，故点 P 是圆 φ 的圆心.

因
$$\angle PAF = \angle PAB + \angle BAF = \angle ACB + \angle CAD = \angle PDA = \angle PFA,$$
故 $PF = PA$，因此点 F 在圆 φ 上，所以 $\dfrac{FB}{FC} = \dfrac{AB}{AC}$.

24. 设 $\angle C = \alpha$，则 $\angle ABC = 2\alpha$.

由 $\angle ABD = \alpha = \angle C$，得 $AD = \dfrac{AB^2}{AC}$.

又因 $DE \parallel AB$，故
$$\frac{AC}{BC} = \frac{AD}{BE} = \frac{AB^2}{AC \cdot BE} = \frac{AB}{AC \cdot \cos 2\alpha} \Rightarrow AC = \frac{AB \cdot BC}{AC \cos 2\alpha}.$$
所以
$$AE = AC\sin\alpha = AB \cdot \frac{BC}{AC} \cdot \frac{\sin\alpha}{\cos 2\alpha}$$
$$= AB \frac{\sin(180° - 3\alpha)}{\sin 2\alpha} \cdot \frac{\sin\alpha}{\cos 2\alpha} = AB \frac{\sin 3\alpha}{2\cos\alpha\cos 2\alpha}.$$
又在 $\mathrm{Rt}\triangle ABE$ 中，$AE = AB\sin 2\alpha$，所以
$$\frac{\sin 3\alpha}{2\cos\alpha\cos 2\alpha} = \sin 2\alpha \Rightarrow \sin 3\alpha = \sin 4\alpha\cos\alpha \Rightarrow \sin 5\alpha = \sin 3\alpha.$$
因 $\angle ABC + \angle C < 180°$，即 $3\alpha < 180°$，故 $8\alpha < 480°$. 因此 $5\alpha + 3\alpha = 180°$，$2\alpha = 45°$，即 $\angle ABC = 45°$；或者 $5\alpha + 3\alpha = 360°$，$2\alpha = 90°$，即 $\angle ABC = 90°$，不合题意，舍去.

综上所述，$\angle ABC = 45°$.

注 本题的纯几何解法值得思考.

25. 如图 D2.23 所示，设 DE 交 $\odot P$ 于点 D、G，DE 交 $\odot Q$ 于点 E、H，连接 FT、FG、KV、KH，设 $\angle DAM = \alpha$，$\angle EAN = \beta$.

因点 F 为 $\overset{\frown}{BDT}$ 的中点，$BT \parallel DG$，故 F 也为 $\overset{\frown}{DG}$ 的中点.

同理，K 为 $\overset{\frown}{EH}$ 的中点. 所以
$$\angle DBF = \angle FDG, \quad \angle FBT = \angle ADF,$$
$$\angle KCE = \angle KEH, \quad \angle VCK = \angle AEK.$$

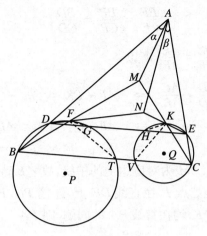

图 D2.23

对 $\triangle ABC$ 及点 M,由角元塞瓦定理得

$$\frac{\sin(A-\alpha)}{\sin\alpha} \cdot \frac{\sin\angle DBF}{\sin\angle FBT} \cdot \frac{\sin\angle VCK}{\sin\angle KCE} = 1.$$

对 $\triangle ADE$ 及点 N,由角元塞瓦定理得

$$\frac{\sin(A-\beta)}{\sin\beta} \cdot \frac{\sin\angle AEK}{\sin\angle KEH} \cdot \frac{\sin\angle FDG}{\sin\angle ADF} = 1.$$

于是

$$\frac{\sin(A-\alpha)}{\sin\alpha} = \frac{\sin(A-\beta)}{\sin\beta},$$

故 $\alpha = \beta$,即 $\angle DAM = \angle EAN$.

26. 如图 D2.24 所示,因 $\angle ABE = \angle ACF$,故 B、C、E、F 四点共圆,记为圆 δ. 因 $AB \ne AC$,故直线 FE 与 BC 不平行,可设直线 FE 与 BC 交于点 X. 设 AK 与 FE 交于点 N,AD 与 BC 交于点 L,连接 BK、CK、BD、CD.

对圆 φ、圆 ε、圆 δ,由根心定理,两两的根轴 KD、BC、FE 三线共点于 X.

因

$$\frac{S_{\triangle BDK}}{S_{\triangle CDK}} = \frac{BX}{CX} = \frac{S_{\triangle BEF}}{S_{\triangle CEF}},$$

故 $\dfrac{BK \cdot BD}{CK \cdot CD} = \dfrac{BF \cdot BE}{CF \cdot CE}$.

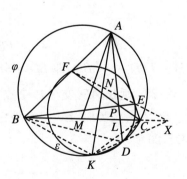

图 D2.24

因

$$\frac{S_{\triangle ABP}}{S_{\triangle ACP}} = \frac{BL}{CL} = \frac{S_{\triangle ABD}}{S_{\triangle ACD}} \Rightarrow \frac{BP}{CP} = \frac{BD}{CD},$$

$\triangle BPF \backsim \triangle CPE$,

故

$$\frac{BF}{CE} = \frac{BP}{CP} = \frac{BD}{CD}.$$

由 $\triangle AEB \backsim \triangle AFC$,得 $\frac{BE}{CF} = \frac{AE}{AF}$. 所以

$$\frac{BK \cdot BD}{CK \cdot CD} = \frac{BD}{CD} \cdot \frac{AE}{AF} \Rightarrow AF \cdot BK = AE \cdot CK$$

$$\Rightarrow AF\sin\angle FAN = AE\sin\angle EAN$$

$$\Rightarrow S_{\triangle AFN} = S_{\triangle AEN} \Rightarrow FN = EN.$$

因 $\triangle AEF \backsim \triangle ABC$,$AN$、$AM$ 为对应边上的中线,故 $\angle BAM = \angle CAK$.

27. 如图 D2.25 所示,显然点 P 在直线 DE 上,连接 PB、PA、AE. 过点 A 作两圆的公切线 MN,点 M 与 F、点 N 与 K 均在直线 PA 的同侧,则 $PA \perp MN$.

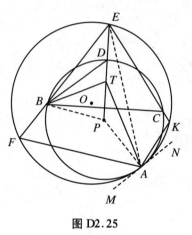

图 D2.25

所以

$$\angle FAP = 90° - \angle FAM = 90° - \angle FEA,$$
$$\angle KAP = 90° - \angle KAN = 90° - \angle KEA.$$

故

$$\angle FAT = \angle KAT$$
$$\Rightarrow \angle FAP + \angle PAT = \angle KAP - \angle PAT$$
$$\Rightarrow 2\angle PAT = \angle KAP - \angle FAP$$
$$= \angle FEA - \angle KEA = 2\angle PEA$$
$$\Rightarrow \angle PAT = \angle PEA$$
$$\Rightarrow PT \cdot PE = PA^2 = PB^2$$
$$\Rightarrow \angle PBT = \angle PEB.$$

因为 $PD = PB$,所以 $\angle PBD = \angle PDB$,即

$$\angle PBT + \angle TBD = \angle PEB + \angle EBD,$$

故 $\angle TBD = \angle EBD$,即 BD 平分 $\angle EBT$.

28. 延长 AF,交 $\odot P$ 于点 M,在 $\odot P$ 上取点 N,使得 $\angle BCN = \angle EDF$,AN 再次交 $\odot P$ 于点 K,连接线段如图 D2.26 所示.

因

$$\angle DFE = \frac{1}{2}\angle T = \frac{1}{2}\angle P = \angle CNB,$$
$$\angle EDF = \angle BCN,$$

故 $\triangle DEF \backsim \triangle CBN$.

又 $\triangle AED \backsim \triangle ABC$,所以

$$\frac{DF}{CN} = \frac{DE}{CB} = \frac{AD}{AC},$$

结合 $\angle ADF = \angle ACN$ 得 $\triangle ADF \backsim \triangle ACN$.

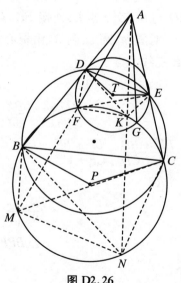

图 D2.26

故 $\angle DAF = \angle CAN$. 只要证明点 K 与 G 重合即可. 这只要证明点 K 在 $\odot T$ 上.

因为 $\dfrac{AE}{AB} = \dfrac{AD}{AC} = \dfrac{AF}{AN} = \dfrac{AK}{AM}$，$\angle EAK = \angle BAM$，所以 $\triangle AEK \backsim \triangle ABM$，故 $\angle AKE = \angle AMB$.

同理，$\angle AKD = \angle AMC$. 所以

$$\angle DKE = \angle CMB = \dfrac{1}{2}\angle P = \dfrac{1}{2}\angle T = \angle DFE,$$

因此点 K 在 $\odot T$ 上. 证毕.

29. 在 $\odot(CDK)$ 上取点 T，使点 T 与 M 在直线 DE 的同侧，$\angle KDT = \angle FEM$. 设 AT 交 $\odot(CDK)$ 于点 $T、V$，AM 交 $\odot(CDK)$ 于点 $M、X$，连接线段如图 D2.27 所示(只证图示情形，其他情形类似可证).

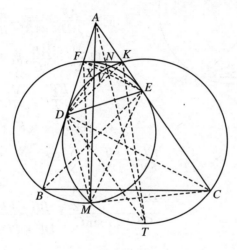

图 D2.27

因 $\angle ADE = \angle ACB$，故 $B、C、E、D$ 四点共圆.

又 $FK \parallel BC$，故 $D、E、K、F$ 四点共圆.

所以

$$\angle DTK = \angle DCK = \angle EBD = \angle EMF,$$

故 $\triangle DKT \backsim \triangle EFM$. 于是

$$\dfrac{KT}{FM} = \dfrac{KD}{FE} = \dfrac{AK}{AF},$$

且 $\angle AKT = \angle AFM$. 故 $\triangle AKT \backsim \triangle AFM$.

所以 $\angle KAT = \angle FAM$. 只要证明点 V 与 N 重合，即点 V 在 $\odot(BEF)$ 上即可.

因为 $\dfrac{AV}{AC} = \dfrac{AK}{AT} = \dfrac{AF}{AM}$，$\angle FAV = \angle MAC$，所以 $\triangle AFV \backsim \triangle AMC$，因此 $\angle AVF = \angle ACM = 180° - \angle KXM$.

因 $\dfrac{AX}{AV} = \dfrac{AT}{AM} = \dfrac{AK}{AF} = \dfrac{AD}{AE}$，$\angle DAX = \angle EAV$，故 $\triangle AXD \backsim \triangle AVE$，因此 $\angle AVE =$

$$\angle AXD = 180° - \angle DXM.$$

故
$$\angle FVE = 360° - \angle AVF - \angle AVE = 360° - (180° - \angle KXM) - (180° - \angle DXM)$$
$$= \angle KXD = 180° - \angle KCD = 180° - \angle EBD.$$

因此点 V 在 $\odot(BEF)$ 上. 证毕.

※30. 证法1 如图 D2.28 所示，连接 BD、DC、EF，设 DE 与 BF 交于点 M，DF 与 CE 交于点 N，直线 AD、DK 分别交 EF 于点 T、P. $\triangle ABC$ 的三内角简记为 $\angle A$、$\angle B$、$\angle C$.

因 $\angle EAD = \angle DAC$，$\angle ADE = \angle ACD$，故 $\triangle AED \sim \triangle ADC$，因此
$$\frac{AE}{AD} = \frac{AD}{AC} = \frac{DE}{CD}.$$

同理，$\dfrac{AF}{AD} = \dfrac{AD}{AB} = \dfrac{DF}{BD}.$

所以 $\dfrac{AE}{AF} = \dfrac{AB}{AC}$，故 $EF /\!/ BC$，且

$$\frac{ET}{FT} = \frac{AE}{AF} = \frac{DE}{DF} \cdot \frac{BD}{CD}. \qquad ①$$

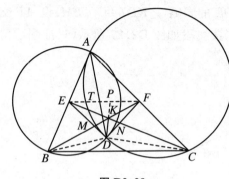

图 D2.28

对 $\triangle DEF$ 及点 K，由塞瓦定理得
$$\frac{EP}{FP} \cdot \frac{FN}{ND} \cdot \frac{DM}{ME} = 1 \Rightarrow \frac{EP}{FP} = \frac{ND}{FN} \cdot \frac{ME}{DM} = \frac{S_{\triangle DCE}}{S_{\triangle FCE}} \cdot \frac{S_{\triangle EBF}}{S_{\triangle DBF}}$$
$$= \frac{DE \cdot CD \sin \dfrac{A}{2}}{CF \cdot EF \sin C} \cdot \frac{BE \cdot EF \sin B}{DF \cdot BD \sin \dfrac{A}{2}} = \frac{DE}{DF} \cdot \frac{CD}{BD}. \qquad ②$$

①×②得
$$\frac{ET \cdot EP}{FT \cdot FP} = \frac{DE^2}{DF^2} \Rightarrow \angle EDA = \angle FDK.$$

证法2 因 DE 为 $\odot(ACD)$ 的切线，DF 为 $\odot(ABD)$ 的切线，故
$$\angle EDC = 180° - \angle DAC = 180° - \angle DAB = \angle FDB,$$
对完全四边形 $AEBKCF$，由等角线定理得 $\angle EDA = \angle FDK$.

※31. 如图 D2.29 所示，设直线 AK 与 BC 交于点 E（可能为无穷远点），直线 AK 与 DF 交于点 P. 连接 DK.

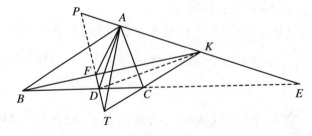

图 D2.29

因 AD、AE 分别平分 $\angle BAC$ 及其外角,故

$(B,C;D,E)$ 为调和点列 $\Rightarrow$ $K(B,C;D,E)$ 为调和线束

$\Rightarrow$ $(F,T;D,P)$ 为调和点列

$\Rightarrow$ $A(F,T;D,P)$ 为调和线束.

又因为 $AD \perp AP$,所以 AD 平分 $\angle FAT$.

※32. 如图 D2.30 所示,作 $NR \perp BC$ 于点 R,$UT \perp BC$ 于点 T,可设 $\angle ABC = \angle ACB = \theta$,$\angle FBC = \alpha$,$\angle FCB = \beta$,$\angle BFD = x$,$BC = a$,$CF = b$,$BF = c$.

对 $\triangle ADE$ 及点 P,由塞瓦定理得

$$\frac{AB}{BD} \cdot \frac{DF}{FE} \cdot \frac{EC}{CA} = 1.$$

又 $AB = CA$,故

$$\frac{CE}{EF} = \frac{BD}{DF} \xlongequal{\triangle} k, \quad k = \frac{BD}{DF} = \frac{\sin x}{\sin(\theta - \alpha)}.$$

因

$$\frac{CN}{FN} = \frac{S_{\triangle CBE}}{S_{\triangle FBE}} = \frac{a \cdot CE \sin\theta}{c \cdot EF \sin x} = \frac{ak\sin\theta}{c\sin x},$$

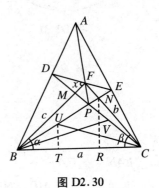

图 D2.30

故

$$CN = \frac{abk\sin\theta}{c\sin x + ak\sin\theta},$$

$$\cot\angle BCU = \frac{CT}{UT} = \frac{\frac{1}{2}(a+CR)}{\frac{1}{2}NR} = \frac{a + CN\cos\beta}{CN\sin\beta}$$

$$= \cot\beta + \frac{a}{CN\sin\beta} = \cot\beta + \frac{c\sin x}{bk\sin\theta\sin\beta} + \frac{a}{b\sin\beta}$$

$$= \cot\beta + \frac{\sin\beta}{\sin\alpha} \cdot \frac{\sin(\theta-\alpha)}{\sin x} \cdot \frac{\sin x}{\sin\theta\sin\beta} + \frac{a}{b\sin\beta}$$

$$= \cot\beta + \cot\alpha - \cot\theta + \frac{a}{b\sin\beta}.$$

同理可得 $\cot\angle CBV = \cot\alpha + \cot\beta - \cot\theta + \dfrac{a}{c\sin\alpha}.$

因为 $b\sin\beta = c\sin\alpha$,所以 $\cot\angle BCU = \cot\angle CBV$.

故 $\angle BCU = \angle CBV$.

※33. 如图 D2.31 所示,作 $BL \perp EF$ 于点 L,$CJ \perp EF$ 于点 J,连接各条辅助线.设 $\angle BAN = x$,$\angle CAT = y$,$\angle BAC$ 简记为 A.

由 $AE = AF$ 得 $\angle BFL = \angle CEJ$,故 $Rt\triangle BFL \sim Rt\triangle CEJ$.

对 $\triangle ABC$ 及点 P,由塞瓦定理得 $\dfrac{AF}{FB} \cdot \dfrac{BD}{DC} \cdot \dfrac{CE}{EA} = 1$,结合 $AF = EA$,得 $\dfrac{BD}{DC} = \dfrac{BF}{CE}$.

又 $BL \parallel DT \parallel CJ$,所以

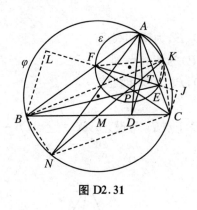

图 D2.31

$$\frac{TL}{TJ} = \frac{BD}{DC} = \frac{BF}{CE} = \frac{FL}{EJ} = \frac{TL - FL}{TJ - EJ} = \frac{TF}{TE}.$$

因 $\angle ABK = \angle ACK$，由 $\angle AFK = \angle AEK$ 得 $\angle BFK = \angle CEK$，故 $\triangle BFK \backsim \triangle CEK$，从而

$$\frac{BK}{CK} = \frac{BF}{CE} = \frac{TF}{TE}.$$

因 M 是 BC 的中点，故 $S_{\triangle BNK} = S_{\triangle CNK}$，因此 $BK \cdot BN = CK \cdot CN$. 所以

$$\frac{CN}{BN} = \frac{BK}{CK} = \frac{TF}{TE}$$

$$\Rightarrow \frac{\sin(A-x)}{\sin x} = \frac{\sin(A-y)}{\sin y}$$

$$\Rightarrow \frac{\sin A \cos x - \cos A \sin x}{\sin x} = \frac{\sin A \cos y - \cos A \sin y}{\sin y}$$

$$\Rightarrow x = y,$$

即 $\angle BAN = \angle CAT$.

※34. 设直线 MP、PN 与圆 ε 的第二个交点分别为 K、T，直线 AP、BP 与圆 φ 的第二个交点分别为 G、H. 过点 P 作圆 φ 与圆 ε 的公切线，分别交 AC、BE 于点 X、Y，连接线段如图 D2.32 所示（图形画得不同，证明过程要稍作改动）.

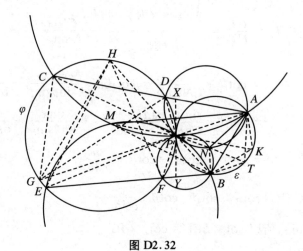

图 D2.32

因

$$\angle AMP = \angle ACP = \angle PGD,$$
$$\angle AKP = \angle APX = \angle GPY = \angle PDG,$$

故 $\triangle AMK \backsim \triangle PGD$，所以

$$\frac{AK}{MK} = \frac{PD}{DG}. \qquad ①$$

因
$$\angle PMB = \angle PEB = \angle FHP,$$
$$\angle BKP = \angle BPY = \angle HPX = \angle PFH,$$
故 $\triangle BMK \backsim \triangle PHF$. 所以
$$\frac{BK}{MK} = \frac{PF}{HF}. \qquad ②$$
① ÷ ② 得
$$\frac{AK}{BK} = \frac{PD \cdot HF}{DG \cdot PF}. \qquad ③$$
因
$$\angle ANT = \angle ADP = \angle PGC,$$
$$\angle ATN = \angle APX = \angle GPY = \angle GCP,$$
故 $\triangle ANT \backsim \triangle PGC$. 所以
$$\frac{NT}{AT} = \frac{GC}{PC}. \qquad ④$$
因
$$\angle BNT = \angle PFB = \angle PHE,$$
$$\angle BTN = \angle BPY = \angle HPX = \angle PEH,$$
故 $\triangle BNT \backsim \triangle PHE$. 所以
$$\frac{BT}{NT} = \frac{PE}{HE}. \qquad ⑤$$
④ × ⑤ 得
$$\frac{BT}{AT} = \frac{GC \cdot PE}{PC \cdot HE}. \qquad ⑥$$
因 $\angle HGP = \angle HPX = \angle BPY = \angle BAP$, 故
$$GH \parallel AB \Rightarrow \frac{HB}{PB} = \frac{GA}{PA}$$
$$\Rightarrow \frac{S_{\triangle HEF}}{S_{\triangle PEF}} = \frac{S_{\triangle GCD}}{S_{\triangle PCD}}$$
$$\Rightarrow \frac{HE \cdot HF}{PE \cdot PF} = \frac{GC \cdot DG}{PC \cdot PD}$$
$$\Rightarrow \frac{PD \cdot HF}{DG \cdot PF} = \frac{GC \cdot PE}{PC \cdot HE}. \qquad ⑦$$

由 ③⑥⑦ 三式得 $\frac{AK}{BK} = \frac{BT}{AT}$.

又 $\angle AKB = \angle BTA$, 所以 $\triangle ABK \backsim \triangle BAT$, 相似比为 1, 即 $\triangle ABK \cong \triangle BAT$, 所以 $AK = BT$, 因此 $\angle APK = \angle BAT$. 故
$$\angle DAN = 180° - \angle DPN$$

$$= 180° - \angle DPX - \angle XPN$$
$$= 180° - \angle DCP - \angle PBT$$
$$= 180° - \angle AMP - (180° - \angle PAT)$$
$$= \angle PAT - (\angle APK - \angle MAP)$$
$$= \angle PAT - \angle BAT + \angle MAP$$
$$= \angle MAB,$$

因此 $\angle MAC = \angle NAB$.

※35. （湖南省长沙市一中学生叶世卿提供）两条直线 a 与 b 所成的锐角（或直角）叫做两条直线所成的角（或夹角），记为 $\langle a,b \rangle$. 规定两条直线平行时，夹角为零.

如图 D2.33 所示，以点 P 为反演极，1 为反演幂，作反演变换. 设点 X 的反点为 X'. 因 F 为 $\odot(BPE)$ 与 $\odot(CPD)$ 的交点，故 $F' = B'E' \cap C'D'$；因 G 为 $\odot(BPC)$ 与 $\odot(DPE)$ 的交点，故 $G' = B'C' \cap D'E'$.

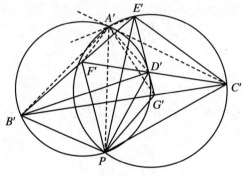

图 D2.33

由条件 $PB = PD$, $PC = PE$, 有 $PB' = PD'$, $PC' = PE'$.

所以
$$\langle D'A', E'A' \rangle = \angle PA'E' - \angle PA'D'$$
$$= 180° - \angle PC'E' - \angle PB'D'$$
$$= 180° - \angle PE'C' - \angle PD'B'$$
$$= 180° - \angle B'A'C' = \langle B'A', C'A' \rangle.$$

考虑完全四边形 $B'G'C'D'E'F'$，因为 $\langle D'A', E'A' \rangle = \langle B'A', C'A' \rangle$，由完全四边形等角线定理知 $\langle C'A', G'A' \rangle = \langle E'A', F'A' \rangle$.

因为 $A'P$ 平分 $\angle C'A'E'$ 的外角（或 $\angle C'A'E'$），所以 $A'P$ 平分 $\angle F'A'G'$ 或其外角，即 $\langle F'A', PA' \rangle = \langle G'A', PA' \rangle$.

根据反演变换的保角性得
$$\langle AF, PF \rangle = \langle \odot(A'F'P), PF' \rangle = \langle F'A', PA' \rangle,$$
$$\langle AG, PG \rangle = \langle \odot(A'G'P), PG' \rangle = \langle G'A', PA' \rangle,$$

所以 $\langle AF, PF \rangle = \langle AG, PG \rangle$，即 $\angle AFP = \angle AGP$ 或 $\angle AFP + \angle AGP = 180°$.

※36. 如图 D2.34 所示,设 AC 与 BD 交于点 P,由熟知命题知 P、E、F、O 为垂心组. 可设 $OP \perp EF$ 于点 M,$EP \perp OF$ 于点 N.

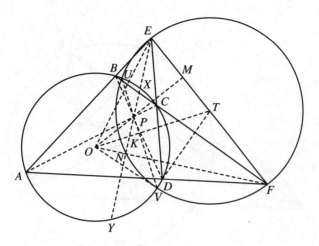

图 D2.34

则点 N 在 $\odot(EF)$ 上. 因点 N 在 $\odot O$ 内,故 $\odot(EF)$、$\odot O$ 相交,设交点为 U、V. 设直线 EP 交 $\odot O$ 于点 X、Y($EX < EY$). 则 $NX = NY$,故 $PY - PX = 2PN$.

由熟知命题得点 X、Y 调和分割 EP,即

$$\frac{EX}{PX} = \frac{EY}{PY} \Rightarrow \frac{PE - PX}{PX} = \frac{PE + PY}{PY}.$$

$$\Rightarrow PE \cdot PY - PX \cdot PY = PX \cdot PE + PX \cdot PY$$

$$\Rightarrow 2PX \cdot PY = PE(PY - PX) = PE \cdot 2PN$$

$$\Rightarrow PX \cdot PY = PE \cdot PN.$$

即点 P 对 $\odot O$ 与 $\odot(EF)$ 的幂相等,故点 P 在 $\odot O$ 与 $\odot(EF)$ 的根轴 UV 上.

因直线 EF 是点 P 关于 $\odot O$ 的极线,故 $OP \cdot OM = r^2$(r 为 $\odot O$ 的半径).

设 T 为 $\odot(EF)$ 的圆心,即 T 为 EF 的中点,则 $OT \perp UV$,设垂足为 K. 从而 P、M、T、K 四点共圆.

所以

$$OK \cdot OT = OP \cdot OM = r^2 = OV^2 \Rightarrow \triangle OVT \backsim \triangle OKV$$

$$\Rightarrow \angle OVT = \angle OKV = 90°.$$

故 $\odot O$ 与 $\odot(EF)$ 直交.

※37. 如图 D2.35 所示,设直线 AB、DC 交于点 X,FE 的中点为 V,FO 交直线 XE 于点 T,$\odot O$ 的半径为 r.

因直线 XE 为点 F 关于 $\odot O$ 的极线,故 $FO \perp XE$ 于点 T,且

$$OT \cdot OF = r^2 \Rightarrow FT \cdot FO = FO^2 - r^2 = F \text{ 对 } \odot O \text{ 的幂} = FP \cdot PK$$

$$\Rightarrow O、T、P、K \text{ 四点共圆}.$$

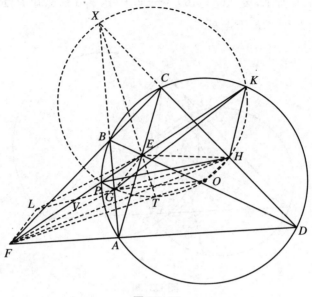

图 D2.35

对完全四边形 $FADECB$，由牛顿线定理知 V、G、H 三点共线.

因 F、P、E、K 为调和点列，V 为 FE 的中点，故 $VP \cdot VK = VE^2$.

下面证明 $VE^2 = VG \cdot VH$. 延长 GV 至点 L，使 $VL = VG$，则四边形 $EGFL$ 为平行四边形.

因 $\triangle EAB \backsim \triangle EDC$，$EG$、$EH$ 为对应边上的中线，故 $\angle EGB = \angle EHC$.

因 $\triangle FAB \backsim \triangle FCB$，$FG$、$FH$ 为对应边上的中线，故 $\angle FGB = \angle FHD$.

所以
$$\angle FLE = \angle FGE = \angle EGB + \angle FGB = \angle EHC + \angle FHD = 180° - \angle EHF,$$
因此 F、L、E、H 四点共圆.

故 $\angle VEG = \angle LFV = \angle VHE$，因此 $VE^2 = VG \cdot VH$.

于是 $VP \cdot VK = VG \cdot VH$，故 P、K、H、G 四点共圆.

因 $OG \perp XG$，$OH \perp XH$，$OT \perp XT$. 故 O、T、G、X、H 五点共圆.

我们考察 $\odot(OTPK)$、$\odot(PKHG)$、$\odot(OTGXH)$ 三个圆，假设这三个圆不是同一个圆，由根心定理，两两的根轴 OT、PK、HG 共点或互相平行，矛盾. 所以上述三个圆为同一个圆，即 O、T、G、P、X、K、H 七点共圆.

因 $OP = OK$，故 $\overset{\frown}{OP} = \overset{\frown}{OK}$，从而 $\overset{\frown}{PX} = \overset{\frown}{KX}$（$\overset{\frown}{OPX}$、$\overset{\frown}{OKX}$ 都是半圆）.

故 $\angle BGP = \angle BGK = \angle CHP = \angle CHK$.

※38. 延长 AB，交 $\odot(AED)$ 于点 N，连接线段，如图 D2.36 所示. 设 EN 与 BC 交于点 X.

因 $\angle BDC = \angle BDK + \angle KDC = \angle AFK + \angle AEK = 180° - \angle FAE$，故点 D 在

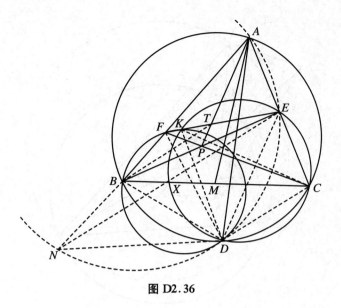

图 D2.36

⊙(ABC) 上.

因 $\angle DEN = \angle DAB = \angle DCB$,故 X、E、C、D 四点共圆,从而 X、K、E、C、D 五点共圆.
又 B、C、T、K 四点共圆,所以

$$\angle TBC = \angle TKC = \angle EKC = \angle EXC \Rightarrow TB \parallel EN \Rightarrow \frac{FT}{TE} = \frac{BF}{BN}.$$

对 $\triangle AFE$ 及点 P,由塞瓦定理得 $\dfrac{FT}{TE} \cdot \dfrac{EC}{CA} \cdot \dfrac{AB}{BF} = 1$.

由以上两式得 $\dfrac{EC}{BN} = \dfrac{AC}{AB}$.

因 $\angle CED = \angle BND$,$\angle ECD = \angle NBD$,故 $\triangle DCE \backsim \triangle DBN$,所以

$$\frac{DC}{DB} = \frac{EC}{BN} = \frac{AC}{AB}$$

$$\Rightarrow AB \cdot DC = AC \cdot BD.$$

在圆内接四边形 $ABDC$ 中,由托勒密定理得

$$2BM \cdot AD = BC \cdot AD = AB \cdot DC + AC \cdot BD = 2AB \cdot DC \Rightarrow \frac{BM}{DC} = \frac{AB}{AD}.$$

又 $\angle ABM = \angle ADC$,所以 $\triangle ABM \backsim \triangle ADC$,故 $\angle BAM = \angle CAD$.

※39. (西安交大附中金磊提供) 如图 D2.37 所示,显然 K 是完全四边形 $ADBFCE$ 的密克尔点,从而得很多四点共圆.

设 ⊙(DKPE) 分别交 FA、FB、FC 于点 M、I、L. 因 $\angle EIL = \angle EDL = \angle EBC$,故 $IL \parallel BC$. 同理, $IM \parallel AB$,$ML \parallel AC$.

故 F 为 $\triangle MIL$ 和 $\triangle ABC$ 的位似中心,于是 $\triangle MIL$ 的外心、$\triangle ABC$ 的外心 O 和点 F 三点共线,即 $\triangle MIL$ 的外心在直线 OF 上. 又 $\triangle MIL$ 的外心也在 DE 的垂直平分线 PN 上,故

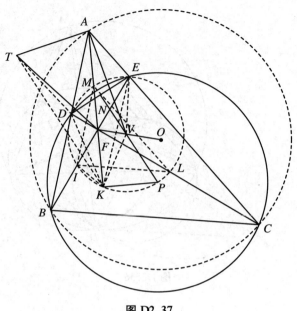

图 D2.37

V 为 $\triangle MIL$ 的外心,即 V 为 $\triangle KDE$ 的外心.

所以 $\angle KVE = 2(180° - \angle KDE) = \angle KDT$,故等腰 $\triangle KVE \backsim \triangle$ 等腰 $\triangle KDT$,所以 $KV \cdot KT = KD \cdot KE$,且 $\angle DKT = \angle VKE$.

因为 $\angle FKD = \angle FKE, \angle KEF = \angle KAD$,所以 $\triangle KFE \backsim \triangle KDA$,故
$$KF \cdot KA = KD \cdot KE = KV \cdot KT.$$

所以 $\triangle KFV \backsim \triangle KTA, \triangle KAV \backsim \triangle KTF$. 因此
$$\angle ATF = \angle ATK - \angle KTF = \angle KFV - \angle KAV = \angle AVF.$$

第3章　线段或角的和差倍分

习　题

1. 如图 T3.1 所示，在△ABC 中，∠BAC = 60°，O 为外心，点 D、E 在边 BC 上，满足 BD = CE，分别过点 D、E 作∠BAC 的平分线 AX 的垂线，分别交直线 AO 于点 F、K. 求证：OF + OK = OA.

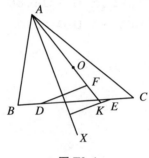

图 T3.1

2. 如图 T3.2 所示，从⊙O 外一点 P 作⊙O 的两条切线，切点分别为 A、B，再过点 P 作一直线，交⊙O 于点 C、D（PC＜PD），E 为 BD 的中点，直线 AE 交⊙O 于点 A、F，CF 与 BD 交于点 H. 求证：BD = 3BH.

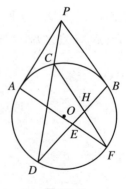

图 T3.2

3. 如图 T3.3 所示,在 △BAC 中,AB = BC > AC,点 D 在 BC 上,AD = AC,点 E 在 BD 的延长线上,$DE = \frac{1}{3}BD$. 求证:$AB = AE + \frac{2}{3}BD$.

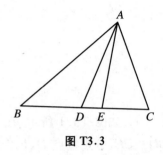

图 T3.3

4. 如图 T3.4 所示,线段 AB、CD 相交于点 E,△ACE 的外接圆 δ 与 △BDE 的外接圆 ε 交于点 E、F,直线 CA、BD 交于点 K,直线 KE 与圆 δ、圆 ε 的第二个交点分别 N、M. 求证: ∠MFN + ∠AKD = 180°.

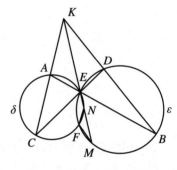

图 T3.4

5. 如图 T3.5 所示,在凸(或凹)四边形 ABCD 中,AB = AD,BC = CD,AB > BC,∠ABC、∠ADC 的平分线交于点 E,过点 A 的一条直线交 ⊙(BDE) 于点 G、H,且 AG < AH,点 G 在 ∠BAD 内. 求证:∠BCG + ∠DCH = 180°.

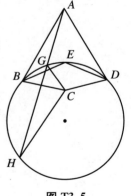

图 T3.5

6. 如图 T3.6 所示,在凸四边形 ABCD 中,$AB = AD$,$BC = CD$,点 P 在形内,且 $\angle ABP = \angle CDP$. 点 A 关于直线 BP 的对称点为 E. 求证:$\angle PCE = 180° - \dfrac{1}{2}\angle BCD$.

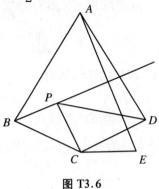

图 T3.6

解　析

1. 如图 D3.1 所示,设 AX、AO 与 △ABC 的外接圆 ⊙O 的第二个交点分别为 P、T. 设 M 为 BC 的中点,过 M 作 AX 的垂线,交 AO 于点 N,连接 OB、OP、PT.

因 AX 平分 ∠BAC,故 P 为 $\overset{\frown}{BC}$ 的中点.

因此 O、M、P 三点共线,且 OM⊥BC. 所以
$$\angle BOM = \dfrac{1}{2}\angle BOC = \angle BAC = 60°,$$

从而 $OM = \dfrac{1}{2}OB = \dfrac{1}{2}OP$,即 M 为 OP 的中点.

因 DF // MN // EK // PT(均与 AX 垂直),故 N 为 OT 的中点.

由 BD = CE 知 M 也为 DE 的中点,从而 N 为 FK 的中点.

所以 $OF + OK = 2ON = OT = OA$.

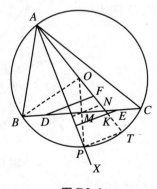

图 D3.1

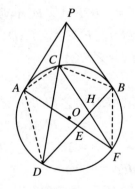

图 D3.2

2. 如图 D3.2 所示,连接 AC、BC、BF、AD.

易知 △PAC∽△PDA,△PBC∽△PDB,所以

$$\frac{AC}{AD} = \frac{PA}{PD} = \frac{PB}{PD} = \frac{BC}{BD} \Rightarrow \frac{AD}{BD} \cdot \frac{BC}{AC} = 1.$$

由 $\triangle BEF \backsim \triangle AED$ 得 $\frac{BF}{EF} = \frac{AD}{DE} = \frac{2AD}{BD}$,故

$$\frac{BH}{HE} = \frac{S_{\triangle FBH}}{S_{\triangle FHE}} = \frac{BF\sin\angle BFH}{EF\sin\angle HFE} = \frac{2AD}{BD} \cdot \frac{BC}{AC} = 2,$$

所以 $BH = 2HE$,从而

$$BD = 2BE = 2(BH + HE) = 2BH + 2HE = 3BH.$$

3. 如图 D3.3 所示,作 $AH \perp BC$ 于点 H,设 $AB = BC = c$, $AD = AC = b$, $BD = a$. 则 $DE = \frac{1}{3}a$, $DH = \frac{1}{2}DC = \frac{c-a}{2}$, $\cos\angle ADE = \frac{DH}{AD} = \frac{c-a}{2b}$.

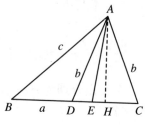

图 D3.3

在 $\triangle ADE$ 中,由余弦定理得

$$AE^2 = b^2 + \left(\frac{1}{3}a\right)^2 - 2b \cdot \frac{1}{3}a\cos\angle ADE$$
$$= b^2 + \frac{1}{9}a^2 - \frac{1}{3}a(c-a)$$
$$= b^2 + \frac{4}{9}a^2 - \frac{1}{3}ac.$$

又等腰 $\triangle ACD \backsim$ 等腰 $\triangle BCA$,故

$$b^2 = c \cdot (c-a) = c^2 - ac.$$

所以

$$AE^2 = c^2 - \frac{4}{3}ac + \frac{4}{9}a^2 = \left(c - \frac{2}{3}a\right)^2.$$

故 $AE = c - \frac{2}{3}a$,即 $AB = AE + \frac{2}{3}BD$.

注 也可在 $\triangle ABE$ 中用余角定理.

4. 如图 D3.4 所示,连接 AF、BF、CF、DF、EF、KF.

因为 $\angle BDF = \angle BEF = \angle FCA$,所以 K、C、F、D 四点共圆.从而 $\angle FNM = \angle FCE = \angle FKD$.

同理,$\angle FMN = \angle FKA$.

故
$$\angle AKD = \angle FKD + \angle FKA$$
$$= \angle FNM + \angle FMN$$
$$= 180° - \angle MFN,$$

即 $\angle AKD + \angle MFN = 180°$.

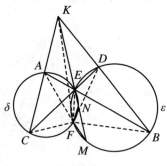

图 D3.4

5. 如图 D3.5 所示,设 $\odot(BDE)$ 的圆心为 O,延长 AE,交 $\odot(BDE)$ 于点 F,连接 OG、OH、BF.

因为 $AB = AD$, $BC = CD$,所以 A、E、C、O、F 五点共线.

因 BE 平分 $\angle ABC$，$\angle EBF = 90°$，故 BF 为 $\angle ABC$ 的外角平分线. 所以
$$\frac{AE}{EC} = \frac{AB}{BC} = \frac{AF}{FC},$$
即
$$\frac{AE}{AC-AE} = \frac{AF}{AF-AC},$$
故
$$2AE \cdot AF = AC(AE + AF) = 2AC \cdot AO$$
$$\Rightarrow AC \cdot AO = AE \cdot AF = AG \cdot AH$$
$$\Rightarrow C、O、H、G \text{ 四点共圆}$$
$$\Rightarrow \angle ECG = \angle OHG = \angle OGH = \angle OCH.$$

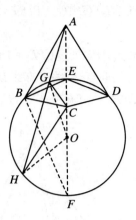

图 D3.5

因此
$$\angle BCG + \angle DCH = \angle BCE + \angle DCO = \angle DCE + \angle DCO = 180°.$$

6. 如图 D3.6 所示，连接 AP. 首先证明 $\angle APD + \angle CPB = 180°$.

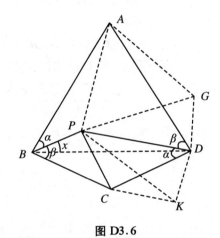

图 D3.6

不妨设点 P 在 $\triangle ABD$ 内，且与点 B 在直线 AC 的同侧. 因 $AB = AD$，故可把 $\triangle ABP$ 绕点 A 逆时针旋转 $\angle BAD$ 至 $\triangle ADG$ 位置. 因 $BC = CD$，故可把 $\triangle CBP$ 绕点 C 顺时针旋转 $\angle BCD$ 至 $\triangle CDK$ 位置，连接 BD、PG、PK.

可设 $\angle ABP = \angle CDP = \alpha$，$\angle CBP = \angle ADP = \beta$，$\angle PBD = x$，则 $\angle PDG = \alpha + \beta = \angle PDK$.

又 $DG = BP = DK$，$DP = DP$，故 $\triangle PDG \cong \triangle PDK$. 所以
$$\angle GPD = \angle KPD = \angle CPD - \angle CPK$$
$$= \angle CPD - \angle CBD = \angle CPD - \beta + x.$$
又
$$\angle DGP = \angle AGD - \angle AGP = \angle APB - \angle ABD = \angle APB - \alpha - x,$$

在 $\triangle DPG$ 中，$\angle PDG + \angle GPD + \angle DGP = 180°$，即
$$\alpha + \beta + \angle CPD - \beta + x + \angle APB - \alpha - x = 180°,$$
故 $\angle APB + \angle CPD = 180°$. 从而 $\angle APD + \angle BPC = 180°$.

取点 A 关于直线 DP 的对称点 F，连接线段如图 D3.7 所示，设 BE 与 DF 交于点 L，直线 PC 与 EF 交于点 H.

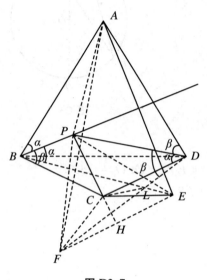

图 D3.7

因为
$$\angle CPE = \angle APC - \angle APE$$
$$= \angle APD + \angle CPD - 2(180° - \angle APB)$$
$$= \angle APD - \angle CPD,$$
$$\angle CPF = \angle APF - \angle APC$$
$$= 2\angle APD - (\angle APD + \angle CPD)$$
$$= \angle APD - \angle CPD,$$
所以 $\angle CPE = \angle CPF$. 又因 $PE = PA = PF$，故 PH 为 EF 的中垂线，$CE = CF$.

因为 $\angle LDC = \beta - \alpha = \angle LBC$，所以 B、C、L、D 四点共圆.

故 $\angle CLB = \angle CDB = \angle CBD = \angle CLF$. 结合 $CE = CF$ 得 E、F、C、L 四点共圆. 所以
$$\angle ECF = \angle ELF = \angle BLD = \angle BCD,$$
故
$$\angle PCE = 180° - \angle ECH = 180° - \frac{1}{2}\angle ECF = 180° - \frac{1}{2}\angle BCD.$$

第4章 直线平行

习 题

1. 如图 T4.1 所示,在平行四边形 $ABCD$ 中,在直线 AB、AD 上各取点 E、F,直线 DE 与 BC 交于点 G,直线 BF 与 CD 交于点 H.求证:$GH/\!/EF$.

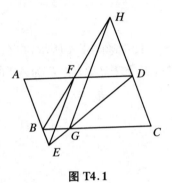

图 T4.1

2. 如图 T4.2 所示,在 $\triangle ABC$ 中,$\angle BAC$ 的平分线交 BC 于点 D,延长 DC 至点 E,使 $CE=CD$.点 F 满足 $BF/\!/AD$ 且 $FA=FD$.求证:$FD/\!/AE$.

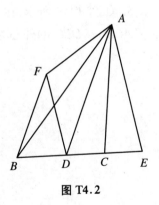

图 T4.2

3. 如图 T4.3 所示,在四边形 ABCD 中,AD∥BC,AC 与 BD 交于点 E,作 EF∥AD,交 AB 于点 F.点 P 满足 AP 与 △ADF 的外接圆相切,BP 与 △BCF 的外接圆相切.点 K 为 AB 的中点.求证:PK∥AD.

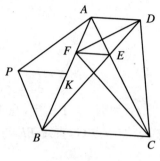

图 T4.3

4. 如图 T4.4 所示,在 △ABC 中,点 D 为边 BC 的中点,点 E、F 分别在 CA、AB 上,BE 与 CF 交于点 P,点 T 为 AP 的中点,作平行四边形 EAFK.求证:PK∥TD.

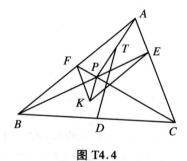

图 T4.4

5. 如图 T4.5 所示,在 △ABC 中,AB≠AC,O 为外心,点 D 在 △ABC 内,使得 ∠ABD = ∠ACD,△DBC 的外心为点 P.求证:AO∥DP.

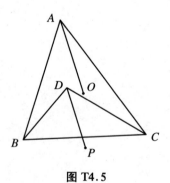

图 T4.5

6. 如图 T4.6 所示,在△ABC 中,AB = AC,点 D、E 分别在 AC、AB 上,BD 与 CE 交于点 P,AP 与 DE 交于点 F,FT⊥BC 于点 T,M、N 分别为 BC、DE 的中点,直线 MN 与 TF 交于点 V.求证:AV∥BC.

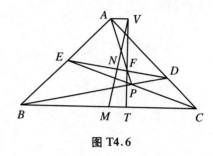

图 T4.6

7. 如图 T4.7 所示,在△ABC 中,AB≠AC,点 P 在角平分线 AD 上,作 PK⊥BC 于点 K,PE⊥CA 于点 E,PF⊥AB 于点 F,直线 KP 交 EF 于点 T,BE 与 CF 交于点 N.求证:TD∥AN.

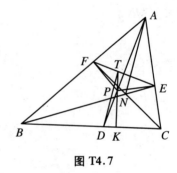

图 T4.7

8. 如图 T4.8 所示,在△ABC 中,M 为 BC 的中点,点 D、E 分别在线段 MB、MC 上,且 MD = ME,点 F 在 AC 上,DF = DC.点 K 在 AB 上,EK = EB.直线 DF 与 EK 交于点 P.△PDE 的内心为 T,TV⊥DE 于点 V.求证:PV∥AM.

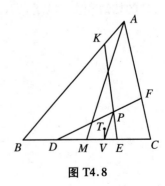

图 T4.8

※9. 如图 T4.9 所示,在△ABC 中,点 D、E、F 分别在直线 BC、CA、AB 上,且 AD、BE、CF 三线共点于 P,直线 FE 与 BC 交于点 K,T 为 DK 的中点,点 M(不同于点 B)在直线 BE 上,直线 TM 与 CF 交于点 N,DM 与 CF 交于点 X,DN 与 BE 交于点 Y. 求证: XY // BC.

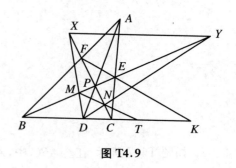

图 T4.9

10. 如图 T4.10 所示,在△ABC 中,点 D、E、F 分别在 BC、CA、AB 上,且 AD、BE、CF 三线共点于 P,点 M、N 分别为 BC、EF 的中点,作 DK // AN,交 EF 于点 K. 求证: PK // MN.

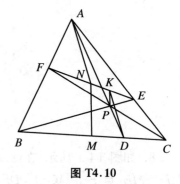

图 T4.10

11. 如图 T4.11 所示,已知在△ABC 中,点 D(不同于 C)在直线 BC 上,⊙(ABC)过点 A、C 的切线相交于点 E,⊙(ABD)过点 A、D 的切线相交于点 F. 求证: EF // AB.

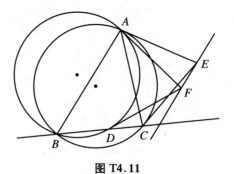

图 T4.11

12. 如图 T4.12 所示,在四边形 ABCD 中,延长 AB、DC,交于点 E;延长 BC、AD,交于点 F. ⊙(BCE) 与 ⊙(CDF) 交于点 C、M,BM 与 CE 交于点 K. ⊙(CDF) 过点 D 的切线交 AM 于点 T. 求证:TK // AB.

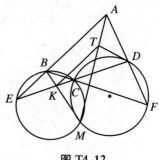

图 T4.12

13. 如图 T4.13 所示,大圆 ⊙O 与小圆 ⊙P 内切于点 A,BC 为 ⊙O 的弦,AD 为 ⊙P 的直径,点 E、F 在 ⊙P 上,满足 DE // AC,DF // AB. 求证:EF // BC.

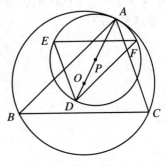

图 T4.13

14. 如图 T4.14 所示,在 △ABC 中,AB = AC,D 为 AB 的中点,BE⊥AC 于点 E,BF⊥CD 于点 F. ⊙P 过 D、E、F 三点. 求证:AP // BC.

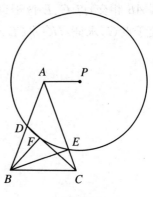

图 T4.14

15. 如图 T4.15 所示,在 △ABC 中,点 D、E、F 分别在边 BC、CA、AB 上,且 B、C、E、F 四点共圆,⊙(BDF) 与 ⊙(CDE) 交于点 D、N,∠ENF 和 ∠EAF 两角的平分线所在的直线相交于点 K,△ANK 的外心为 P. 求证:AP∥BC.

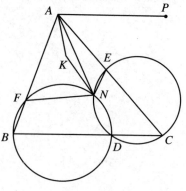

图 T4.15

16. 如图 T4.16 所示,四边形 ABCD 为圆内接四边形,AC 与 BD 交于点 E,直线 AD 与 BC 交于点 F,∠AED 的平分线交 AD 于点 K,G 为 AB 的中点,直线 GK 与 BD 交于点 H. 求证:EK∥FH.

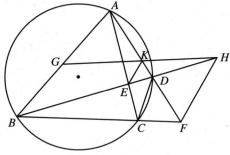

图 T4.16

17. 如图 T4.17 所示,圆 φ 与圆 ε 相交于点 A、B,圆 φ 的弦 CD 和圆 ε 的弦 EF 都与线段 AB 相交,点 C、E 位于直线 AB 的同侧,且 CD∥EF,直线 AC 与 BF 交于点 H,AE 与 BD 交于点 G. 求证:HG∥CD.

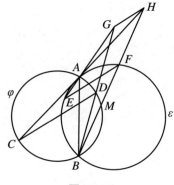

图 T4.17

18. 如图 T4.18 所示，直线 t 为外离两圆 $\odot O$ 与 $\odot P$ 的根轴，点 E、F 在直线 t 上，不经过点 E、F 的一条直线交 $\odot O$ 于点 A、B，交 $\odot P$ 于点 C、D，点 B、C 在线段 AD 上，直线 AF 与 CE 交于点 M，直线 BE 与 DF 交于点 N. 求证：$MN \parallel AD$.

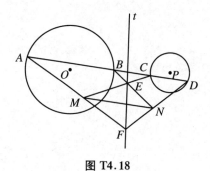

图 T4.18

19. 如图 T4.19 所示，过 $\odot O$ 外一点 P 作 $\odot O$ 的两条割线 PAB（$PA<PB$）和 PDC（$PD<PC$）. 点 E 为劣弧 $\overparen{AD}$ 的中点，直线 PE 再次交 $\odot O$ 于点 F，过点 F 作 $\odot O$ 的切线，交直线 BC 交于点 K. 求证：$PK \parallel AD$.

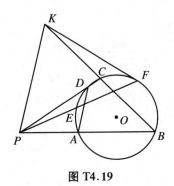

图 T4.19

20. 如图 T4.20 所示，四边形 $ABCD$ 内接于圆 φ，$\overparen{AB}$（不含点 C、D）的中点为 E，$\overparen{CD}$（不含点 A、B）的中点为 F，直线 DA 与 FE 交于点 P，过 P 作 $PH \parallel BC$，分别交 BF、CE 于点 G、H. 求证：$AG \parallel DH$.

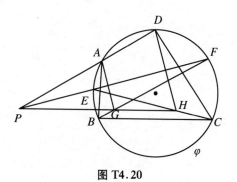

图 T4.20

21. 如图 T4.21 所示,已知 △ABC 的内心为 I,外接圆为圆 Γ,圆 φ 过点 C 且与 AI 相切于点 I,圆 φ 与 BC 交于点 C、D,圆 φ 与圆 Γ 交于点 C、E,直线 BI 与 AE 交于点 P,PD 与 AC 交于点 F.求证:IF ∥ BC.

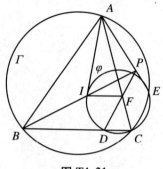

图 T4.21

22. 如图 T4.22 所示,⊙O 中二弦 AB、CD 相交于点 P,点 E、F 在 ⊙O 上,使得 EF ∥ AC,直线 EP、FP 再次分别交 ⊙O 于点 G、H,直线 GH 与 BD 交于点 K.求证:PK ∥ AC.

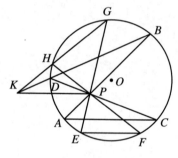

图 T4.22

23. 如图 T4.23 所示,圆 φ 与圆 ε 相交于点 M、N,圆 φ 的弦 AB、CD 分别交线段 MN 于点 E、F(点 A、D 在圆 ε 外面),线段 AC、BD 分别交圆 ε 于点 G、H.已知 EG ∥ CD,求证:FH ∥ AB.

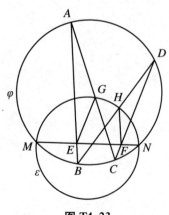

图 T4.23

24. 如图 T4.24 所示，AB、AC 是 ⊙O 的两条切线，切点分别为 D、E，且 D、E 分别在线段 AB、AC 上，AB = AC，CO 交 AB 于点 F，分别过点 F、B 作 ⊙O 的第二条切线 FK、BP，点 K、P 为切点．求证：PK // AC．

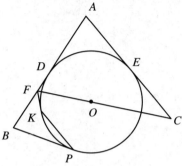

图 T4.24

25. 如图 T4.25 所示，点 E、F 在△ABC 的内部，∠BAE = ∠CAF，∠ABE = ∠CBF，延长 AF，交△ABC 的外接圆 ⊙O 于点 D，点 M 在 BC 上，作 EN // BC，交直线 DM 于点 N．求证：FM // AN．

注 本题经过南京顾冬华改进而成．

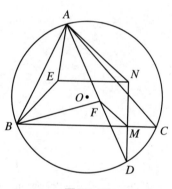

图 T4.25

26. 如图 T4.26 所示，P 为△ABC 内一点，AP 交△ABC 的外接圆 Γ 于点 D，DN⊥BC 于点 M，交 ⌢BAC 于点 N，PE⊥AB 于点 E，PF⊥AC 于点 F．直线 EF 与 PN 交于点 K．求证：KM // AD．

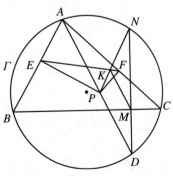

图 T4.26

27. 如图 T4.27 所示，△ABC 内接于圆 Γ，P 为 △ABC 内一点，P 在边 BC、CA、AB 上的射影分别为点 D、E、F. 直线 DP 分别交 $\overset{\frown}{BC}$、$\overset{\frown}{BAC}$ 于点 M、N，AM 分别交直线 EP、FP 于点 T、K. ⊙(ANT) 与 AB 交于点 A、U. ⊙(ANK) 与 AC 交于点 A、V. 求证：UV // BC.

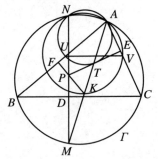

图 T4.27

※28. 如图 T4.28 所示，在 △ABC 中，点 E、F 分别在边 CA、AB 上，BE 与 CF 交于点 P，AP 与 EF 交于点 T，点 D 为 BC 的中点，AD 交 △ABC 的外接圆于点 M，△AEF 与 △ABC 两三角形的外接圆相交于点 A、K. MK 与 BC 交于点 V. 求证：TV // AM.

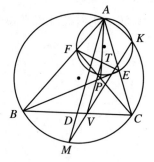

图 T4.28

※29. 如图 T4.29 所示，圆 φ 为 △ABC 的外接圆，点 D、E、F 分别在边 BC、CA、AB 上，且 AD、BE、CF 三线共点于 P. 点 M、N 分别为 BC、EF 的中点，延长 AM，交圆 φ 于点 S. ⊙(AEF) 与圆 φ 交于点 A、X，SX 与 BC 交于点 V. 求证：PV // MN.

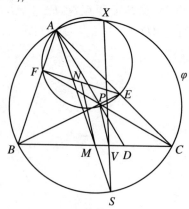

图 T4.29

※30. 如图 T4.30 所示,在 △ABC 中,点 P 在中线 AD 上,直线 BP 交 AC 于点 E,△ABE 的外接圆 Γ 交 AD 于点 A、F,作圆 Γ 的弦 FK∥BE,直线 KP 交圆 Γ 于点 K、T. 求证:AT∥CP.

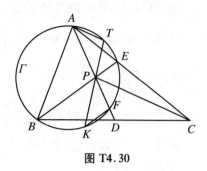

图 T4.30

解　　析

1. 如图 D4.1 所示,设 DG 与 BH 相交于点 P.

因 AB∥CD,AD∥BC,故
$$\frac{PE}{PD} = \frac{BE}{DH} = \frac{PB}{PH}, \quad \frac{PD}{PG} = \frac{DF}{BG} = \frac{PF}{PB}.$$

以上两式相乘得
$$\frac{PE}{PG} = \frac{PF}{PH}.$$

故 GH∥EF.

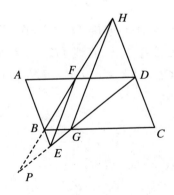

图 D4.1

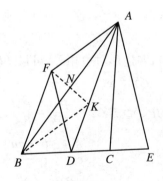

图 D4.2

2. 如图 D4.2 所示,作 BK∥AF,交 AD 于点 K,连接 FK,交 AB 于点 N.
则四边形 AFBK 为平行四边形,N 为 FK 的中点.
又 FA = FD,故 ∠FBK = ∠FAD = ∠FDK,因此 F、B、D、K 四点共圆.
结合 DK∥BF 知四边形 FBDK 为等腰梯形或矩形. 所以 ∠ADC = ∠AKN.
又因为 ∠DAC = ∠KAN,所以 △ADC ∽ △AKN. 点 E、F 是对应点,故 ∠DAE =

99

$\angle KAF = \angle FDA$.

从而 $FD \parallel AE$.

3. 如图 D4.3 所示,作 $PK' \parallel AD$,交 AB 于点 K'.则 $\angle AK'P = \angle DAF$.

因 AP 与 $\triangle ADF$ 的外接圆相切,故 $\angle PAK' = \angle ADF$.

所以 $\triangle AK'P \backsim \triangle DAF$,因此 $\dfrac{AK'}{PK'} = \dfrac{AD}{AF}$.

类似地,$\dfrac{BK'}{PK'} = \dfrac{BC}{BF}$.

因为 $AD \parallel BC \parallel EF$,所以 $\dfrac{AD}{BC} = \dfrac{AE}{CE} = \dfrac{AF}{BF}$,即 $\dfrac{AD}{AF} = \dfrac{BC}{BF}$.

所以 $AK' = BK'$,点 K' 与 AB 的中点 K 重合.

故 $PK \parallel AD$.

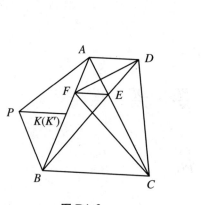

图 D4.3

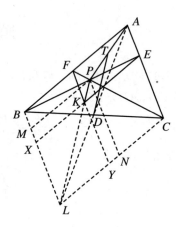

图 D4.4

4. 如图 D4.4 所示,连接 AD 并延长至 L,使 $DL = AD$,连接 BL、CL.作 $PM \parallel AB$,交 BL 于点 M;$PN \parallel AC$,交 CL 于点 N.直线 EK 与 BL 交于点 X,直线 FK 与 CL 交于点 Y.

根据平行四边形对边相等,可设 $BL = FY = b$,$CL = EX = c$,$LM = PN = m$,$LN = PM = n$,$LX = x$,$LY = y$.

由 $\triangle BMP \backsim \triangle BXE$ 得 $\dfrac{PM}{EX} = \dfrac{BM}{BX}$,即

$$\dfrac{n}{c} = \dfrac{b-m}{b-x} \Rightarrow bn - nx = bc - cm. \qquad ①$$

由 $\triangle CNP \backsim \triangle CYF$ 得 $\dfrac{PN}{FY} = \dfrac{CN}{CY}$,即

$$\dfrac{m}{b} = \dfrac{c-n}{c-y} \Rightarrow cm - my = bc - bn. \qquad ②$$

① - ② 得

$$my = nx \Rightarrow \dfrac{x}{m} = \dfrac{y}{n},$$

即 $\dfrac{LX}{LM}=\dfrac{KX}{PM}$，故 L、K、P 三点共线.

对 $\triangle APL$，由三角形中位线定理得 $TD \parallel PL$，即 $TD \parallel PK$.

5. 如图 D4.5 所示，不妨设 $AB<AC$，设直线 PD 与 AB 交于点 K，连接 PB，设 $\angle ABD=\angle ACD=\alpha$.

因为
$$\angle BPD = 2\angle BCD = 2(\angle ACB - \alpha),$$
$$\angle KBP = \angle ABD + \angle DBP = \alpha + 90° - (\angle ACB - \alpha)$$
$$= 90° - \angle ACB + 2\alpha,$$

所以
$$\angle BKP = 180° - \angle BPD - \angle KBP = 90° - \angle ACB = \angle BAO.$$

故 $AO \parallel DP$.

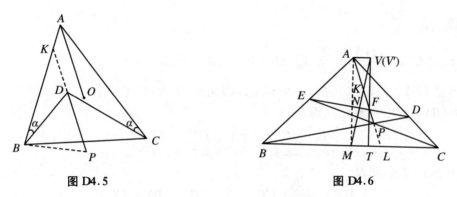

图 D4.5　　　　　　图 D4.6

6. 如图 D4.6 所示，设 MN 与 AP 交于点 K，AP 交 BC 于点 L，连接 AM. 作 $AV' \parallel BC$，交 TF 于点 V'.

对完全四边形 $AEBPCD$，由牛顿线定理知 K 为 AP 的中点.

又 $\dfrac{AF}{FP}=\dfrac{AL}{LP}$，所以
$$\dfrac{AF}{AL}=\dfrac{FP}{LP}=\dfrac{AF-FP}{AL-LP}=\dfrac{2FK}{2AK}=\dfrac{FK}{AK}.$$

因 $AM \perp BC$，$VF \perp BC$，故 $VF \parallel AM$，$AMTV'$ 为矩形. 所以
$$\dfrac{FV}{AM}=\dfrac{FK}{AK}=\dfrac{AF}{AL}=\dfrac{FV'}{V'T}=\dfrac{FV'}{AM},$$

从而 $FV=FV'$，点 V' 与 V 重合.

故 $AV \parallel BC$.

7. 如图 D4.7 所示，不妨设 $AB>AC$，直线 AT 与 BC 交于点 M，AN 与 BC 交于点 V，作 $BX \parallel AM \parallel CY$，点 X、Y 在直线 EF 上.

因 $PK \perp BC$，$PF \perp AB$，故 $\angle FPT=\angle ABD$.

因 $PE \perp CA$，$PF \perp AB$，且 AP 平分 $\angle EAF$，故 $\angle PFT=\angle BAD$.

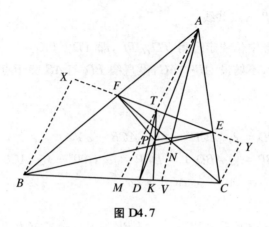

图 D4.7

所以 △FPT∽△ABD，因此 $\dfrac{FT}{AD} = \dfrac{FP}{AB}$.

同理，$\dfrac{ET}{AD} = \dfrac{EP}{AC}$.

又 $FP = EP$，所以 $\dfrac{FT}{ET} = \dfrac{AC}{AB}$，即 $AB \cdot FT = AC \cdot ET$.

结合 $\angle TFA = \angle TEA$ 得 $S_{\triangle ABT} = S_{\triangle ACT}$，因此点 M 为 BC 的中点.

于是 $BX + CY = 2MT$. 从而

$$\dfrac{BF}{FA} + \dfrac{CE}{EA} = \dfrac{BX}{AT} + \dfrac{CY}{AT} = \dfrac{2MT}{AT}.$$

因为 $FA = EA$，所以

$$\dfrac{MT}{AT} = \dfrac{BF + CE}{FA + EA} \Rightarrow \dfrac{MT}{MA} = \dfrac{BF + CE}{AB + AC}.$$

对 △ABC 及点 N，由塞瓦定理得 $\dfrac{AF}{FB} \cdot \dfrac{BV}{VC} \cdot \dfrac{CE}{EA} = 1$，则

$$\dfrac{BV}{VC} = \dfrac{BF}{CE} \Rightarrow \dfrac{BV}{BC} = \dfrac{BF}{BF + CE}.$$

所以

$$MV = BV - BM = \dfrac{BF \cdot BC}{BF + CE} - \dfrac{BC}{2} = \dfrac{BF - CE}{2(BF + CE)} \cdot BC.$$

因 AD 平分 $\angle BAC$，故 $BD = \dfrac{AB \cdot BC}{AB + AC}$. 所以

$$MD = BD - BM = \dfrac{AB - AC}{2(AB + AC)} \cdot BC.$$

由 $AF = AE$ 知 $AB - AC = BF - CE$. 故

$$\dfrac{MD}{MV} = \dfrac{BF + CE}{AB + AC} = \dfrac{MT}{MA}.$$

所以 $TD \parallel AN$.

8. 如图 D4.8 所示，过点 D 作 $DR \parallel AC$，交 AB 于点 R，过点 E 作 $ES \parallel AB$，交 AC 于点

S. 直线 DR 与 ES 交于点 L,连接 RS.

因为 $\dfrac{AR}{RB} = \dfrac{CD}{DB} = \dfrac{BE}{EC} = \dfrac{AS}{SC}$,所以 $RS \parallel BC$.

因 $ARLS$ 为平行四边形,故 AL 平分 RS,也平分 DE,即 DE 的中点 M 在 AL 上.

因 $DF = DC$,故 DL 为 $\angle PDE$ 的外角平分线.

因 $EK = EB$,故 EL 为 $\angle PED$ 的外角平分线.

所以 L 为 $\triangle PDE$ 的 $\angle DPE$ 内的旁心. 从而 P、T、L 三点共线.

接下来证明 $PV \parallel ML$.

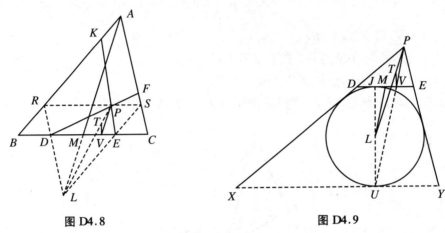

图 D4.8　　　　　　　图 D4.9

如图 D4.9 所示,作 $\triangle PDE$ 的 $\angle DPE$ 内的旁切圆 $\odot L$,$\odot L$ 与 DE 切于点 J,JL 与 $\odot L$ 的第二个交点为 U,过 U 作 $XY \parallel DE$,分别交 PD、PE 于点 X、Y,PU 交 DE 于点 V'.

显然,$\odot L$ 为 $\triangle PXY$ 的内切圆.

因 $\triangle PDE \sim \triangle PXY$,故

$$\dfrac{EV'}{YU} = \dfrac{PE}{PY} = \dfrac{\triangle PDE \text{ 的半周长} - PD}{\triangle PXY \text{ 的半周长} - PX} = \dfrac{EV}{YU},$$

所以 $EV' = EV$,点 V' 与 V 重合,即 P、V、U 三点共线.

因 $DJ = EV$,M 为 DE 的中点,故 M 也为 JV 的中点.

又 L 为 JU 的中点,所以 ML 为 $\triangle JVU$ 的中位线,$ML \parallel VU$,故 $PV \parallel ML$,亦即 $PV \parallel AM$.

※9. 由 AD、BE、CF 三线共点得 $(B, C; D, K)$ 为调和点列.

又 T 为 DK 的中点,所以 $\dfrac{DT}{TC} = \dfrac{BT}{TD}$.

考虑 $\triangle XDC$、$\triangle YBD$ 被直线 MNT 截,由梅涅劳斯定理得

$$\dfrac{XM}{MD} \cdot \dfrac{DT}{TC} \cdot \dfrac{CN}{NX} = 1 = \dfrac{YM}{MB} \cdot \dfrac{BT}{TD} \cdot \dfrac{DN}{NY}.$$

所以

$$\dfrac{XM}{MD} \cdot \dfrac{CN}{NX} = \dfrac{YM}{MB} \cdot \dfrac{DN}{NY}.$$

①

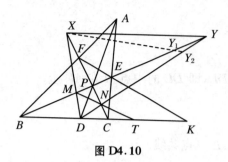

图 D4.10

如图 D4.10 所示,作 $XY_2 \parallel BC$,分别交 BE、DN 于点 Y_1、Y_2,假设 Y_1 与 Y_2 不重合,则

$$\frac{XM}{MD} = \frac{Y_1 M}{MB}, \quad \frac{CN}{NX} = \frac{DN}{NY_2}.$$

故

$$\frac{XM}{MD} \cdot \frac{CN}{NX} = \frac{Y_1 M}{MB} \cdot \frac{DN}{NY_2}. \qquad ②$$

比较式①与式②得

$$\frac{YM}{NY} = \frac{Y_1 M}{NY_2},$$

因此 $Y_1 Y_2 \parallel MN$,即 $XY_2 \parallel MN$.

故 $MN \parallel BC$,这与 MN 与 BC 交于点 T 矛盾.

所以 Y_1 与 Y_2 重合于点 Y,$XY \parallel BC$.

10. 如图 D4.11 所示,设 AP 与 EF 交于点 T,L 为 AP 的中点.

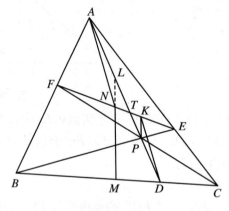

图 D4.11

因 $DK \parallel AN$,故

$$\frac{NT}{TK} = \frac{AT}{TD} = \frac{AT}{TP + PD},$$

$$\frac{LT}{TP} = \frac{AT - AL}{TP} = \frac{AT - \frac{1}{2}(AT + TP)}{TP} = \frac{AT - TP}{2TP}.$$

由牛顿线定理知 M、N、L 三点共线.

要证 $PK \parallel MN$,即证 $PK \parallel NL$. 这只要证明

$$\frac{NT}{TK} = \frac{LT}{TP} \Leftrightarrow \frac{AT}{TP + PD} = \frac{AT - TP}{2TP}$$

$$\Leftrightarrow 2AT \cdot TP = AT \cdot TP + AT \cdot PD - TP^2 - TP \cdot PD$$

$$\Leftrightarrow AT \cdot PD = TP \cdot (AT + TP + PD)$$

$$\Leftrightarrow AT \cdot PD = TP \cdot AD.$$

由完全四边形 $AFBPCE$ 的调和性质知上式成立.

11. 如图 D4.12 所示(图形画得不相同时,证明过程要稍作改动),连接 AD,设直线 EF 与 BC 相交于点 K.

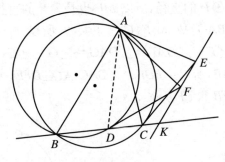

图 D4.12

由弦切角定理得 $\angle EAC = \angle ABC = \angle FAD$.

所以等腰 $\triangle EAC \backsim$ 等腰 $\triangle FAD$. 因此 $\dfrac{AC}{AD} = \dfrac{AE}{AF}$.

又 $\angle CAD = \angle EAF$,故 $\triangle ACD \backsim \triangle AEF$.

从而 $\angle ACD = \angle AEF$,因此 A、C、K、E 四点共圆.

于是 $\angle EKC = 180° - \angle EAC = 180° - \angle ABC$,故 $EF \parallel AB$.

12. 如图 D4.13 所示,连接 MC、MD、ME.

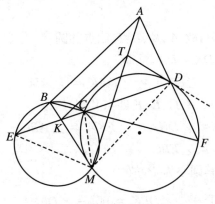

图 D4.13

因 $\angle FDM = \angle FCM = \angle MEB$,故 A、D、M、E 四点共圆. 从而

$$\angle DAM = \angle DEM = \angle CBM,$$
$$\angle AMD = \angle AED = \angle BMC,$$

所以 $\triangle ADM \backsim \triangle BCM$.

因为 DT 为 $\odot(CDF)$ 的切线,所以 $\angle ADT = \angle DCF = \angle BCK$.

故 DT、CK 是上述相似三角形的对角线段,从而 $\dfrac{MT}{MK} = \dfrac{MA}{MB}$,因此 $TK \parallel AB$.

注 M 为完全四边形 $ABECFD$ 的密克尔点.

13. 如图 D4.14 所示,设 AB 交 $\odot P$ 于点 M(不同于 A),延长 BO,交 $\odot O$ 于点 G.

因 $\odot O$ 与 $\odot P$ 内切于点 A,故点 O 在直线 AD 上.

因为 $DF \parallel AM$,AD 为 $\odot P$ 的直径,所以 MF 也是 $\odot P$ 的直径.

因此 $\angle MAF = 90° = \angle BAG$,故 A、F、G 三点共线. 所以
$$\angle E = \angle DAF = \angle DAG = \angle G = \angle C.$$

因为 $DE \parallel AC$,$DF \parallel AB$,所以 $\angle FDE = \angle BAC$. 故 $\triangle DFE \sim \triangle ABC$.

结合 $DE \parallel AC$,$DF \parallel AB$ 得 $EF \parallel BC$.

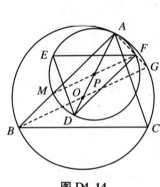

图 D4.14

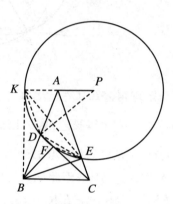

图 D4.15

14. 如图 D4.15 所示,作 $BK \perp BC$,$AK \parallel BC$,BK 与 AK 交于点 K,连接 DK、EK、EF、DE、DP.

因 $\angle AKB = 90° = \angle AEB$,故 A、K、B、E 四点共圆.

因 D 为 AB 的中点,故 $DK = DA$,从而
$$\angle DKA = \angle DAK = \angle ABC.$$

因 $BE \perp AC$,$BF \perp CD$,故 B、C、E、F 四点共圆. 所以
$$\angle DKE = \angle DKA - \angle EKA = \angle ABC - \angle ABE$$
$$= \angle EBC = \angle EFC,$$

从而 K、D、E、F 四点共圆,其圆心为 P. 故
$$\angle DKP = 90° - \frac{1}{2}\angle DPK = 90° - \angle DEK$$
$$= 90° - (\angle DEA - \angle KEA)$$
$$= 90° - (\angle BAC - \angle KBA) = \angle ABC = \angle DKA,$$

从而 K、A、P 三点共线. 故 $AP \parallel BC$.

15. 如图 D4.16 所示,不妨设 $\angle B \geq \angle C$,作 $AT \perp BC$,交 NK 于点 T,连接 EF、DN.

因 $\angle NEC = \angle NDB = \angle AFN$,故 A、E、N、F 四点共圆. 又 B、C、E、F 四点共圆,所以
$$\angle ANE = \angle AFE = \angle C, \quad \angle ENF = 180° - \angle BAC.$$

故

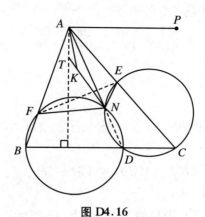

图 D4.16

$$\angle ANT = \angle ENK - \angle ANE = \frac{1}{2}(180° - \angle BAC) - \angle C = \frac{1}{2}(\angle B - \angle C).$$

又因为

$$\angle TAK = \angle TAC - \angle KAC = 90° - \angle C - \frac{1}{2}\angle A = \frac{1}{2}(\angle B - \angle C),$$

所以 $\angle TAK = \angle ANT$，故 AT 与 $\triangle ANK$ 的外接圆相切于点 A，因此 $AT \perp AP$.

故 $AP /\!/ BC$.

16. 如图 D4.17 所示，作 $DT /\!/ EK$，交 BF 于 T.

因 $\angle TDE = \angle DEK = \angle AEK$，故

$$\angle FTD = \angle TDE + \angle DBC = \angle AEK + \angle DAC = \angle EKD = \angle FDT,$$

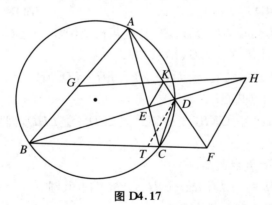

图 D4.17

所以 $DF = FT$.

考虑 $\triangle ABD$ 及其截线 GKH，由梅涅劳斯定理得

$$\frac{AG}{GB} \cdot \frac{BH}{HD} \cdot \frac{DK}{KA} = 1.$$

又 $AG = GB$，所以

$$\frac{BH}{HD} = \frac{KA}{DK} = \frac{EA}{ED}.$$

因 △EAB∽△EDC，△FCD∽△FAB，故

$$\frac{EA}{ED} = \frac{AB}{DC} = \frac{BF}{DF} = \frac{BF}{FT}.$$

所以 $\frac{BH}{HD} = \frac{BF}{FT}$，因此 $DT \parallel FH$.

故 $EK \parallel FH$.

17. 如图 D4.18 所示，设 BH 与圆 φ 交于点 B、M，AE 与圆 φ 交于点 A、V. 连接 VM、BE.

因 $\angle EFB = \angle EAB = \angle VAB = \angle VMB$，故 $VM \parallel EF$.

从而 $VM \parallel CD$，因此 $\overset{\frown}{DM} = \overset{\frown}{CV}$.

所以 $\angle DBM = \angle CAV = \angle GAH$，因此 A、B、H、G 四点共圆.

故 $\angle GHA = \angle GBA = \angle DBA = \angle DCA$，所以 $HG \parallel CD$.

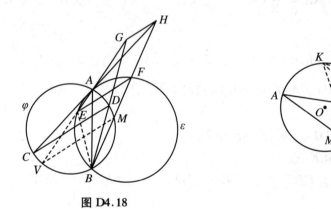

图 D4.18　　　　　　　　图 D4.19

18. 如图 D4.19 所示，设直线 FA、EB 分别再次交 $\odot O$ 于点 G、K，直线 FD、EC 分别再次交 $\odot P$ 于点 H、L. 连接 KL、GH、KG、LH.

因 F 在 $\odot O$ 与 $\odot P$ 的根轴上，故 $FG \cdot AF = FH \cdot FD$. 所以 A、D、H、G 四点共圆.

同理，B、C、L、K 四点共圆.

故 $\angle GHN = \angle GAD = \angle GKB$，$\angle LKB = \angle LCD = \angle LHD$，因此 G、N、H、K 四点共圆，K、N、H、L 四点共圆.

所以 G、N、H、L、K 五点共圆.

因 $\angle FGH = \angle ADH = \angle CLH$，故 G、H、L、M 四点共圆.

从而 G、N、H、L、K、M 六点共圆.

所以 $\angle CBE = \angle ELK = \angle ENM$，故 $MN \parallel AD$.

19. 如图 D4.20 所示，作 $PK' \parallel AD$，交直线 BC 于点 K'. 连接 AE、DE、CF、BF.

因 $\angle K'PC = \angle PDA = \angle CBA = \angle K'BP$，故 $\triangle K'PC \sim \triangle K'BP$，因此

$$\frac{K'C}{K'B} = \frac{S_{\triangle K'PC}}{S_{\triangle K'BP}} = \left(\frac{PC}{PB}\right)^2.$$

因 △PAE∽△PFB，故 $\frac{AE}{BF} = \frac{PE}{PB}$.

因 $\triangle PDE \backsim \triangle PFC$,故 $\dfrac{DE}{CF} = \dfrac{PE}{PC}$.

因点 E 为 $\overparen{AD}$ 的中点,故 $AE = DE$.

所以 $\dfrac{CF}{BF} = \dfrac{PC}{PB}$.

因为 $\triangle KCF \backsim \triangle KFB$,所以

$$\dfrac{KC}{KB} = \dfrac{S_{\triangle KCF}}{S_{\triangle KFB}} = \left(\dfrac{CF}{BF}\right)^2 = \left(\dfrac{PC}{PB}\right)^2.$$

故 $\dfrac{K'C}{K'B} = \dfrac{KC}{KB}$,因此点 K' 与 K 重合.

图 D4.20

所以 $PK \parallel AD$.

20. 如图 D4.21 所示,设直线 FE 与 CB 交于点 K. 连接 AF、DE.

因为 $PH \parallel BC$,所以

$$\angle APE \stackrel{m}{=\!=\!=} \dfrac{1}{2}(\overparen{DF} - \overparen{AE}) = \dfrac{1}{2}(\overparen{CF} - \overparen{BE}) \stackrel{m}{=\!=\!=} \angle K = \angle GPE.$$

因 $\overparen{DF} = \overparen{CF}$,故 $\angle DEF = \angle CEF$,$\angle DEP = \angle HEP$.

所以 $\triangle PED \cong \triangle PEH$,因此点 D、H 关于 EF 对称,有 $DH \perp EF$.

因 $\overparen{AE} = \overparen{BE}$,故 $\angle AFE = \angle GFE$,所以 $\triangle PFA \cong \triangle PFG$,因此点 A、G 关于 EF 对称,有 $AG \perp EF$.

故 $AG \parallel DH$.

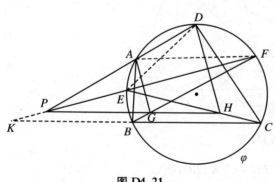
图 D4.21

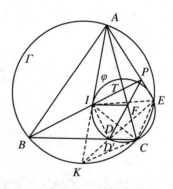
图 D4.22

21. 如图 D4.22 所示,设直线 BI 与 AC 交于点 T,延长 AI,交圆 Γ 于点 K,EK 与 BC 交于点 D',连接 ID'、IE、CE、CK、CI.

$$IF \parallel BC \Leftrightarrow \dfrac{PF}{FD} = \dfrac{PI}{IB} = \dfrac{PI}{IT} \cdot \dfrac{IT}{IB} = \dfrac{S_{\triangle API}}{S_{\triangle AIT}} \cdot \dfrac{AT}{AB}$$

$$= \dfrac{AP \cdot \sin\angle PAI}{AT \cdot \sin\angle IAT} \cdot \dfrac{AT}{AB} = \dfrac{AP}{AB} \cdot \dfrac{EK}{CK}$$

$$\Leftrightarrow 1 = \dfrac{AP}{PF} \cdot \dfrac{FD}{AB} \cdot \dfrac{EK}{CK}$$

$$= \frac{\sin\angle AFP}{\sin\angle PAF} \cdot \frac{FD}{\sin\angle FCD} \cdot \frac{\sin\angle ACB}{AB} \cdot \frac{EK}{CK}$$

$$= \frac{\sin\angle AFP}{\sin\angle PAF} \cdot \frac{CD}{\sin\angle AFP} \cdot \frac{\sin\angle BAC}{BC} \cdot \frac{EK}{CK}$$

$$= \frac{CD \cdot EK}{CE \cdot CK}$$

$$\Leftrightarrow \frac{CD}{CE} = \frac{CK}{EK}.$$

由内心性质得 $KI = KC$.

因 $\angle KCD' = \angle KAB = \angle KAC = \angle KEC$,故

$KI^2 = KC^2 = KD' \cdot KE$

$\Rightarrow \triangle KID' \backsim \triangle KEI$

$\Rightarrow \angle KD'I = \angle KIE$

$\Rightarrow \angle ID'E = \angle AIE = \angle ICE$ （后一等号是因为 AI 与圆 φ 切于点 I,弦切角定理）

$\Rightarrow$ 点 D' 在圆 φ 上.

直线 BC 与圆 φ 最多只有两个交点,显然,点 D' 与 C 不重合,所以点 D' 与 D 重合.

由 $\triangle KCD \backsim \triangle KEC$ 得 $\frac{CD}{CE} = \frac{CK}{EK}$.证毕.

22. 作 $PK_1 \parallel AC$,交直线 BD 于点 K_1,连接线段,如图 D4.23 所示.

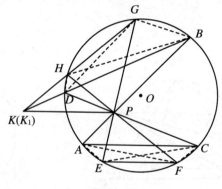

图 D4.23

因 $\angle DPK_1 = \angle DCA = \angle DBA$,故 $\triangle K_1PD \backsim \triangle K_1BP$,所以

$$\frac{K_1D}{K_1B} = \frac{S_{\triangle K_1PD}}{S_{\triangle K_1BP}} = \frac{PD^2}{PB^2}.$$

因为

$\triangle PDG \backsim \triangle PEC \Rightarrow \frac{DG}{CE} = \frac{PD}{PE}$,

$\triangle PAE \backsim \triangle PGB \Rightarrow \frac{AE}{BG} = \frac{PE}{PB}$,

所以 $\frac{DG}{BG} \cdot \frac{AE}{CE} = \frac{PD}{PB}$.

同理，$\dfrac{DH}{BH} \cdot \dfrac{AF}{CF} = \dfrac{PD}{PB}$.

因为 $EF \parallel AC$，所以 $AE = CF$，$AF = CE$. 故

$$\dfrac{DG \cdot DH}{BG \cdot BH} = \dfrac{PD^2}{PB^2}.$$

于是

$$\dfrac{KD}{KB} = \dfrac{S_{\triangle DGH}}{S_{\triangle BGH}} = \dfrac{DG \cdot DH}{BG \cdot BH} = \dfrac{PD^2}{PB^2}.$$

所以 $\dfrac{K_1D}{K_1B} = \dfrac{KD}{KB}$，因此点 K_1 与 K 重合.

故 $PK \parallel AC$.

23. 首先证明如下引理：

引理 如图 D4.24 所示，圆中任意两弦 AB、CD，连接 AC、BD，任一直线交圆于点 M、N，分别交 AB、CD、AC、BD 于点 E、F、X、Y，则 $\dfrac{ME \cdot MF}{NE \cdot NF} = \dfrac{MX \cdot MY}{NX \cdot NY}$.

引理的证明

$$\begin{aligned}\dfrac{ME \cdot MF}{NE \cdot NF} &= \dfrac{S_{\triangle MAB}}{S_{\triangle NAB}} \cdot \dfrac{S_{\triangle MCD}}{S_{\triangle NCD}} \\ &= \dfrac{MA \cdot MB}{NA \cdot NB} \cdot \dfrac{MC \cdot MD}{NC \cdot ND} \\ &= \dfrac{MA \cdot MC}{NA \cdot NC} \cdot \dfrac{MB \cdot MD}{NB \cdot ND} \\ &= \dfrac{S_{\triangle MAC}}{S_{\triangle NAC}} \cdot \dfrac{S_{\triangle MBD}}{S_{\triangle NBD}} \\ &= \dfrac{MX \cdot MY}{NX \cdot NY}.\end{aligned}$$

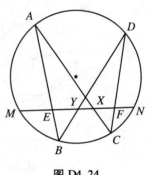

图 D4.24

引理证毕.

下面回到原题.

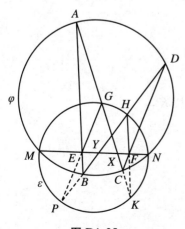

图 D4.25

如图 D4.25 所示，延长 GE、DB，使之交于点 P，延长 AC，交圆 ε 于点 K，连接 HK，交 MN 于点 F'.

因 $EG \parallel CD$，故 $\angle P = \angle D = \angle A$，因此 A、G、B、P 四点共圆.

所以 $GE \cdot EP = AE \cdot EB = ME \cdot EN$. 故点 P 在圆 ε 上.

对圆 ε，由引理得 $\dfrac{ME \cdot MF'}{NE \cdot NF'} = \dfrac{MX \cdot MY}{NX \cdot NY}$.

对圆 φ，由引理得 $\dfrac{ME \cdot MF}{NE \cdot NF} = \dfrac{MX \cdot MY}{NX \cdot NY}$.

因此 $\dfrac{MF'}{NF'} = \dfrac{MF}{NF}$，故点 F' 与点 F 重合，即 H、F、K 三

点共线.

所以 $\angle K = \angle P = \angle A$,于是 $FH \parallel AB$.

24. 如图 D4.26 所示,设直线 FK 分别交 CA、BP 于点 X、T,BP 与 AC 交于点 Y,连接 BO 并延长,交 AC 于点 M,过点 M 作 $\odot O$ 的切线(不同于 MA),交 BY 于点 N.

因 $AB = AC$,故 $\triangle ACF \cong \triangle ABM \cong \triangle NBM$.

所以 $AF = NM$,$\angle XAF = \angle YNM$,$\angle AFX = \angle NMY$.

从而 $\triangle AFX \cong \triangle NMY$,于是 $FX = MY$.

又 $KF = FD = ME$,故
$$KX = FX + KF = MY + ME = YE = PY.$$

又因 $TK = TP$,故 $PK \parallel XY$,即 $PK \parallel AC$.

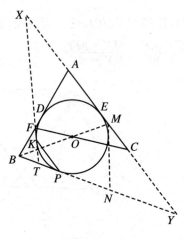

图 D4.26

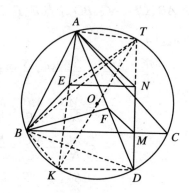

图 D4.27

25. 延长 AE、DN,分别交 $\odot O$ 于点 K、T,连接线段,如图 D4.27 所示.

因 $\angle BAE = \angle CAF$,故 $DK \parallel BC \parallel EN$.

因 $\overset{\frown}{BK} = \overset{\frown}{CD}$,故 $\angle BTK = \angle MBD$.

又因为 $\angle BKT = \angle BDN$,所以 $\triangle TBK \sim \triangle BMD$,因此
$$\frac{BK}{DM} = \frac{KT}{BD}. \qquad ①$$

因
$$\angle FBD = \angle CBF + \angle CBD$$
$$= \angle ABE + \angle BAE = \angle BEK,$$
$$\angle BDF = \angle BKE,$$

故 $\triangle BDF \sim \triangle EKB$,因此
$$\frac{DF}{BK} = \frac{BD}{KE}. \qquad ②$$

①×②得 $\dfrac{DF}{DM} = \dfrac{KT}{KE}$.

又因为 $\angle FDM = \angle TKE$,所以 $\triangle DFM \sim \triangle KTE$,故 $\angle FMN = \angle AET$.

因为 $\angle AEN = \angle AKD = 180° - \angle ATN$,所以 A、E、N、T 四点共圆.故 $\angle ANT = \angle AET = \angle FMN$.因此 $FM \parallel AN$.

26. **证法 1** 如图 D4.28 所示,作 $MT \parallel AD$,交 EF 于点 T,设 EF 与 AD 交于点 X,作 $DU \perp AB$ 于点 U,$DV \perp AC$ 于点 V,连接 AN、DC、UV,UV 与 AD 交于点 Y.

由西姆松定理知 U、M、V 三点共线.

因 $PE \parallel DU$,$PF \parallel DV$,故
$$\frac{AE}{AU} = \frac{AP}{AD} = \frac{AF}{AV},$$

因此 $EF \parallel UV$.

所以四边形 $XYMT$ 为平行四边形.故
$$\frac{MT}{PD} = \frac{XY}{PD} = \frac{XY}{AY} \cdot \frac{AY}{PD} = \frac{EU}{AU} \cdot \frac{AY}{PD}$$
$$= \frac{PD}{AD} \cdot \frac{AY}{PD} = \frac{AY}{AD}.$$

因 D、M、C、V 四点共圆,故
$$\angle MVC = \angle MDC = \angle NAC,$$

因此 $YM \parallel AN$.所以

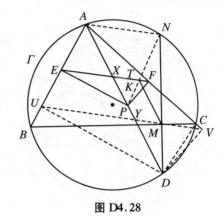

图 D4.28

$$\frac{MN}{DN} = \frac{AY}{AD} = \frac{MT}{PD}.$$

故 $\triangle MNT \sim \triangle DNP$,因此 $\angle MNT = \angle MNP$,所以 N、T、P 三点共线,故点 T 与点 K 重合.

所以 $KM \parallel AD$.

证法 2 如图 D4.29 所示,设直线 PE 与 NA 相交于点 Z,连接 BN、CN、CD.

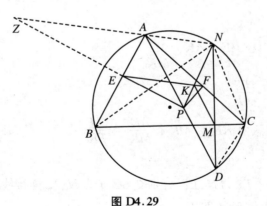

图 D4.29

因 $PE \perp AB$,$PF \perp AC$,故 A、E、P、F 四点共圆.所以
$$\angle AFE = \angle APE = 90° - \angle PAE$$
$$= 90° - \angle DNB = \angle NBM = \angle NAC = \angle NDC.$$

故 $AN \parallel EF$.

又因为 $\angle ZAP = \angle NCD$，所以 $\triangle APZ \backsim \triangle CDN$. AE、CM 为对应边上的高，于是
$$\frac{NK}{KP} = \frac{ZE}{EP} = \frac{NM}{MD},$$
故 $KM \parallel AD$.

27. 作 $MR \perp AB$ 于 R，$MS \perp AC$ 于 S，$PX \perp MR$ 于 X，$PY \perp MS$ 于 Y，连接线段，如图 D4.30 所示.

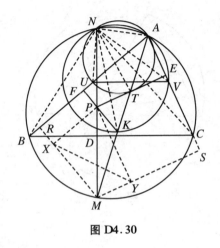

图 D4.30

则 $PFRX$、$PESY$ 均为矩形，P、X、M、Y 四点共圆. 所以
$$\angle PYX = \angle PMX = \angle ABC,$$
$$\angle PXY = \angle PMY = \angle ACB,$$
从而 $\triangle PYX \backsim \triangle ABC$. 故
$$\frac{ES}{FR} = \frac{PY}{PX} = \frac{AB}{AC}.$$
因 $\mathrm{Rt}\triangle NBD \backsim \mathrm{Rt}\triangle AKF$，故 $\frac{BN}{AK} = \frac{ND}{AF}$.

因 $\mathrm{Rt}\triangle NCD \backsim \mathrm{Rt}\triangle ATE$，故 $\frac{CN}{AT} = \frac{ND}{AE}$.

所以 $\frac{BN}{CN} = \frac{AE}{AF} \cdot \frac{AK}{AT}$.

因 $\angle NBU = \angle NMT$，由 $\angle NUA = \angle NTA$ 知 $\angle BUN = \angle MTN$，故 $\triangle BUN \backsim \triangle MTN$，因此 $\frac{BU}{MT} = \frac{BN}{MN}$.

同理 $\frac{CV}{MK} = \frac{CN}{MN}$.

所以
$$\frac{BU}{CV} = \frac{BN}{CN} \cdot \frac{MT}{MK} = \frac{AE}{AF} \cdot \frac{AK}{AT} \cdot \frac{MT}{MK}$$
$$= \frac{AE}{AF} \cdot \frac{AF}{FR} \cdot \frac{ES}{AE}$$
$$= \frac{AB}{AC} \quad (\text{注意由 } KF \parallel MR \text{ 得 } \frac{AK}{MK} = \frac{AF}{FR}\text{，由 } TE \parallel MS \text{ 得 } \frac{MT}{AT} = \frac{ES}{AE}).$$

故 $UV \parallel BC$.

※28. 作 $FN \parallel AD \parallel EL$，$FN$、$EL$ 分别交 BC 于点 N、L. 连接线段，如图 D4.31 所示. 对 $\triangle AFE$ 及点 P，由塞瓦定理得
$$\frac{FT}{TE} \cdot \frac{EC}{CA} \cdot \frac{AB}{BF} = 1 \Rightarrow \frac{FT}{TE} = \frac{AC}{AB} \cdot \frac{BF}{CE}.$$

因 $FN \parallel AD \parallel EL$，故
$$\frac{BN}{BD} = \frac{BF}{AB}, \quad \frac{CL}{CD} = \frac{CE}{AC},$$

又 $BD = CD$，故
$$\frac{BN}{CL} = \frac{AC}{AB} \cdot \frac{BF}{CE}.$$

因 $\angle ABK = \angle ACK$，由 $\angle AFK = \angle AEK$ 得 $\angle BFK = \angle CEK$，故 $\triangle BFK \sim \triangle CEK$，因此 $\frac{BK}{CK} = \frac{BF}{CE}$.

因 $BD = CD$，故 $S_{\triangle ABM} = S_{\triangle ACM}$，所以 $AB \cdot BM = AC \cdot CM$，即 $\frac{BM}{CM} = \frac{AC}{AB}$. 所以
$$\frac{BV}{CV} = \frac{S_{\triangle BMK}}{S_{\triangle CMK}} = \frac{BM \cdot BK}{CM \cdot CK} = \frac{AC}{AB} \cdot \frac{BF}{CE}.$$

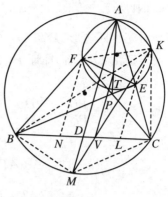

图 D4.31

故
$$\frac{FT}{TE} = \frac{BN}{CL} = \frac{BV}{CV} = \frac{BV - BN}{CV - CL} = \frac{NV}{VL}.$$

结合 $FN \parallel EL$ 得 $TV \parallel FN$.

又因为 $FN \parallel AM$，所以 $TV \parallel AM$.

※29. 如图 D4.32 所示，设 AP 与 EF 交于点 T，L 为 AP 的中点，作 $TR \parallel AB$，交 BE 于点 R，作 $BK \parallel AC$，交 AM 的延长线于点 K，连接 RV、TV、FX、BX、BS、CS、CX、EX.

因 $\angle AFX = \angle AEX$，$\angle ABX = \angle ACX$，故 $\triangle BFX \sim \triangle CEX$，因此 $\frac{BX}{CX} = \frac{FB}{EC}$.

因 $BM = CM$，故 $S_{\triangle ABS} = S_{\triangle ACS}$，因此 $\frac{BS}{CS} = \frac{AC}{AB}$.

所以
$$\frac{BV}{CV} = \frac{S_{\triangle BXS}}{S_{\triangle CXS}} = \frac{BX \cdot BS}{CX \cdot CS} = \frac{FB}{EC} \cdot \frac{AC}{AB}. \quad ①$$

对 $\triangle AFE$ 及点 P，由塞瓦定理得
$$\frac{FT}{TE} \cdot \frac{EC}{CA} \cdot \frac{AB}{BF} = 1 \Rightarrow \frac{FT}{TE} = \frac{FB \cdot AC}{EC \cdot AB}.$$

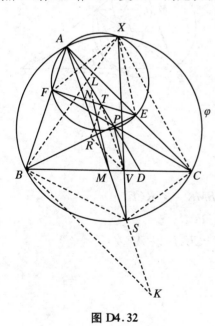

图 D4.32

所以
$$\frac{BV}{VC} = \frac{FT}{TE} \Rightarrow \frac{ET}{EF} = \frac{CV}{BC}.$$

因 $\frac{ER}{EB} = \frac{ET}{EF} = \frac{CV}{BC}$，故 $VR \parallel CE$. 所以
$$\frac{TR}{FB} = \frac{ET}{EF} = \frac{CV}{BC}, \quad \frac{RV}{EC} = \frac{BV}{BC},$$

以上两式相除，整理得
$$\frac{TR}{RV} = \frac{CV}{BV} \cdot \frac{FB}{EC} = \frac{AB}{AC} \quad (\text{利用式 ①}).$$

又 $TR \parallel AB$，$RV \parallel AC \parallel BK$，故 $\angle TRV = \angle ABK$. 所以 $\triangle TRV \sim \triangle ABK$，故 $TV \parallel$

AK,因此 $\dfrac{VD}{VM} = \dfrac{TD}{AT}$.

对完全四边形 $AFBPCE$,由牛顿线定理知 L、N、M 三点共线.

要证 $PV /\!/ MN$,即证 $PV /\!/ LM$.

只要证明
$$\dfrac{PD}{PL} = \dfrac{VD}{VM} = \dfrac{TD}{AT}$$
$$\Leftrightarrow \dfrac{PD}{\dfrac{1}{2}(AT+TP)} = \dfrac{TP+PD}{AT}$$
$$\Leftrightarrow 2AT \cdot PD = AT \cdot TP + AT \cdot PD + TP^2 + TP \cdot PD$$
$$\Leftrightarrow AT \cdot PD = TP \cdot (AT + TP + PD)$$
$$\Leftrightarrow AT \cdot PD = TP \cdot AD.$$

由完全四边形 $AFBPCE$ 的调和性质知上式成立.

※30. 延长 CP,交 AB 于 M,连接线段,如图 D4.33 所示.

因 $FK /\!/ BE$,故 $BEFK$ 为等腰梯形.

又 AD 为 $\triangle ABC$ 的边 BC 上的中线,所以
$$\dfrac{BK}{EK} = \dfrac{EF}{BF} = \dfrac{\sin\angle EAF}{\sin\angle BAF} = \dfrac{AB}{AC}.$$

对 $\triangle ABC$ 及点 P,由塞瓦定理得
$$\dfrac{AM}{MB} \cdot \dfrac{BD}{DC} \cdot \dfrac{CE}{EA} = 1.$$

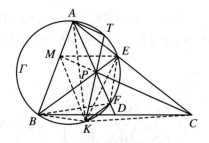

图 D4.33

又因为 $BD = DC$,所以 $\dfrac{AM}{MB} = \dfrac{EA}{CE}$,因此 $ME /\!/ BC$.故
$$\dfrac{MB}{CE} = \dfrac{AB}{AC} = \dfrac{BK}{EK}.$$

结合 $\angle MBK = \angle CEK$ 得 $\triangle KMB \backsim \triangle KCE$,因此 $\angle BMK = \angle KCE$.

故 A、M、K、C 四点共圆.所以 $\angle PEK = \angle BAK = \angle PCK$.

因此 P、E、C、K 四点共圆.故 $\angle TAE = \angle TKE = \angle PCE$.所以 $AT /\!/ CP$.

第5章 直线垂直

习 题

1. 如图 T5.1 所示,在 Rt△ABC 中,∠ACB = 90°,点 D 在 AC 上,DE⊥AB 于点 E. 作 CF∥BD,交直线 ED 于点 F;GE∥BD,交直线 CB 于点 G;DH∥CB,交 AG 于点 H. 求证:HE⊥AF.

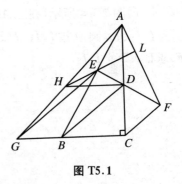

图 T5.1

2. (根据西安铁一中杨运新的题目改编)如图 T5.2 所示,在△ABC 中,D 为 BC 的中点,点 E、F 分别在直线 CA、AB 上,满足 DE = DF,作直线 MN∥AB,分别交 BC、CA 于点 M、N,直线 BN 与 DE 交于点 P,直线 FP 与 MN 交于点 K. 求证:EF⊥EK.

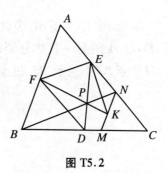

图 T5.2

3. 如图 T5.3 所示，点 D 在 $\triangle ABC$ 内部，点 E 在 $\angle ABC$ 内部，满足 $\angle ABE = \angle DBC$，$AE \perp AB$，点 F 在 $\angle ACB$ 内部，满足 $\angle ACF = \angle DCB$，$AF \perp AC$．$DK \perp BC$ 于点 K．求证：$AK \perp EF$．

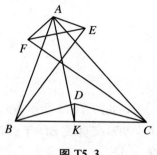

图 T5.3

4. 如图 T5.4 所示，在 $\triangle ABC$ 中，点 D 在边 BC 上，$\triangle ABC$、$\triangle ABD$、$\triangle ACD$ 的内心分别为 I、I_1、I_2，圆 φ 过 I、I_1、I_2 三点，直线 AI 交圆 φ 于点 I、E，直线 $IF \parallel BC$，交圆 φ 于点 I、F．求证：$EF \perp I_1 I_2$．

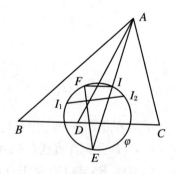

图 T5.4

5. 如图 T5.5 所示，$\odot O$ 与 $\odot P$ 相交于点 A、B，过 A 的一条直线分别交 $\odot O$、$\odot P$ 于点 C、D，过 A 的另一直线分别交 $\odot O$、$\odot P$ 于点 E、F．直线 CE 与 DF 交于点 G．直线 BG 交 $\odot O$ 于点 K（不同于 B）．过点 A 作 $\odot O$ 的直径 AH．求证：$KH \perp DF$．

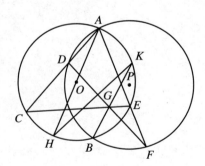

图 T5.5

6. 如图 T5.6 所示,在△ABC 中,点 D、E 分别在 AB、AC 上,AD = AE,点 M、N 分别在 CB 的延长线和反向延长线上,BM = BD,CN = CE,直线 MD 与 NE 交于点 P,Q 是△PDE 的外心.求证:PQ⊥BC.

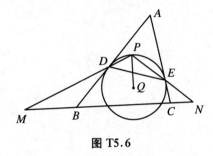

图 T5.6

7. 如图 T5.7 所示,已知在△ABC 中,D 为边 BC 的中点,E 为直线 BC 上任一点,△ABE 的外接圆⊙P 交直线 AD 于点 A、F,作 CK∥AB,交直线 FE 于点 K.求证:PD⊥DK.

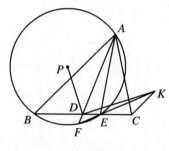

图 T5.7

8. 如图 T5.8 所示,△ABC 的外接圆为圆 φ.圆 ε 过点 A,圆心为 P,再次分别交 AB、AC、圆 φ 于点 D、E、F,直线 BF、CF 再次分别交圆 ε 于点 M、N,直线 DM、NE 交于点 K.求证:PK⊥BC.

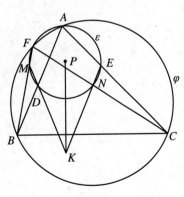

图 T5.8

9. 如图 T5.9 所示，△ABC 内一点 P 在边 BC、CA、AB 上的射影分别为 D、E、F，圆 φ 过 D、E、F 三点. BC 与圆 φ 交于点 D、M，作 MV⊥BC，交圆 φ 于点 M、V. 过点 A 作 AX∥BC，交直线 FE 于点 X. 求证：AV⊥DX.

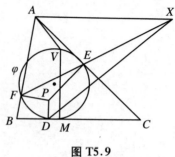

图 T5.9

10. 如图 T5.10 所示，△ABC 内一点 P 在边 BC、CA、AB 上的射影分别为 D、E、F，过 D、E、F 三点的圆 φ 与 BC、CA、AB 的第二个交点分别为 M、N、T. 过点 A 作 AX∥BC，交直线 FE 于点 X. 作 MK⊥BC，交 NT 于点 K. 求证：AK⊥PX.

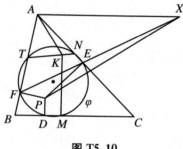

图 T5.10

11. 如图 T5.11 所示，⊙O 的弦 AB、CD 相交于点 P. 作 PE∥BC，交直线 DA 于点 E；PF∥DA，交直线 BC 于点 F. 求证：OP⊥EF.

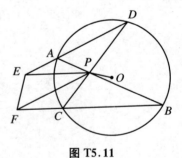

图 T5.11

12. 如图 T5.12 所示,过⊙O 外一点 P 的一条直线交⊙O 于点 A、B($PA<PB$),过点 P 的另一条直线交⊙O 于点 D、C($PD<PC$). AC 与 BD 交于点 E,作 $PF\parallel AC$,交直线 BD 于点 F. K 为 PE 的中点. 求证:$FK\perp PO$.

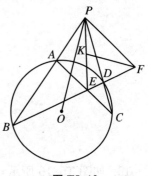

图 T5.12

13. 如图 T5.13 所示,在△ABC 中,$AB<AC$,过点 B、C 的⊙P 再次分别交 AB、AC 于点 D、E,BE 与 CD 交于点 F,AF 的中点为 T,作 $AK\parallel BC$,交直线 DE 于点 K. 求证:$AP\perp TK$.

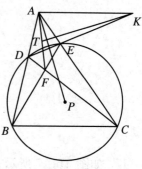

图 T5.13

14. 如图 T5.14 所示,四边形 $ABCD$ 内接于⊙O,直线 AD、BC 交于点 P,AE 为⊙O 的直径,直线 EC、PO 交于点 F. 求证:$BD\perp DF$.

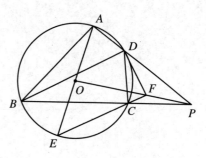

图 T5.14

15. 如图 T5.15 所示,在锐角△ABC 中,O 为外心,点 D、E、F 分别在边 BC、CA、AB 上,使得 BF = DF,CE = DE.过 B、F、O 三点的圆交 BC 于点 B、K.求证:KO⊥EF.

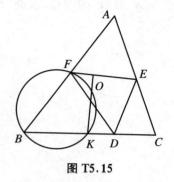

图 T5.15

16. 如图 T5.16 所示,在锐角△ABC 中,BD⊥AC 于点 D,CE⊥AB 于点 E,点 M、N 分别在 BD、CE 上,点 P 满足∠MPN = 90°,⊙(PMD) 与⊙(PNE) 相交于点 P、K.求证:∠BKC = 90°.

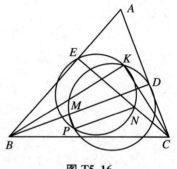

图 T5.16

17. 如图 T5.17 所示,在△ABC 中,P 为 BC 的中点,点 M、N 分别在射线 PB、PC 上,PM = PN.点 E、F 满足∠BAE = ∠CAF,EM⊥BC,FN⊥BC.作 EU⊥AB 于点 U,FV⊥AC 于点 V,直线 UM 与 VN 交于点 K.求证:AK⊥BC.

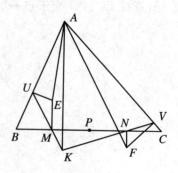

图 T5.17

※18. 如图 T5.18 所示,在 △ABC 中,点 E、F 均在形内,且 ∠ABE = ∠CBF,∠ACF = ∠BCE. 点 A 在直线 BE、CE、BF、CF 上的射影分别为 M、N、U、V,直线 MN 与 UV 交于点 P,AP 与 BC 交于点 K. 求证:(1) $AK \perp EF$;(2) $AP = PK$.

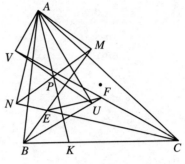

图 T5.18

※19. 如图 T5.19 所示,△ABC 内接于圆 Γ,点 P 在 △ABC 内,直线 AP 交圆 Γ 于点 A、K,点 P 在 BC、CA、AB 上的射影分别为 D、E、F,圆 ω 过 D、E、F 三点. 作 DN∥AP,交圆 ω 于点 N,延长 AN,交圆 Γ 于点 M,延长 MP,交圆 Γ 于点 T. 求证:$TK \perp BC$.

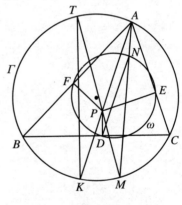

图 T5.19

※20. 如图 T5.20 所示,⊙O_1 与 ⊙O_2 外切于点 P,点 K 在 ⊙O_1 上. 过点 K 任作一直线,交 ⊙O_2 于点 A、B,直线 AP、BP 与 ⊙O_1 的第二个交点分别为 E、F. 过点 K 作另一直线,交 ⊙O_2 于点 C、D,直线 CP、DP 与 ⊙O_1 的第二个交点分别为 G、H. 直线 EH 与 FG 交于点 T,直线 EG 与 FH 交于点 V. 求证:$VT \perp KO_2$.

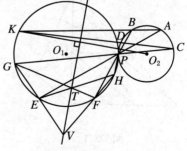

图 T5.20

※21. 如图 T5.21 所示，在△ABC 中，AB＜AC，点 D、E 分别在 AB、AC 上，AD = AE，BE 与 CD 交于点 P，直线 ED 与 CB 交于点 K，点 F 使得 DF⊥AB，EF⊥AC．求证：AP⊥KF．

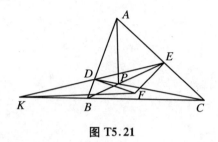

图 T5.21

※22. 如图 T5.22 所示，已知在△ABC 中，过点 B、C 的⊙O 另分别交 AB、AC 于点 D、E，BE 与 CD 交于点 F，∠ACB 的平分线交直线 AF 于点 P．求证：若 OF∥CP，则∠BPC = 90°．

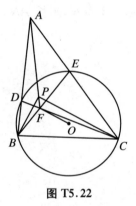

图 T5.22

解　析

1. 如图 D5.1 所示，作 HK⊥AB 于点 K，设 DH 与 AB 交于点 J，HE 与 AF 交于点 L．
则 HK∥DE．又 DH∥CG，EG∥BD∥CF，所以

$$\frac{KJ}{KE} = \frac{HJ}{HD} = \frac{GB}{GC} = \frac{ED}{EF} \Rightarrow \frac{KJ}{ED} = \frac{KE}{EF}.$$

因为∠HJK = ∠DJE = 90° − ∠EDJ = ∠ADE，所以 Rt△HJK∽Rt△ADE，因此 $\frac{HK}{AE} = \frac{KJ}{ED}$．

故 $\frac{KE}{EF} = \frac{HK}{AE}$．因此 Rt△HKE∽Rt△AEF，所以∠EAF = ∠KHE．

从而∠ALE = ∠HKE = 90°，HE⊥AF．

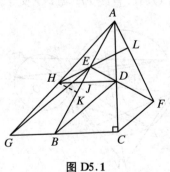

图 D5.1

2. 如图 D5.2 所示（图形画得不同时，证明类似），延长 FD 至点 T，使 $DT = DF$，连接 CT、ET，设 ET 与 MN 交于点 K'.

因为 $DT = DF = DE$，所以 $\angle FEK' = 90°$. 只要证明点 K' 与 K 重合即可.

因四边形 $BFCT$ 为平行四边形，故 $CT = BF$，$CT \parallel BF \parallel MN$. 于是

$$\frac{NK'}{BF} = \frac{NK'}{CT} = \frac{EN}{EC}.$$

考虑 $\triangle BCN$ 被直线 DPE 截，由梅涅劳斯定理得

$$\frac{NP}{PB} \cdot \frac{BD}{DC} \cdot \frac{CE}{EN} = 1.$$

注意 $BD = DC$，因此 $\frac{NP}{PB} = \frac{EN}{EC}$.

又因为 $\frac{NK}{BF} = \frac{NP}{PB}$，所以 $\frac{NK'}{BF} = \frac{NK}{BF}$，从而点 K' 与 K 重合. 证毕.

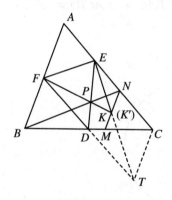

图 D5.2

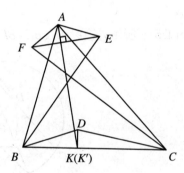

图 D5.3

3. 如图 D5.3 所示，作 $AK' \perp EF$，交 BC 于点 K'.

因为 $\angle BAK' = \angle AEF$，$\angle CAK' = \angle AFE$，所以

$$\frac{BK'}{CK'} = \frac{S_{\triangle ABK'}}{S_{\triangle ACK'}} = \frac{AB \sin \angle BAK'}{AC \sin \angle CAK'}$$

$$= \frac{AB \cdot \sin \angle AEF}{AC \cdot \sin \angle AFE} = \frac{AB \cdot AF}{AC \cdot AE}.$$

因为

$$\text{Rt}\triangle BKD \sim \text{Rt}\triangle BAE \Rightarrow \frac{BK}{DK} = \frac{AB}{AE},$$

$$\text{Rt}\triangle CKD \sim \text{Rt}\triangle CAF \Rightarrow \frac{CK}{DK} = \frac{AC}{AF},$$

所以 $\frac{BK}{CK} = \frac{AB \cdot AF}{AC \cdot AE}$.

于是 $\frac{BK'}{CK'} = \frac{BK}{CK}$，因此点 K' 与 K 重合.

故 $AK \perp EF$.

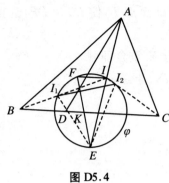

图 D5.4

4. 如图 D5.4 所示,因为 I、I_1、I_2 分别为 $\triangle ABC$、$\triangle ABD$、$\triangle ACD$ 的内心,所以 B、I_1、I,C、I_2、I 分别三点共线.

连接 EI_1、EI_2,设 EF 与 BC 交于点 K.

因 $IF \parallel BC$,故 $\angle BKF = \angle IFE = \angle II_1E$,从而 $\angle BKE = \angle BI_1E$,所以 B、I_1、K、E 四点共圆.于是
$$\angle I_1EK = \angle I_1BK = \frac{1}{2}\angle ABC.$$

又因
$$\angle I_2I_1E = \angle I_2IE = \angle IAC + \angle ICA = \frac{1}{2}\angle ABC + \frac{1}{2}\angle ACB,$$

故
$$\angle I_1EK + \angle I_2I_1E = \frac{1}{2}(\angle ABC + \angle BAC + \angle ACB) = 90°,$$

即 $EF \perp I_1I_2$.

5. 如图 D5.5 所示,连接 AB、BE、BF、AK.

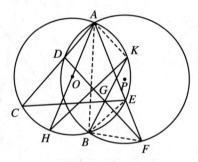

图 D5.5

因 $\angle BFG = \angle BAD = \angle BEC$,故 B、G、E、F 四点共圆.

所以 $\angle GFE = \angle GBE = \angle KBE = \angle KAE$,从而 $AK \parallel DF$.

因为 AH 为 $\odot O$ 的直径,所以 $AK \perp KH$,故 $KH \perp DF$.

注 点 B 为完全四边形 $ADCGFE$ 的密克尔点.

6. 证法 1 连接 DQ.

因 $\angle AEP = \angle CEN = \frac{1}{2}\angle ACB$,故
$$\angle PED = \angle AED - \angle AEP = 90° - \frac{1}{2}\angle A - \frac{1}{2}\angle ACB = \frac{1}{2}\angle ABC = \angle M.$$

所以 $\angle PQD = 2\angle PED = 2\angle M$,故
$$\angle DPQ + \angle M = 90° - \frac{1}{2}\angle PQD + \angle M = 90°,$$

即 $PQ \perp BC$.

证法 2 如图 D5.6 所示,连接 PB、PC、QB、QC. 把 $\triangle ABC$ 的三内角简记为 $\angle A$、$\angle B$、$\angle C$. 因为

$$\angle DEN = \angle DEC + \angle CEN = 90° + \frac{1}{2}\angle A + \frac{1}{2}\angle C$$
$$= 180° - \frac{1}{2}\angle B = 180° - \angle M,$$

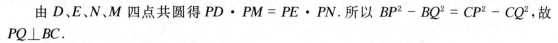

图 D5.6

所以 D、E、N、M 四点共圆. 故

$$\angle ADP = \angle BDM = \angle M = \angle PED,$$

从而 AB 与 $\triangle PDE$ 的外接圆 $\odot Q$ 相切于点 D.

同理,AC 与 $\odot Q$ 相切于点 E.

故 $BQ^2 = BD^2 + r^2$(其中 r 为 $\odot Q$ 的半径).

因 $BM = BD$,故 $BP^2 = BD^2 + PD \cdot PM$. 所以

$$BP^2 - BQ^2 = PD \cdot PM - r^2.$$

同理,$CP^2 - CQ^2 = PE \cdot PN - r^2$.

由 D、E、N、M 四点共圆得 $PD \cdot PM = PE \cdot PN$. 所以 $BP^2 - BQ^2 = CP^2 - CQ^2$,故 $PQ \perp BC$.

7. 如图 D5.7 所示,设直线 DK 与 AB 交于点 T,与 $\odot P$ 交于点 M、N.

因 $BD = DC$,$CK \parallel BT$,故 $DT = DK$.

由蝴蝶定理的逆定理得 $DM = DN$.

故 $PD \perp MN$,即 $PD \perp DK$.

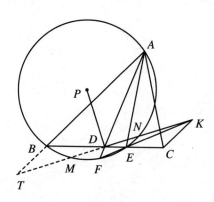

图 D5.7

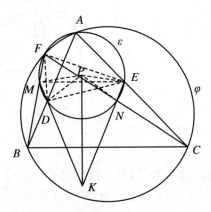

图 D5.8

8. 如图 D5.8 所示(图形画得不同时,证明过程要稍作变化),连接 DE、EF、DF、PM、PD、PN、PE、ME.

因 $\angle FBD = \angle FCE$,由 $\angle FDA = \angle FEA$ 有 $\angle BDF = \angle CEF$,故 $\triangle BDF \sim \triangle CEF$.

所以 $\dfrac{BF}{CF} = \dfrac{FD}{FE}$,且 $\angle BFD = \angle CFE$,因此 $\angle BFC = \angle DFE$.

故 $\triangle FBC \sim \triangle FDE$,所以 $\angle FBC = \angle FDE = \angle FME$,因此 $ME \parallel BC$.

由 $\angle BFD = \angle CFE$,得 $\angle DPM = \angle NPE$.

从而等腰 $\triangle PMD \cong$ 等腰 $\triangle PEN$. 进而 $\triangle KPM \cong \triangle KPE$, 因此点 M 与 E 关于 PK 对称, 故 $ME \perp PK$.

所以 $PK \perp BC$.

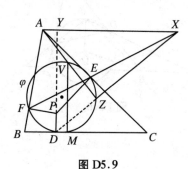

图 D5.9

9. 如图 D5.9 所示, 延长 DP, 交 AX 于点 Y, 作 $DZ \perp AV$ 于点 Z.

因 $AX // BC, PD \perp BC$, 故 $DY \perp AX$.

从而 $\angle AYD = \angle AZD = 90°$, 于是 A、D、Z、Y 四点共圆.

因 $\angle AYP = \angle AEP = \angle AFP = 90°$, 故 A、Y、E、P、F 五点共圆.

因 $\angle VZD = 90° = \angle VMD$, 故 V、Z、M、D 四点共圆, 即点 Z 在圆 φ 上.

$\odot(ADZY)$ 与 $\odot(AYEPF)$ 的根轴是 AY, $\odot(AYEPF)$ 与圆 φ 的根轴是 FE, $\odot(ADZY)$ 与圆 φ 的根轴是 DZ. 由根心定理得 AY、FE、DZ 三线共点, 从而 D、Z、X 三点共线.

故 $AV \perp DX$.

10. 设 DP 与 AX 交于点 Y, 作 $PL \perp AK$ 于点 L, 连接线段, 如图 D5.10 所示.

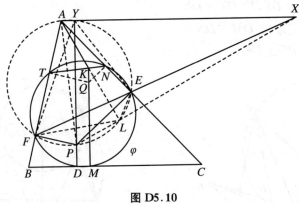

图 D5.10

因 $AX // BC, PD \perp BC$, 故 $PY \perp AY$.

于是 A、Y、E、L、P、F 六点共圆.

要证 $AK \perp PX$, 只要证 P、L、X 三点共线, 即证明 PL、FE、AY 三线共点. 这只要证明

$$\frac{S_{\triangle FPL}}{S_{\triangle EPL}} = \frac{S_{\triangle FAY}}{S_{\triangle EAY}} \Leftrightarrow \frac{FP \cdot FL}{EP \cdot EL} = \frac{FA \cdot FY}{EA \cdot EY}.$$

过 T 作 $TQ \perp AB$, 过 N 作 $NQ \perp AC$, 则 Q 在直线 MK 上, 且四边形 $ATQN \sim$ 四边形 $AEPF$. 因此

$$\frac{S_{\triangle ATK}}{S_{\triangle ANK}} = \frac{TK}{NK} = \frac{S_{\triangle QTK}}{S_{\triangle QNK}}$$

$$\Leftrightarrow \frac{TA\sin\angle TAK}{NA\sin\angle NAK} = \frac{QT\sin\angle TQK}{QN\sin\angle NQK}$$

$$\Leftrightarrow \frac{EA}{FA} \cdot \frac{FL}{EL} = \frac{EP}{FP} \cdot \frac{\sin \angle B}{\sin \angle C} = \frac{EP}{FP} \cdot \frac{FY}{EY}$$

$$\Leftrightarrow \frac{FP \cdot FL}{EP \cdot EL} = \frac{FA \cdot FY}{EA \cdot EY}.$$

证毕.

11. 如图 D5.11 所示,连接 EO、FO. 设 $\odot O$ 的半径为 r.

因 $PE \parallel BC$,故 $\angle EPA = \angle B = \angle D$,因此 $EP^2 = EA \cdot ED$.

由圆幂定理得 $EO^2 - r^2 = EA \cdot ED$.

所以 $EO^2 - EP^2 = r^2$.

同理,$FO^2 - FP^2 = r^2$.

所以 $EO^2 - EP^2 = FO^2 - FP^2$,因此 $OP \perp EF$.

注 若点 P 在 $\odot O$ 外,命题仍成立.

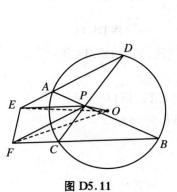

图 D5.11

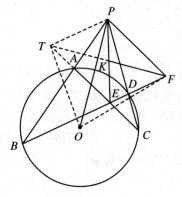

图 D5.12

12. 如图 D5.12 所示,作 $PT \parallel BD$,交直线 CA 于点 T. 连接 OF、OT.

因 $PF \parallel AC$,$PT \parallel BD$,故四边形 $PFET$ 为平行四边形,PE 的中点 K 也是 FT 的中点.

因 $\angle FPD = \angle C = \angle B$,故

$$PF^2 = FD \cdot FB = FO^2 - r^2 \quad (根据圆幂定理, r 为 \odot O 的半径).$$

同理,$PT^2 = TO^2 - r^2$.

所以 $PF^2 - PT^2 = FO^2 - TO^2$. 因此 $FT \perp PO$,即 $FK \perp PO$.

13. 如图 D5.13 所示,连接 PT、PF、PK,设 $\odot P$ 的半径为 r,点 X 对 $\odot P$ 的幂简记为 X 的幂.

因 T 为 AF 的中点,由三角形中线长定理得

$$PT^2 = \frac{1}{2}PA^2 + \frac{1}{2}PF^2 - \frac{1}{4}AF^2$$

$$\Rightarrow PT^2 - AT^2 = \frac{1}{2}PA^2 + \frac{1}{2}PF^2 - \frac{1}{2}AF^2$$

$$= \frac{1}{2}PA^2 + \frac{1}{2}(r^2 + F \text{ 的幂}) - \frac{1}{2}(A \text{ 的幂} + F \text{ 的幂})$$

$$= \frac{1}{2}PA^2 + \frac{1}{2}r^2 - \frac{1}{2}(PA^2 - r^2) = r^2.$$

因为 $AK /\!/ BC$, B、C、E、D 四点共圆, 所以

$$\angle KAE = \angle ECB = \angle ADE \Rightarrow AK^2 = KE \cdot KD = K \text{ 的幂} = PK^2 - r^2$$
$$\Rightarrow PK^2 - AK^2 = r^2.$$

故 $PT^2 - AT^2 = PK^2 - AK^2$, 因此 $AP \perp TK$.

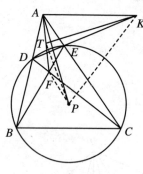

图 D5.13

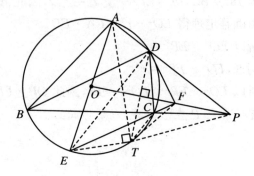

图 D5.14

14. **证法 1** 作 $DT \perp PO$, 交 $\odot O$ 于点 T, 连接线段, 如图 D5.14 所示.
由垂径定理知 PO 为 DT 的中垂线.
因 $\angle ATE = 90°$, $\angle PDT = \angle AET$, 故 $\angle DPF = \angle EAT$. 所以

$$\angle TPF = \angle DPF = \angle EAT = \angle ECT,$$

从而 P、F、C、T 四点共圆.
故

$$\angle PDF = \angle PTF = \angle PCF = \angle BCE = \angle BDE,$$

于是 $\angle BDF = \angle EDP = 90°$, 即 $BD \perp DF$.

证法 2 如图 D5.15 所示, 设直线 DF 交 $\odot O$ 于点 D、K. 连接 BK, 交 AE 于点 O'.
对退化的圆内接六边形 $AECBKD$, 由帕斯卡定理得 O'、F、P 三点共线.
所以点 O' 与 O 重合, BK 为 $\odot O$ 的直径.
故 $BD \perp DF$.

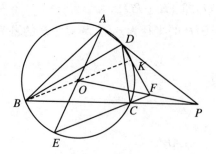

图 D5.15

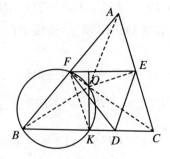

图 D5.16

15. 如图 D5.16 所示, 连接 OA、OB、OC、OE、OF、FK.

因 $BF = DF$，故 $BF = \dfrac{BD}{2\cos B}$.

因 $CE = DE$，故 $CE = \dfrac{DC}{2\cos C}$.

所以
$$AF\sin\angle OAE + AE\sin\angle OAF = (AB - BF)\cos B + (AC - CE)\cos C$$
$$= AB\cos B + AC\cos C - \dfrac{BD}{2} - \dfrac{DC}{2}$$
$$= \dfrac{BC}{2} = AO\sin\angle FAE,$$

故 A、F、O、E 四点共圆.

所以
$$\angle EFK = \angle OFE + \angle OFK = \angle OAE + \angle OBK$$
$$= \angle OCE + \angle OCK = \angle ACB.$$

从而
$$\angle FKO + \angle EFK = \angle OBA + \angle ACB = 90°,$$

故 $KO \perp EF$.

注 O 为 $\triangle KEF$ 的垂心.

16. 如图 D5.17 所示(图形画得不相同时,证明类似),设直线 PM 与 AB 相交于点 F，PN 与 AC 相交于点 T，连接 EK、DK、PK.

因 $\angle FPN = 90° = \angle FEN$，故 E、F、P、N 四点共圆，即点 F 在 $\odot(PNE)$ 上，所以 $\angle AEK = \angle FPK$.

同理，$\angle ADK = \angle TPK$.

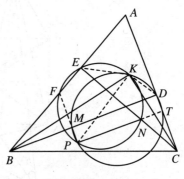

图 D5.17

所以
$$\angle EKD = \angle AEK + \angle ADK + \angle A$$
$$= \angle FPK + \angle TPK + \angle A$$
$$= 90° + \angle A.$$

又 $\angle EBD = 90° - \angle A$，故 $\angle EKD + \angle EBD = 180°$，因此 B、E、K、D 四点共圆.

又因为 B、E、D、C 四点共圆，所以 B、E、K、D、C 五点共圆.

故 $\angle BKC = \angle BEC = 90°$.

17. 如图 D5.18 所示，连接 BE. 作 $AD \perp BC$ 于点 D，设直线 AD 与 UM 交于点 K_1，$\angle BAE = \angle CAF = \alpha$.

因 $EM \perp BC$，$EU \perp AB$，故 B、M、E、U 四点共圆.所以
$$\angle DMK_1 = \angle BMU = \angle BEU,$$

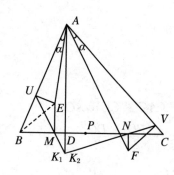

图 D5.18

从而 $\angle MK_1D = \angle EBU$.

在 $\triangle AUK_1$ 中,由正弦定理得 $\dfrac{AK_1}{\sin\angle BUM} = \dfrac{AU}{\sin\angle MK_1D}$.

又 $AU = \dfrac{EU}{\tan\alpha}$,所以

$$AK_1 = \dfrac{EU}{\tan\alpha} \cdot \dfrac{\sin\angle BEM}{\sin\angle EBU} = \dfrac{EU}{\tan\alpha} \cdot \dfrac{\dfrac{BM}{BE}}{\dfrac{EU}{BE}} = \dfrac{BM}{\tan\alpha}.$$

同理,设直线 AD 与 VN 交于点 K_2,则 $AK_2 = \dfrac{CN}{\tan\alpha}$.

因 $BM = CN$,故 $AK_1 = AK_2$,点 K_1 与 K_2 重合于点 K.

故 $AK \perp BC$.

※18.(陕西省西安市铁一中杨运新提供)(1) 因 $AM \perp BE$, $AN \perp CE$,故 A、M、E、N 四点共圆,此圆圆心为 AE 的中点 S,简记为 $\odot S$.

因 $AU \perp BF$, $AN \perp CF$,故 A、F、U、V 四点共圆,此圆圆心为 AF 的中点 T,简记为 $\odot T$.

连接 VM、UN、VN、UM、ST,如图 D5.19 所示.

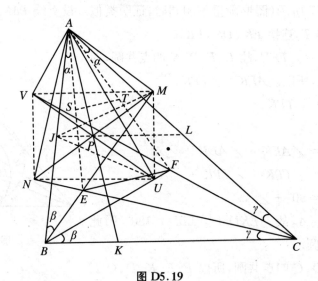

图 D5.19

因 E、F 为 $\triangle ABC$ 内的等角共轭点,故可设 $\angle BAE = \angle CAF = \alpha$, $\angle ABE = \angle CBF = \beta$, $\angle ACF = \angle BCE = \gamma$, $\triangle ABC$ 的三内角简记为 $\angle A$、$\angle B$、$\angle C$.

因 A、M、E、N, A、B、U、M 分别四点共圆,故

$$\angle PMU = \angle NME + \angle BMU = \angle NAE + \angle BAU$$
$$= 90° - \angle CAE - \angle ACE + 90° - \angle ABF$$

$$= 90° - (\angle A - \alpha) - (\angle C - \gamma) + 90° - (\angle B - \beta)$$
$$= \alpha + \beta + \gamma.$$

类似地，$\angle PUM$、$\angle PVN$、$\angle PNV$ 都等于 $\alpha + \beta + \gamma$.

于是四边形 $MVNU$ 是等腰梯形或矩形.

从而 M、V、N、U 四点共圆，因此 $PM \cdot PN = PV \cdot PU$，即点 P 对 $\odot S$ 与 $\odot T$ 的幂相等，P 在 $\odot S$ 与 $\odot T$ 的根轴上.

因点 A 是 $\odot S$ 与 $\odot T$ 的公共点，故点 A 在 $\odot S$ 与 $\odot T$ 的根轴上.

所以直线 AK 是 $\odot S$ 与 $\odot T$ 的根轴，$AK \perp ST$.

因为 ST 是 $\triangle AEF$ 的中位线，所以 $ST \parallel EF$.

故 $AK \perp EF$.

(2) 设 AB、AC 的中点分别为 J、L. 连接 JM、JU、JL.

因四边形 $MVNU$ 是等腰梯形或矩形，故 MU 与 VN 有公共的中垂线 g，点 P 在直线 g 上.

因 $JM = \frac{1}{2}AB = JU$，故点 J 在直线 g 上.

同理，点 L 在直线 g 上.

从而 g 是 $\triangle ABC$ 中平行于 BC 的中位线所在的直线.

所以 $AP = PK$.

※19. 如图 D5.20 所示，设 BC、CA、AB 与圆 ω 的第二个交点分别为 X、Y、Z. 过 X 作 BC 的垂线，过 Y 作 CA 的垂线，过 Z 作 AB 的垂线. 易知三垂线交于一点，记此点为 L，设 PL 的中点为 S，则 S 为圆 ω 的圆心，S 在 DN 的中垂线上. 作 $LV \perp AP$ 于点 V，$SU \perp AP$ 于点 U，则 SU 是 PV 的中垂线. 连接 FD、ZX.

因 $DN \parallel PV$，故四边形 $DPVN$ 为等腰梯形，从而
$$D、P、V、N \text{ 四点共圆}. \quad ①$$

因 $\angle BDF = \angle BZX$，故 $\angle PDF = \angle LZX$（等角的余角相等）.

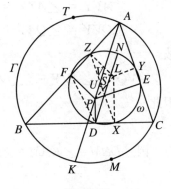

图 D5.20

同理，$\angle PFD = \angle LXZ$.

所以 $\triangle PDF \sim \triangle LZX$. 又 $\triangle BDF \sim \triangle BZX$，所以
$$\frac{BD}{BZ} = \frac{DF}{XZ} = \frac{PF}{LX}.$$

同理，$\frac{CD}{CY} = \frac{PE}{LX}$.

以上两式相除，整理得 $\frac{BZ}{CY} = \frac{BD}{CD} \cdot \frac{PE}{PF}$.

设直线 KD 交圆 Γ 于 Q（不同于 K），连接线段如图 D5.21 所示.

则
$$\frac{BD}{CD} = \frac{S_{\triangle BKQ}}{S_{\triangle CKQ}} = \frac{BQ \cdot BK}{CQ \cdot CK} \Rightarrow \frac{BQ}{CQ} = \frac{BD}{CD} \cdot \frac{CK}{BK}.$$

因为
$$\frac{PE}{PF} = \frac{AP\sin\angle PAE}{AP\sin\angle PAF} = \frac{\sin\angle CAK}{\sin\angle BAK} = \frac{CK}{BK},$$

所以 $\dfrac{BZ}{CY} = \dfrac{BQ}{CQ}$.

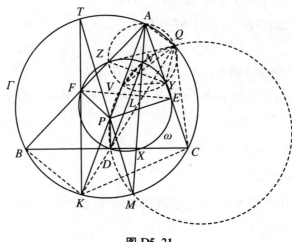

图 D5.21

又 $\angle ZBQ = \angle YCQ$，故 $\triangle BZQ \backsim \triangle CYQ$，因此 $\angle AZQ = \angle AYQ$，所以 A、Z、Y、Q 四点共圆.

从而 A、Z、V、L、Y、Q 六点共圆. 所以

$\angle AVY = \angle AZY = \angle AEF = \angle APF = 90° - \angle PAF = 90° - \angle KCD$,

$\angle QVY = \angle QAY = \angle CKD$,

故
$\angle AVQ = \angle AVY - \angle QVY = 90° - \angle KCD - \angle CKD = 90° - \angle QDC = \angle PDQ.$

因此
$$D、P、V、Q \text{ 四点共圆}. \qquad ②$$

因 $\angle DNM = \angle KAM = \angle DQM$，故
$$D、V、Q、M \text{ 四点共圆}. \qquad ③$$

由结论①~③知 D、P、V、N、Q、M 六点共圆. 所以
$$\angle DPM = \angle DNM = \angle KAM = \angle KTM,$$

故 $PD \parallel TK$.

因为 $PD \perp BC$，所以 $TK \perp BC$.

※20. 如图 D5.22 所示,设 AD 与 BC 交于点 L,DB 与 CA 交于点 U. 设 $\odot O_1$、$\odot O_2$ 的半径分别为 r_1、r_2,$r_1 = kr_2$.

作位似变换 $H(P, -k)$. 则 $A \to E, B \to F, C \to G, D \to H, L \to T, U \to V$.

于是 $UL \parallel VT$.

由熟知结论得点 K 关于 $\odot O_2$ 的极线为 UL,从而 $UL \perp KO_2$.

故 $VT \perp KO_2$.

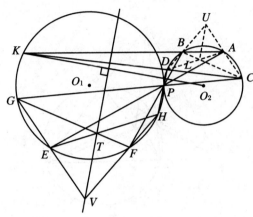

图 D5.22

※21. 如图 D5.23 所示,作 $FN \perp AP$ 于点 N,FN 与 ED 交于点 K',AP 交 ED 于点 T,连接 DN、EN.

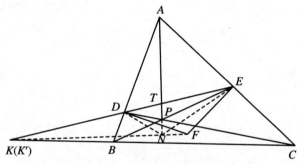

图 D5.23

因 $DF \perp AB$,$EF \perp AC$,$FN \perp AP$,故 A、D、N、F、E 五点共圆.

又 $AD = AE$,所以 NT 平分 $\angle DNE$. 结合 $NK' \perp NT$ 得 $\dfrac{ET}{TD} = \dfrac{EK'}{K'D}$.

由完全四边形 $ADBPCE$ 的调和性质得 $\dfrac{ET}{TD} = \dfrac{EK}{KD}$.

故 $\dfrac{EK'}{K'D} = \dfrac{EK}{KD}$,因此点 K' 与 K 重合.

于是 $AP \perp KF$.

※22. 如图 D5.24 所示,设直线 AF 交 BC 于点 K,ED 与 CB 交于点 T,CP 交 AT 于点

X,连接 PT.

因为 AT 为点 F 关于 $\odot O$ 的极线,所以 $OF \perp AT$.

又因为 $OF \parallel CP$,CP 平分 $\angle ACB$,所以直线 CP 为线段 AT 的中垂线,故 $\angle APX = \angle TPX$.

因 T、B、K、C 为调和点列,故 PT、TB、PK、PC 为调和线束.

所以 $\angle BPC = 90°$.

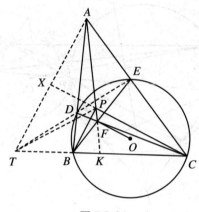

图 D5.24

第6章　线段的比例式或乘积式

习　题

1. 如图 T6.1 所示,在四边形 ABCD 中,点 E、F 分别在 AB、CD 上,满足 AD ∥ FE ∥ BC,直线 BD 与 EF 交于点 G,EC 与 DA 交于点 H. 求证:$\dfrac{EG}{GF}=\dfrac{AD}{AH}$.

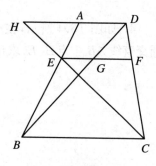

图 T6.1

2. 如图 T6.2 所示,在四边形 ABCD 中,AC 与 BD 交于点 E,AB、DC 的延长线交于点 F,边 AB、CD 的中点分别为 M、N,MN 与 AC 交于点 P. 求证:$\dfrac{AP}{PE}=\dfrac{FN}{ND}$.

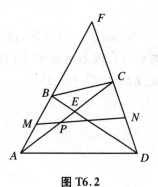

图 T6.2

3. 如图 T6.3 所示,在△ABC 中,直线 EF 过边 BC 的中点 D,交 AB 于点 E,交 AC 的延长线于点 F,⊙(BED) 与 ⊙(CFD) 交于点 D、K. 求证:$AE \cdot KF = AF \cdot KE$.

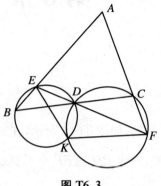

图 T6.3

4. 如图 T6.4 所示,在△ABC 中,D 为 AC 的中点,点 P 在直线 BC 上,△BDP 的外接圆交直线 AB 于点 B、E. 求证:$AB \cdot PE = 2BD \cdot PD$.

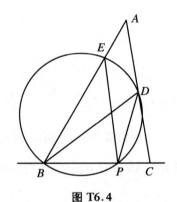

图 T6.4

5. 如图 T6.5 所示,圆 ε 与圆 φ 相交于点 A、B,过 A 点作圆 φ 的切线,交圆 ε 于点 C(不同于 A),点 D 在圆 φ 上,直线 AD、CD 与圆 ε 再次交于点 E、F,直线 BF 交 AD 于点 K. 求证:$KD^2 = KE \cdot KA$.

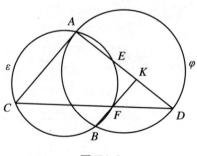

图 T6.5

6. 如图 T6.6 所示,在圆内接四边形 $ABCD$ 中,点 E、F 都在直线 BD 上,使得 $AE \parallel CD$,$CF \parallel AB$. 求证:$DE \cdot BF = AC^2$.

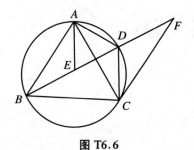

图 T6.6

7. 如图 T6.7 所示,在 $\triangle ABC$ 中,点 D 在边 BC 上,点 E 在 $\angle BAC$ 内,使得 $\angle BAD = \angle CAE$,$\triangle ABC$、$\triangle ABE$、$\triangle ACE$ 的外心分别为 O、P、K,AO 与 PK 交于点 F. 求证:$\dfrac{PF}{PK} = \dfrac{BD}{DC}$.

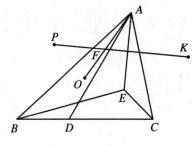

图 T6.7

8. 如图 T6.8 所示,$\odot O$ 与 $\odot P$ 交于点 A、B,$\odot K$ 过 A、O、P 三点,直线 AK 与 $\odot O$、$\odot P$ 的第二个交点分别为 C、D. 求证:$AB^2 = AC \cdot AD$.

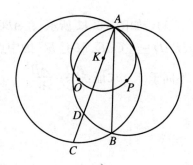

图 T6.8

9. 如图 T6.9 所示,圆 φ 与圆 ε 相交于点 A、B,过 A 的一条直线还分别交圆 φ、圆 ε 于点 C、D,过 A 的另一直线还分别交圆 φ、圆 ε 于点 E、F,CE 与 FD 交于点 K. 求证:$\dfrac{AC}{AF} \cdot \dfrac{CK}{FK} = \dfrac{BC}{BF}$.

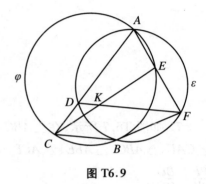

图 T6.9

10. 如图 T6.10 所示,圆 Γ_1 和 Γ_2 交于点 A、B,圆 Γ_3 和 Γ_1 交于点 C、D,圆 Γ_3 和 Γ_2 交于点 E、F. 求证:$\dfrac{AC \cdot AD}{AE \cdot AF} = \dfrac{BC \cdot BD}{BE \cdot BF}$.

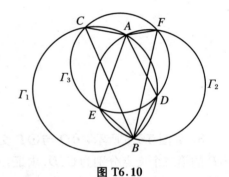

图 T6.10

11. 如图 T6.11 所示,$\triangle ABC$ 的外接圆为 $\odot O$,点 D 在 $\overparen{BC}$(不含 A)上,点 E 在 BC 上,$\angle BAD = \angle CAE$. M 是 BC 的中点. 直线 DM 交 $\odot O$ 于点 F(不同于 D),FE 交 $\odot O$ 于点 K(不同于 F). 求证:$\dfrac{KB}{KC} = \dfrac{AB}{AC}$.

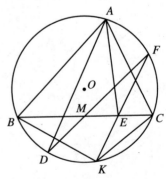

图 T6.11

12. 如图 T6.12 所示,在△ABC 中,AB<AC,AD 平分∠BAC,以 AD 为直径的圆 ε 与 AB、AC 的第二个交点分别为 E、F,圆 ε 与△ABC 的外接圆 φ 交于点 A、K,直线 AK 与 FE 交于点 P. PD 与圆 ε 交于点 D、V,直线 AV 与 FE 交于点 T. 求证:$\dfrac{BE}{CF}=\dfrac{TE}{TF}$.

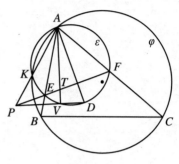

图 T6.12

13. 如图 T6.13 所示,半径不相等的⊙O 与⊙P 相交于点 A、B,点 C 在⊙O 上而在 ⊙P 外面,点 D 在⊙P 上而在⊙O 外面,AC = AD. 直线 CB 交⊙P 于点 B、E,直线 DB 交 ⊙O 于点 B、F. 设∠CAD 的平分线与线段 EF 的中垂线交于点 K. 求证:$EK^2 + AC^2 = AK^2$.

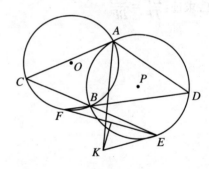

图 T6.13

14. 如图 T6.14 所示,圆 φ 与圆 ε 相交于点 P、Q,点 A、B 在圆 ε 上(均不同于 P、Q),过 A 的一条直线交圆 φ 于点 C、D,过 B 的一条直线交圆 φ 于点 E、F,直线 AB 分别交 CE、DF 于点 T、K. 求证:(1) $\dfrac{AC \cdot AD}{AP \cdot AQ}=\dfrac{BE \cdot BF}{BP \cdot BQ}$;(2) ∠BPT + ∠AQK = 180° 或∠BPT = ∠AQK.

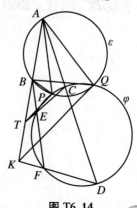

图 T6.14

15. 如图 T6.15 所示,在△ABC 中,点 D、E 分别在边 AB、AC 上,DE∥BC.点 P、Q 在直线 DE 上,作 QF∥PB,交直线 AB 于点 F;QK∥PC,交直线 AC 于点 K,直线 AP 与 FK 交于点 M,BC 与 FK 交于点 N.求证:$\dfrac{FM}{MK}=\dfrac{CN}{NB}$.

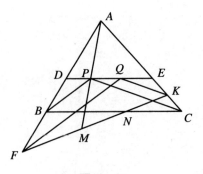

图 T6.15

16. 如图 T6.16 所示,圆 φ 是△ABC 的外接圆,点 D、E、F 分别在边 BC、CA、AB 上,且 AD、BE、CF 三线共点于 P,S 为 $\overset{\frown}{BAC}$ 的中点,直线 SD 交圆 φ 于点 S、K,AK 与 EF 交于点 T.求证:$\dfrac{ET}{TF}=\dfrac{CE}{BF}$.

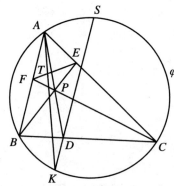

图 T6.16

17. 如图 T6.17 所示,在△ABC 中,点 D、E 分别在边 AB、AC 上,DE∥BC.点 K、F 都在直线 BC 上,且∠BKD=∠CFE.求证:点 A 在⊙(BEF) 与⊙(CDK) 的根轴上.

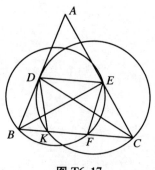

图 T6.17

18. 如图 T6.18 所示,在等腰梯形 ABCD 中,AD ∥ BC,AB = CD,点 E、F 在 AD 上,BF 与 CE 交于点 P.求证:点 P 在 ⊙(ABE) 与 ⊙(CDF) 的根轴上.

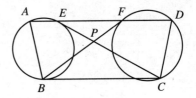

图 T6.18

19. 如图 T6.19 所示,相交直线 x、y 都和线段 AB 相交,作 AC⊥x 于点 C,交直线 y 于点 D;AE⊥y 于点 E,交直线 x 于点 F;BG⊥x 于点 G,交直线 y 于点 H;BN⊥y 于点 N,交直线 x 于点 M.P 为 AB 的中点.求证:点 P 在 ⊙(DF) 和 ⊙(HM) 的根轴上.

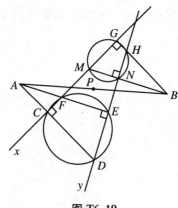

图 T6.19

20. 如图 T6.20 所示,⊙O 为 △ABC 的外接圆,点 M、N 分别在边 BC、CA 上,点 D 在 ⊙O 的 $\overparen{BC}$(不含点 A)上,直线 DM 交 ⊙O 于点 D、E,交 ⊙(CMN) 于点 M、F,直线 FN 与 AD 交于点 K,⊙(AEK) 与直线 AB 交于点 A、P.求证:$\dfrac{EF}{FD} = \dfrac{AP}{PB}$.

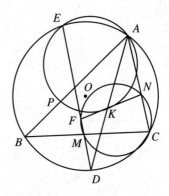

图 T6.20

21. 如图 T6.21 所示，⊙O 与 ⊙P 相交于点 A、B，点 C 在 ⊙O 上且 ⊙P 外面，过 C 作 ⊙P 的切线 CD，D 为切点．设 ⊙O 的半径为 r，$OP=d$．求证：$\dfrac{CD^2}{CA\cdot CB}=\dfrac{d}{r}$．

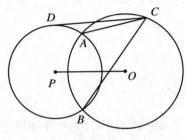

图 T6.21

22. 如图 T6.22 所示，在 △ABC 中，$AD\perp BC$ 于点 D．点 E、F 分别为 CA、AB 的中点，⊙(BDF) 与 ⊙(CDE) 相交于点 D、K．求证：$\dfrac{BK}{CK}=\left(\dfrac{AB}{AC}\right)^2$．

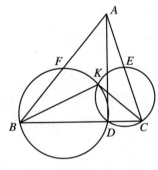

图 T6.22

23. 如图 T6.23 所示，点 D 在 △ABC 的外接圆 ⊙O 的 $\overset{\frown}{BC}$（不含点 A）上，DE 为 ⊙O 的直径，$EF\perp AB$ 于点 F．过 A、F、C 三点的圆交 AD 于点 A、K．$DN\perp BC$ 于点 N．求证：$\dfrac{AK}{KD}=\dfrac{BN}{NC}$．

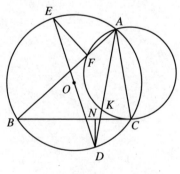

图 T6.23

※24. 如图 T6.24 所示,过 ⊙O 外一点 P 作 ⊙O 的两条割线 PA 和 PD,PA 交 ⊙O 于点 A、B(PA>PB),PD 交 ⊙O 于点 D、C(PD>PC).AC 与 BD 交于点 E.点 F 在 ⊙O 上,使得 EF∥AB.直线 PF 交 ⊙O 于点 G(不同于 F),EG 与 PA 交于点 H.求证:$PH^2 = HB \cdot HA$.

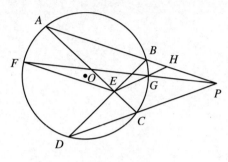

图 T6.24

25. 如图 T6.25 所示,圆 Γ 中三弦 AB、CD、EF 共点于 P(弦的端点在圆上的排列顺序无限制,点 P 在圆内或圆外),点 G、H 在圆 Γ 上,使得 FG∥BD,FH∥AC.直线 EG 与 DB 交于点 M,EH 与 AC 交于点 N.求证:$\dfrac{BM}{DM} = \dfrac{CN}{AN}$.

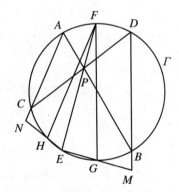

图 T6.25

26. 如图 T6.26 所示,圆 Γ 中三弦 AB、CD、EF 共点于 P(弦的端点在圆上的排列顺序无限制,点 P 在圆内或圆外),点 G 在圆 Γ 上,过点 A 作 AM∥FG,分别交直线 EG、CG 于点 M、N,过 B 作 BT∥FG,分别交直线 EG、DG 于点 T、V.求证:$AM \cdot BT = MN \cdot TV$.

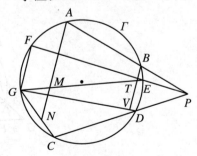

图 T6.26

27. 如图 T6.27 所示,圆 Γ 中三弦 AB、CD、EF 共点于 P(弦的端点在圆上的排列顺序无限制,点 P 在圆内或圆外). 点 K 在圆 Γ 上,使得 $CK \parallel AB$,直线 DK、EK、FK 分别交直线 AB 于点 T、M、N. 求证:$TN \cdot TM = TB \cdot TA$.

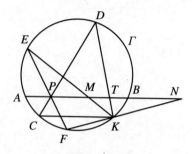

图 T6.27

28. 如图 T6.28 所示,圆中三弦 AB、CD、EF 共点于 P(弦的端点在圆上的排列顺序无限制,点 P 在圆内或圆外). 点 G、H 在圆上,使得 $CG \parallel AB \parallel DH$,直线 EG、EH、FG、FH 分别与直线 AB 交于点 M、N、T、V. 求证:(1) $\dfrac{GM \cdot HN}{GT \cdot HV} = \dfrac{PF}{PE}$;(2) $AN = BT$;(3) $AV = BM$.

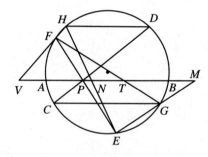

图 T6.28

29. 如图 T6.29 所示,圆中三弦 AB、CD、EF 共点于 P(弦的端点在圆上的排列顺序无限制,点 P 在圆内或圆外). 过点 F 作直线 $t \parallel AB$,AE、BE、AC、BD 分别与直线 t 交于点 G、H、M、N. 求证:$\dfrac{FN}{NH} = \dfrac{GM}{MF}$.

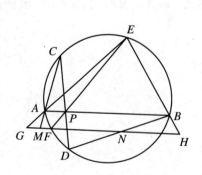

图 T6.29

30. 如图 T6.30 所示，△ABC(AB<AC)的外接圆为⊙O，⊙P 过点 B、C，另分别交边 AB、AC 于点 D、E，BE 与 CD 交于点 F. 直线 PO 分别交直线 AB、AC 于点 M、N，直线 PF 交 BC 于点 T，交 $\overarc{BAC}$ 于点 X. 直线 XA 交 MN 于点 K. 求证：$\dfrac{BT}{TC}=\dfrac{MK}{KN}$.

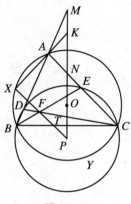

图 T6.30

31. 如图 T6.31 所示，△ABC 的内切圆⊙I 与边 BC 切于点 D，AD 交⊙I 于点 D、P，BP 交⊙I 于点 P、G，CP 交⊙I 于点 P、H，BH 交⊙I 于点 H、K. 求证：PG·HK = 3PH·GK.

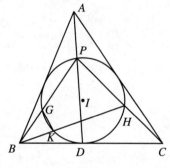

图 T6.31

32. 如图 T6.32 所示，在△ABC 中，AB<AC，AD 是角平分线，边 BC 的中垂线交 AC 于点 E，点 A 关于 BC 的对称点为 A′，直线 CA 与⊙(ADA′)交于点 A、F. 求证：$CE^2 = EA·EF$.

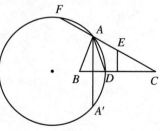

图 T6.32

33. 如图 T6.33 所示，I 为 $\triangle ABC$ 的内心，过点 A 的一条直线交 $\odot(IBC)$ 于点 E、F，交 BC 于点 D（A、E、D、F 顺次排列），$\odot(BDE)$、$\odot(BDF)$ 与直线 AB 的第二个交点分别为 M、T，$\odot(CDE)$、$\odot(CDF)$ 与直线 AC 的第二个交点分别为 N、V．求证：$\dfrac{ED^2}{EM \cdot EN} = \dfrac{FT \cdot FV}{FD^2}$．

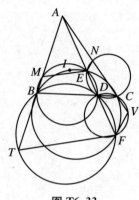

图 T6.33

34. 如图 T6.34 所示，在圆 Γ 中，AB 是弦，点 C 为 $\overparen{AB}$ 的中点，点 D、E 在不含点 C 的 $\overparen{AB}$ 上，CD、CE 分别交 AB 于点 F、K，$FG \perp BE$ 于点 G，$KH \perp AD$ 于点 H．求证：$S_{\triangle CDG} = S_{\triangle CEH}$．

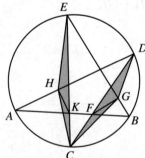

图 T6.34

※35. 如图 T6.35 所示，四边形 $ABCD$ 内接于半径为 r 的 $\odot O$，直线 AB 与 DC 交于点 E，AD 与 BC 交于点 F，P 为 $\odot O$ 上任一点，直线 AP 与 EF 交于点 M，CP 与 EF 交于点 N，$ML \perp ON$ 于点 L．求证：$OL \cdot ON = r^2$．

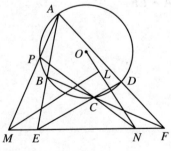

图 T6.35

解 析

1. 因 $AD \parallel FE \parallel BC$,故

$$\frac{EG}{AD} = \frac{BE}{BA} = \frac{CF}{CD} = \frac{EF}{DH} = \frac{EF-EG}{DH-AD} = \frac{GF}{AH},$$

即 $\frac{EG}{GF} = \frac{AD}{AH}$.

2. 如图 D6.1 所示,连接 EM、EN、AN、BN.

因 M、N 分别为 AB、CD 的中点,故

$$S_{\triangle ABN} = \frac{1}{2}(S_{\triangle ABD} + S_{\triangle ABC}),$$

$$S_{\triangle EMN} = S_{\triangle AEN} + S_{\triangle AEM} - S_{\triangle AMN}$$
$$= \frac{1}{2}S_{\triangle AED} + \frac{1}{2}S_{\triangle AEB} - \frac{1}{2}S_{\triangle ABN}$$
$$= \frac{1}{4}(S_{\triangle ABD} - S_{\triangle ABC}),$$

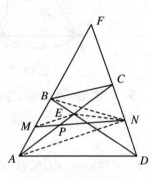

图 D6.1

所以

$$\frac{AP}{PE} = \frac{S_{\triangle AMN}}{S_{\triangle EME}} = \frac{S_{\triangle ABD} + S_{\triangle ABC}}{S_{\triangle ABD} - S_{\triangle ABC}},$$

$$\frac{FN}{FD} = \frac{S_{\triangle ABN}}{S_{\triangle ABD}} \Rightarrow \frac{FN}{ND} = \frac{S_{\triangle ABN}}{S_{\triangle ABD} - S_{\triangle ABN}} = \frac{S_{\triangle ABD} + S_{\triangle ABC}}{S_{\triangle ABD} - S_{\triangle ABC}}.$$

故 $\frac{AP}{PE} = \frac{FN}{ND}$.

3. 如图 D6.2 所示,连接 KB、KC、KD.

因 $\angle KEB = \angle BDK = \angle KFC$,$\angle KBE = \angle KDF = \angle KCF$,故 $\triangle KBE \backsim \triangle KCF$,因此 $\frac{BE}{CF} = \frac{KE}{KF}$.

考虑 $\triangle ABC$ 被直线 EDF 截,由梅涅劳斯定理得

$$\frac{AE}{EB} \cdot \frac{BD}{DC} \cdot \frac{CF}{FA} = 1.$$

又 $BD = DC$,所以

$$\frac{AE}{AF} = \frac{BE}{CF} = \frac{KE}{KF} \Rightarrow AE \cdot KF = AF \cdot KE.$$

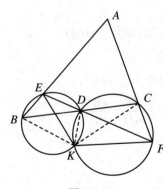

图 D6.2

4. 如图 D6.3 所示,设 F 为 AB 的中点,连接 DE、DF.

因 D 为 AC 的中点,故 $DF \parallel BC$.所以

$$\angle BFD = 180° - \angle FBC = \angle PDE.$$

又因为 $\angle FBD = \angle DPE$,所以 $\triangle BDF \backsim \triangle PED$,故

$$\frac{BD}{PE} = \frac{BF}{PD} = \frac{AB}{2PD},$$

即 $AB \cdot PE = 2BD \cdot PD$.

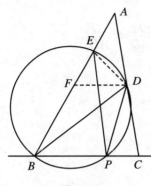

图 D6.3

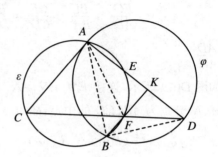

图 D6.4

5. 如图 D6.4 所示,连接 AB、AF、BD.

因 AC 为圆 φ 的切线,故

$$\angle DFK = \angle CFB = \angle CAB = \angle BDK.$$

所以 $\triangle KFD \sim \triangle KDB$. 故 $KD^2 = KF \cdot KB = KE \cdot KA$.

6. 因 $\angle AED = \angle BDC = \angle BAC$,$\angle ADE = \angle ACB$,故 $\triangle EAD \sim \triangle ABC$,所以 $\dfrac{DE}{AC} = \dfrac{AD}{BC}$.

因 $\angle ACD = \angle ABD = \angle BFC$,$\angle CAD = \angle CBF$,故 $\triangle ADC \sim \triangle BCF$,所以 $\dfrac{AC}{BF} = \dfrac{AD}{BC}$.

故 $\dfrac{DE}{AC} = \dfrac{AC}{BF}$,即 $DE \cdot BF = AC^2$.

7. 如图 D6.5 所示,连接 OP、OK、OB.

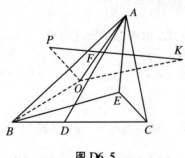

图 D6.5

因 OP 垂直平分 AB,故 $\angle AOP = \angle ACD$.

由 $OP \perp AB$,$AE \perp PK$ 得

$$\angle OPF = \angle EAB = \angle DAC.$$

所以 $\triangle POF \sim \triangle ACD$,因此 $\dfrac{PF}{AD} = \dfrac{OF}{DC}$.

同理,$\dfrac{FK}{AD} = \dfrac{OF}{BD}$.

以上两式相除得 $\dfrac{PF}{FK} = \dfrac{BD}{DC}$.

8. 连接线段,如图 D6.6 所示.

因 $KA = KP$,OP 是线段 AB 的中垂线,故

$$\angle AKP = 2\angle AOP = \angle AOB,$$

从而等腰△KAP∽等腰△OAB,所以∠KAP=∠OAB.

故等腰△PAD∽等腰△OAB.于是

$$\angle ABD = \frac{1}{2}\angle APD = \frac{1}{2}\angle AOB = \angle ACB.$$

因此 $AB^2 = AC \cdot AD$.

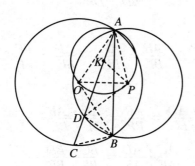

图 D6.6

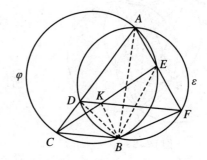

图 D6.7

9. **证法1** 如图 D6.7 所示,连接 AB、BD、BE、BK. 因

$$\frac{CK}{CD} = \frac{\sin\angle ADF}{\sin\angle CKD}, \quad \frac{FK}{EF} = \frac{\sin\angle AEC}{\sin\angle EKF},$$

故

$$\frac{CK}{FK} \cdot \frac{EF}{CD} = \frac{\sin\angle ADF}{\sin\angle AEC} = \frac{\sin\angle ABF}{\sin\angle ABC}. \quad ①$$

因

$$\frac{AC}{AB} = \frac{\sin\angle ABC}{\sin\angle ACB}, \quad \frac{AF}{AB} = \frac{\sin\angle ABF}{\sin\angle AFB} = \frac{\sin\angle ABF}{\sin\angle BDC},$$

故

$$\frac{AC}{AF} = \frac{\sin\angle ABC}{\sin\angle ABF} \cdot \frac{\sin\angle BDC}{\sin\angle ACB} = \frac{\sin\angle ABC}{\sin\angle ABF} \cdot \frac{BC}{BD}. \quad ②$$

因 $\angle BDC = \angle BFE$, $\angle BCD = \angle BEF$, 故 △BCD∽△BEF, 从而

$$\frac{CD}{EF} = \frac{BD}{BF}. \quad ③$$

①×②×③ 得 $\dfrac{AC}{AF} \cdot \dfrac{CK}{FK} = \dfrac{BC}{BF}$.

证法2 如图 D6.7 所示,连接 AB、BD、BE、BK.

因 $\angle BFK = \angle BAD = \angle BEK$, 故 B、F、E、K 四点共圆 (B 是完全四边形 $ADCKFE$ 的密克尔点), 从而 $\angle CKB = \angle AFB$.

又 $\angle BCK = \angle BAF$, 所以 △CBK∽△ABF, 故 $\dfrac{CK}{AF} = \dfrac{BC}{AB}$.

同理, $\dfrac{FK}{AC} = \dfrac{BF}{AB}$.

以上两式相除得 $\dfrac{AC}{AF} \cdot \dfrac{CK}{FK} = \dfrac{BC}{BF}$.

10. 如图 D6.8 所示，由根心定理知 AB、CD、EF 三线共点（可能是无穷远点），记所共点为 P.

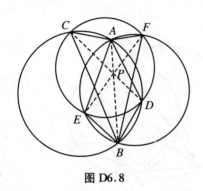

图 D6.8

因 $\triangle ACP \sim \triangle DBP$，故 $\dfrac{AC}{BD} = \dfrac{AP}{DP}$.

同理，得

$$\dfrac{AD}{BC} = \dfrac{DP}{BP}, \quad \dfrac{AE}{BF} = \dfrac{AP}{PF}, \quad \dfrac{AF}{BE} = \dfrac{PF}{BP}.$$

所以

$$\dfrac{AC \cdot AD}{BD \cdot BC} = \dfrac{AP}{BP} = \dfrac{AE \cdot AF}{BF \cdot BE}$$

$$\Rightarrow \dfrac{AC \cdot AD}{AE \cdot AF} = \dfrac{BC \cdot BD}{BE \cdot BF}.$$

11. 如图 D6.9 所示，连接 BF、CF、BD、CD.

因 $\angle ADB = \angle ACE$，$\angle BAD = \angle CAE$，故 $\triangle ABD \sim \triangle AEC$，所以

$$\dfrac{AD}{AC} = \dfrac{BD}{CE}. \qquad ①$$

类似地，

$$\dfrac{AD}{AB} = \dfrac{CD}{BE}. \qquad ②$$

① ÷ ② 得

$$\dfrac{AB}{AC} = \dfrac{BD}{CD} \cdot \dfrac{BE}{CE}. \qquad ③$$

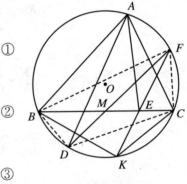

图 D6.9

又

$$\dfrac{BE}{CE} = \dfrac{S_{\triangle BFK}}{S_{\triangle CFK}} = \dfrac{KB \cdot BF}{KC \cdot CF}, \qquad ④$$

$$BM = CM \Rightarrow S_{\triangle BDF} = S_{\triangle CDF} \Rightarrow BD \cdot BF = CD \cdot CF$$

$$\Rightarrow \dfrac{BD}{CD} = \dfrac{CF}{BF}, \qquad ⑤$$

把式④和式⑤代入式③得

$$\dfrac{AB}{AC} = \dfrac{KB}{KC}.$$

12. 如图 D6.10 所示，连接 BK、CK、VE、VF、EK、FK，延长 FK 至点 L.

因 AD 平分 $\angle BAC$，且 AD 是圆 ε 的直径，故 $AE = AF$，VT 平分 $\angle EVF$，VP 平分 $\angle EVF$ 的外角，所以

$$\frac{TE}{TF} = \frac{VE}{VF} = \frac{PE}{PF}.$$

因 $\angle KBE = \angle KCF$，由 $\angle KEA = \angle KFA$ 有 $\angle KEB = \angle KFC$，故 $\triangle BEK \backsim \triangle CFK$，因此 $\frac{BE}{CF} = \frac{KE}{KF}$.

因为
$$\angle LKP = \angle AKF = \angle AEF = \angle AFE = \angle PKE,$$

所以 $\frac{KE}{KF} = \frac{PE}{PF}$. 故

$$\frac{BE}{CF} = \frac{KE}{KF} = \frac{PE}{PF} = \frac{TE}{TF}.$$

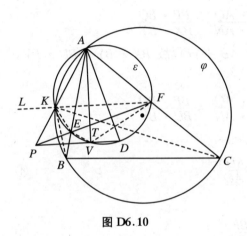

图 D6.10

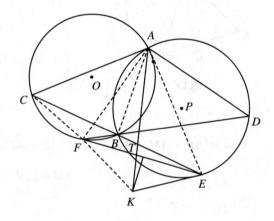

图 D6.11

13. 如图 D6.11 所示，连接 AB、AE、AF、FK、CF. 设 AK 与 EF 交于点 T.

因为 $\angle ACB = \angle AFB$，$\angle AEB = \angle ADB$，所以 $\triangle ACE \backsim \triangle AFD$，从而 $\angle CAE = \angle FAD$，结合 AK 平分 $\angle CAD$ 得 AK 平分 $\angle FAE$.

因点 K 在 EF 的中垂线上，故 $KE = KF$.

下面证明 $AE \neq AF$.

由 $\triangle ACE \backsim \triangle AFD$，得 $\frac{AC}{AF} = \frac{AE}{AD}$，即 $AC \cdot AD = AF \cdot AE$.

假设 $AE = AF$，因 $AC = AD$，故 $AC = AF = AE = AD$，于是
$$\angle ABC = \angle AFC = \angle ACF = \angle ABD，\angle ACB = \angle AEB = \angle ADB,$$

所以 $\triangle ABC \cong \triangle ABD$，从而 $\odot O$ 与 $\odot P$ 半径相等，与已知条件矛盾.

故 $AE \neq AF$. 于是 A、E、K、F 四点共圆.

因 $\angle FAT = \angle KAE$，$\angle AFT = \angle AKE$，故 $\triangle AFT \backsim \triangle AKE$，所以
$$AT \cdot AK = AF \cdot AE = AC \cdot AD = AC^2.$$

因为 $\angle KET = \angle KFE = \angle KAE$，所以 $EK^2 = KT \cdot AK$.

故 $EK^2 + AC^2 = KT \cdot AK + AT \cdot AK = AK^2$.

14.(1) 如图 D6.12 所示(图形画得不相同时,证明过程稍有变动),设直线 AP、AQ、BP、BQ 与圆 φ 的第二个交点分别为 M、N、U、V,直线 BU 与 MV 交于点 X,BQ 与 UN 交于点 Y.

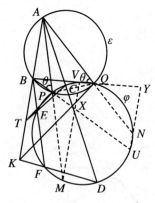

图 D6.12

因 $\angle PMV = \angle PQV = \angle PAB$,故 $MV \parallel AB$,因此

$$\frac{AP}{AM} = \frac{BP}{BX}. \qquad ①$$

因 $\angle QNY = \angle QPU = \angle BAQ$,故 $UV \parallel AB$,因此

$$\frac{AQ}{AN} = \frac{BQ}{BY}. \qquad ②$$

①×②得

$$\frac{AP \cdot AQ}{AM \cdot AN} = \frac{BP \cdot BQ}{BX \cdot BY}.$$

又 $XV \parallel UY$(都与 AB 平行),故 $BX \cdot BY = BU \cdot BV$,从而

$$\frac{AP \cdot AQ}{AM \cdot AN} = \frac{BP \cdot BQ}{BU \cdot BV}. \qquad ③$$

因为 $AP \cdot AM = AQ \cdot AN = AC \cdot AD$,所以

$$AM \cdot AN = \frac{(AC \cdot AD)^2}{AP \cdot AQ}. \qquad ④$$

同理,

$$BU \cdot BV = \frac{(BE \cdot BF)^2}{BP \cdot BQ}. \qquad ⑤$$

把式④、式⑤代入式③即可得 $\dfrac{AC \cdot AD}{AP \cdot AQ} = \dfrac{BE \cdot BF}{BP \cdot BQ}$.

(2) 如图 D6.12 所示(仅证明这种情况,其他情况证明类似),设 $\angle BPT = \alpha$,$\angle AQK = \beta$,$\angle APB = \angle AQB = \theta$.

因为

$$\frac{AT}{AC} \cdot \frac{AK}{AD} \cdot \frac{BE}{BT} \cdot \frac{BF}{BK} = \frac{\sin \angle ACT}{\sin \angle ATC} \cdot \frac{\sin \angle D}{\sin \angle AKD} \cdot \frac{\sin \angle BTE}{\sin \angle BET} \cdot \frac{\sin \angle BKF}{\sin \angle BFK} = 1,$$

所以

$$\frac{AT \cdot AK}{BT \cdot BK} = \frac{AC \cdot AD}{BE \cdot BF} = \frac{AP \cdot AQ}{BP \cdot BQ} \quad (\text{利用第}(1)\text{小题})$$

$$\Rightarrow \quad 1 = \frac{AT}{AP} \cdot \frac{BP}{BT} \cdot \frac{AK}{AQ} \cdot \frac{BQ}{BK}$$

$$= \frac{\sin(\alpha + \theta)}{\sin \angle BTP} \cdot \frac{\sin \angle BTP}{\sin \alpha} \cdot \frac{\sin \beta}{\sin \angle BKQ} \cdot \frac{\sin \angle BKQ}{\sin(\beta - \theta)}$$

$$\Rightarrow \quad \frac{\sin(\alpha+\theta)}{\sin\alpha} = \frac{\sin(\beta-\theta)}{\sin\beta}$$

$$\Rightarrow \quad \alpha + \beta = 180°,$$

即 $\angle BPT + \angle AQK = 180°$.

如图 D6.13 所示是 $\angle BPT = \angle AQK$ 的情况，证法类似.

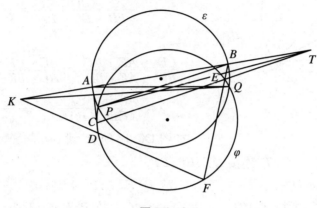

图 D6.13

15. 如图 D6.14 所示，设 BP、FQ 分别交 AC 于点 R、T，AM 与 FQ 交于点 V.

对 $\triangle FKT$ 及其截线 MVA，由梅涅劳斯定理得

$$\frac{FM}{MK} \cdot \frac{KA}{AT} \cdot \frac{TV}{VF} = 1.$$

对 $\triangle ABC$ 及其截线 FNK 得

$$\frac{CN}{NB} \cdot \frac{BF}{FA} \cdot \frac{AK}{KC} = 1.$$

因 $FT \parallel BP$，$DE \parallel BC$，故

$$\frac{TV}{VF} = \frac{RP}{PB} = \frac{RE}{EC},$$

$$\frac{BF}{FA} = \frac{RT}{TA}.$$

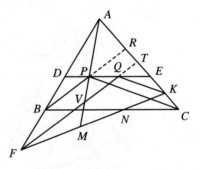

图 D6.14

要证 $\dfrac{FM}{MK} = \dfrac{CN}{NB}$，只要证明

$$\frac{KA}{AT} \cdot \frac{TV}{VF} = \frac{BF}{FA} \cdot \frac{AK}{KC} \Leftrightarrow \frac{KA}{AT} \cdot \frac{RE}{EC} = \frac{RT}{TA} \cdot \frac{AK}{KC}$$

$$\Leftrightarrow \frac{RE}{EC} = \frac{RT}{KC}.$$

因为 $QT \parallel PR$，$QK \parallel PC$，所以

$$\frac{RE}{RT} = \frac{PE}{PQ} = \frac{EC}{KC} \Rightarrow \frac{RE}{EC} = \frac{RT}{KC}.$$

证毕.

16. 如图 D6.15 所示,连接 BK、CK.

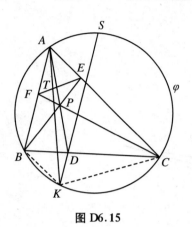

图 D6.15

因 S 为 $\overset{\frown}{BAC}$ 的中点,故 KD 平分 $\angle BKC$,因此
$$\frac{BD}{DC} = \frac{BK}{CK}.$$

对 $\triangle ABC$ 及点 P,由塞瓦定理得
$$\frac{AF}{FB} \cdot \frac{BD}{DC} \cdot \frac{CE}{EA} = 1.$$

因此
$$\frac{CE}{BF} = \frac{AE \cdot DC}{AF \cdot BD} = \frac{AE \cdot CK}{AF \cdot BK}$$
$$= \frac{AE\sin\angle CAK}{AF\sin\angle BAK} = \frac{S_{\triangle AET}}{S_{\triangle AFT}} = \frac{ET}{TF}.$$

17. 如图 D6.16 所示,设 AB 与 $\odot(BEF)$ 交于点 B、P,AC 与 $\odot(CDK)$ 交于点 C、T. 连接 DT、EP、PT.

因 $\angle DTE = \angle BKD = \angle CFE = \angle DPE$,故 D、E、T、P 四点共圆.

又因为 $DE \parallel BC$,所以 $\angle APT = \angle TED = \angle ACB$. 故 P、B、C、T 四点共圆.

于是 $AP \cdot AB = AT \cdot AC$,即点 A 对 $\odot(BEF)$ 与 $\odot(CDK)$ 的幂相等,从而点 A 在 $\odot(BEF)$ 与 $\odot(CDK)$ 的根轴上.

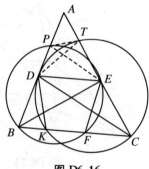

图 D6.16

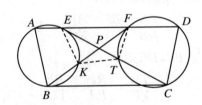

图 D6.17

18. 如图 D6.17 所示,设 BF 交 $\odot(ABE)$ 于点 B、K,CE 交 $\odot(CDF)$ 于点 C、T. 连接 EK、KT、TF.

因为 $ABCD$ 为等腰梯形,所以 $\angle EKF = \angle A = \angle D = \angle ETF$,从而 E、K、T、F 四点共圆.

故 $\angle FKT = \angle FET = \angle TCB$,因此 K、B、C、T 四点共圆.

所以 $PK \cdot PB = PT \cdot PC$. 这说明点 P 对 $\odot(ABE)$ 和 $\odot(CDF)$ 的幂相等. 于是点 P 在 $\odot(ABE)$ 与 $\odot(CDF)$ 的根轴上.

19. 如图 D6.18 所示,设直线 AD 与 BM 交于点 T,AE 与 BG 交于 V.

因 $AC \perp x$,$AE \perp y$,故点 C、E 在 $\odot(DF)$ 上.

因 $BG \perp x$,$BN \perp y$,故点 G、N 在 $\odot(HM)$ 上.

第6章 线段的比例式或乘积式

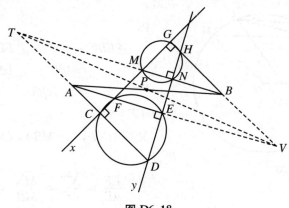

图 D6.18

因 $TD \perp x, TN \perp y$，故 C、D、N、M 四点共圆.

所以 $TC \cdot TD = TM \cdot TN$，即点 T 对 $\odot(DF)$ 和 $\odot(HM)$ 的幂相等，故点 T 在 $\odot(DF)$ 和 $\odot(HM)$ 的根轴上.

同理，点 V 在 $\odot(DF)$ 和 $\odot(HM)$ 的根轴上.

故直线 TV 为 $\odot(DF)$ 和 $\odot(HM)$ 的根轴.

因为 $AV \parallel BT$（都与 y 垂直），$AT \parallel BV$（都与 x 垂直），所以四边形 $ATBV$ 为平行四边形，从而 AB 的中点 P 也是线段 TV 的中点，即点 P 在 $\odot(DF)$ 和 $\odot(HM)$ 的根轴上.

20. 如图 D6.19 所示，连接 AE、BE、PE、KE.

因为 $\angle FDK = \angle EBA$，$\angle DFK = 180° - \angle MCN = \angle BEA$，所以 $\triangle DFK \sim \triangle BEA$，从而

$$\frac{FD}{BE} = \frac{DK}{AB}. \quad ①$$

因为 $\angle EDK = \angle EBP$，由 $\angle AKE = \angle APE$ 得 $\angle EKD = \angle EPB$，所以 $\triangle EDK \sim \triangle EBP$，从而

$$\frac{ED}{BE} = \frac{DK}{PB}. \quad ②$$

① $\div$ ② 得 $\dfrac{FD}{ED} = \dfrac{PB}{AB}$，即 $\dfrac{EF}{FD} = \dfrac{AP}{PB}$.

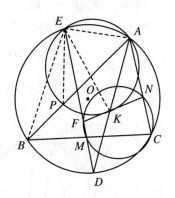

图 D6.19

21. 如图 D6.20 所示（图形不同时，证明类似），设直线 CA、CB 与 $\odot P$ 的第二个交点分别为 E、F，作 $\odot O$ 的直径 BM，与 $\odot P$ 交于点 B、T，作 $\odot P$ 的直径 BN，连接线段.

由切割线定理得 $CD^2 = CA \cdot CE$.

因为 $\triangle CEF \sim \triangle CBA$，所以 $\dfrac{CE}{CB} = \dfrac{EF}{AB}$.

故 $\dfrac{CD^2}{CA \cdot CB} = \dfrac{EF}{AB}$.

因 BM、BN 分别为 $\odot O$、$\odot P$ 的直径，故 $\angle MAB = 90° = \angle NAB$，从而 M、A、N 三点

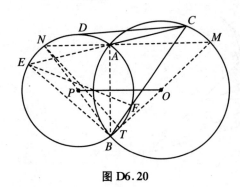

图 D6.20

共线.

因为
$$\angle EBF = 180° - \angle BEA - \angle BCA$$
$$= 180° - \angle BNA - \angle BMA$$
$$= \angle NBM,$$

所以 $EF = NT$.

又 $\triangle MNT \backsim \triangle MBA$, OP 为 $\triangle BMN$ 的中位线,故

$$\frac{EF}{AB} = \frac{NT}{AB} = \frac{MN}{MB} = \frac{OP}{OB} = \frac{d}{r},$$

所以 $\dfrac{CD^2}{CA \cdot CB} = \dfrac{d}{r}$.

22. 连接线段,如图 D6.21 所示.

在 Rt$\triangle ABD$ 中,因 F 为斜边 AB 的中点,故 $FB = FD$.

因 FE 为 $\triangle ABC$ 的中位线,故 $FE \parallel BC$.

所以 $\angle EFD = \angle FDB = \angle FBD$,因此 FE 为 $\odot(BDF)$ 的切线.

因 $\angle AFK = \angle BDK = \angle CEK$,故 A、F、K、E 四点共圆.

所以 $\angle KBF = \angle KFE = \angle KAE$.

同理,$\angle KAF = \angle KCE$.

故 $\triangle ABK \backsim \triangle CAK$. 因此

$$\frac{BK}{AK} = \frac{AK}{CK} = \frac{AB}{AC} \Rightarrow \frac{BK}{CK} = \left(\frac{AB}{AC}\right)^2.$$

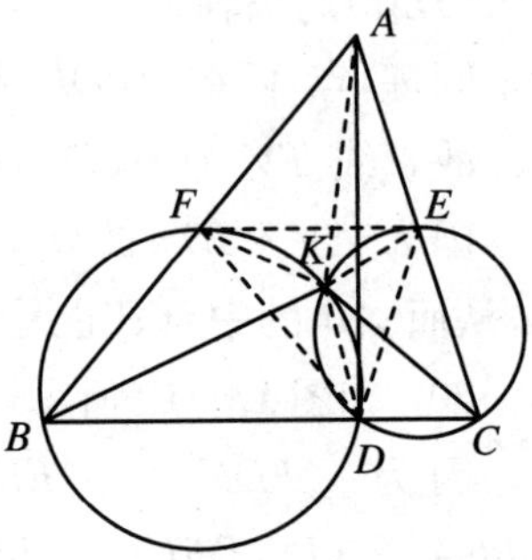

图 D6.21

23. 如图 D6.22 所示,连接 AE、BE、BD、CD、CK、CF.

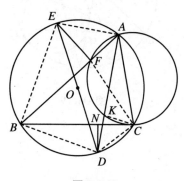

图 D6.22

因为 $\angle AKC = \angle AFC$,所以 $\angle DKC = \angle BFC$.

又因为 $\angle KDC = \angle FBC$,所以 $\triangle DKC \backsim \triangle BFC$. 从而

$$\frac{KD}{FB} = \frac{CD}{BC}. \qquad ①$$

因为 $\angle EBF = \angle EDA$,所以 Rt$\triangle BEF \backsim$ Rt$\triangle DEA$,故

$$\frac{FB}{AD} = \frac{BE}{DE}. \qquad ②$$

① $\times$ ② 得 $\dfrac{KD}{AD} = \dfrac{CD \cdot BE}{BC \cdot DE}.$

因 $\angle DCN = \angle DEB$,故 Rt$\triangle CND \backsim$ Rt$\triangle EBD$,所以

$$\frac{NC}{BE} = \frac{CD}{DE} \Rightarrow \frac{NC}{BC} = \frac{CD \cdot BE}{BC \cdot DE}.$$

故

$$\frac{KD}{AD} = \frac{NC}{BC} \Rightarrow \frac{AK}{KD} = \frac{BN}{NC}.$$

※24. 如图 D6.23 所示,设直线 FE 交 $\odot O$ 于点 M(不同于 F),直线 PM 交 $\odot O$ 于点 N(不同于 M),GN 交 FM 于点 E'.

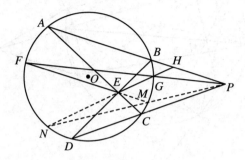

图 D6.23

因 A、B、C、D 四点共圆,故点 E 在点 P 关于 $\odot O$ 的极线上.

因 F、G、M、N 四点共圆,故点 E' 在点 P 关于 $\odot O$ 的极线上.

因点 E 与 E' 都在直线 FM 上,假设点 E 与 E' 不重合,则 FM 是点 P 关于 $\odot O$ 的极线. 从而 PF 是 $\odot O$ 的切线. 这与直线 PF 交 $\odot O$ 于不同两点 F、G 矛盾. 所以点 E' 与 E 重合, 即 G、E、N 三点共线.

因为 $EF \parallel AB$,所以 $\angle HPG = \angle GFM = \angle GNM$,于是
$$PH^2 = HG \cdot HN = HB \cdot HA.$$

25. 连接线段,如图 D6.24 所示.

因 $FG \parallel BD$,故 $BG = DF$,$DG = BF$.

因 $FH \parallel AC$,故 $CH = AF$,$AH = CF$.

因为
$$\frac{BM}{DM} = \frac{S_{\triangle BEG}}{S_{\triangle DEG}} = \frac{BE \cdot BG}{DE \cdot DG} = \frac{BE \cdot DF}{DE \cdot BF},$$

$$\frac{CN}{AN} = \frac{S_{\triangle CEH}}{S_{\triangle AEH}} = \frac{CE \cdot CH}{AE \cdot AH} = \frac{CE \cdot AF}{AE \cdot CF},$$

要证 $\dfrac{BM}{DM} = \dfrac{CN}{AN}$,只要证

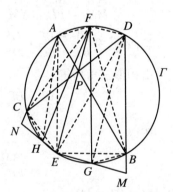

图 D6.24

$$\frac{BE \cdot DF}{DE \cdot BF} = \frac{CE \cdot AF}{AE \cdot CF}$$

$$\Leftrightarrow \frac{BE}{AF} \cdot \frac{DF}{CE} \cdot \frac{AE}{BF} \cdot \frac{CF}{DE} = 1$$

$$\Leftrightarrow \frac{PB}{PF} \cdot \frac{PF}{PC} \cdot \frac{PE}{PB} \cdot \frac{PC}{PE} = 1.$$

证毕.

26. 设直线 FM 分别交 AG、GC 于点 L、X,连接线段,如图 D6.25 所示.

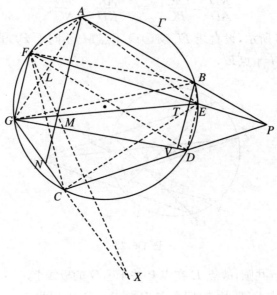

图 D6.25

因 $AM \parallel FG$,故
$$\frac{AM}{FG} = \frac{ML}{FL}, \quad \frac{MN}{FG} = \frac{XM}{XF}.$$

所以
$$\frac{AM}{MN} = \frac{ML}{FL} \cdot \frac{XF}{XM} = \frac{GM\sin\angle MGL}{GF\sin\angle FGL} \cdot \frac{GF\sin\angle FGC}{GM\sin\angle MGC} = \frac{AE}{AF} \cdot \frac{CF}{CE}.$$

类似地,有 $\dfrac{TV}{BT} = \dfrac{BF}{BE} \cdot \dfrac{DE}{DF}$.

由相似三角形得
$$\frac{AE}{BF} \cdot \frac{BE}{AF} \cdot \frac{CF}{DE} \cdot \frac{DF}{CE} = \frac{PE}{PB} \cdot \frac{PB}{PF} \cdot \frac{PF}{PD} \cdot \frac{PD}{PE} = 1.$$

所以
$$\frac{AM}{MN} = \frac{AE}{AF} \cdot \frac{CF}{CE} = \frac{BF}{BE} \cdot \frac{DE}{DF} = \frac{TV}{BT},$$

即 $AM \cdot BT = MN \cdot TV$.

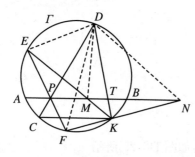

图 D6.26

27. 如图 D6.26 所示,连接 DE、DF、DM、DN.

因 $CK \parallel AB$,故
$$\angle DPM = \angle DCK = \angle DEM,$$
$$\angle PNF = \angle CKF = \angle CDF,$$

因此 P、E、D、M 四点共圆,P、N、D、F 四点共圆.

所以
$$\angle DME = \angle DPE = \angle DNF,$$

因此 D、M、K、N 四点共圆. 故 $TN \cdot TM = TK \cdot TD =$

$TB \cdot TA$.

28. (1) 如图 D6.27 所示, 连接 CE、CF、DE、DF.

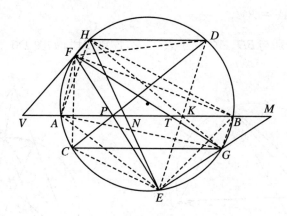

图 D6.27

因 $CG // AB$, 故

$$\angle GMT = \angle CGE = \angle CFE, \quad \angle GTM = \angle CGF = \angle CEF,$$

所以 $\triangle GMT \backsim \triangle CFE$, 因此 $\dfrac{GM}{GT} = \dfrac{CF}{CE}$.

因 $DH // AB$, 故 $\angle VNH = \angle EHD = \angle EFD$.

又因为 $\angle VHN = \angle FHE = \angle FDE$, 所以 $\triangle VHN \backsim \triangle EDF$, 因此 $\dfrac{HN}{HV} = \dfrac{DF}{DE}$.

故

$$\dfrac{GM \cdot HN}{GT \cdot HV} = \dfrac{CF \cdot DF}{CE \cdot DE} = \dfrac{S_{\triangle FCD}}{S_{\triangle ECD}} = \dfrac{PF}{PE}.$$

(2) 连接 GH, 交 AB 于点 K, 连接其他线段, 如图 D6.27 所示.

因 $CG // AB // DH$, 故 $AP = BK, AK = BP$.

因为

$$\dfrac{AN \cdot AT}{BN \cdot BT} = \dfrac{S_{\triangle AEH}}{S_{\triangle BEH}} \cdot \dfrac{S_{\triangle AFG}}{S_{\triangle BFG}}$$

$$= \dfrac{AE \cdot AH}{BE \cdot BH} \cdot \dfrac{AF \cdot AG}{BF \cdot BG} = \dfrac{AE \cdot AF}{BE \cdot BF} \cdot \dfrac{AH \cdot AG}{BH \cdot BG}$$

$$= \dfrac{S_{\triangle AEF}}{S_{\triangle BEF}} \cdot \dfrac{S_{\triangle AHG}}{S_{\triangle BHG}} = \dfrac{AP}{BP} \cdot \dfrac{AK}{BK} = 1,$$

所以 $\dfrac{AN}{BN} = \dfrac{BT}{AT}$, 因此 $AN = BT$.

(3) 因为

$$\dfrac{AV \cdot AM}{BV \cdot BM} = \dfrac{S_{\triangle AFH}}{S_{\triangle BFH}} \cdot \dfrac{S_{\triangle AEG}}{S_{\triangle BEG}}$$

$$= \dfrac{AF \cdot AH}{BF \cdot BH} \cdot \dfrac{AE \cdot AG}{BE \cdot BG} = \dfrac{AF \cdot AE}{BF \cdot BE} \cdot \dfrac{AH \cdot AG}{BH \cdot BG}$$

$$= \frac{S_{\triangle AFE}}{S_{\triangle BFE}} \cdot \frac{S_{\triangle AHG}}{S_{\triangle BHG}} = \frac{AP}{BP} \cdot \frac{AK}{BK} = 1,$$

所以 $\frac{AV}{BV} = \frac{BM}{AM}$,因此 $AV = BM$.

29. 设直线 EF 分别与 BD、AC 交于点 T、V,连接线段,如图 D6.28 所示.

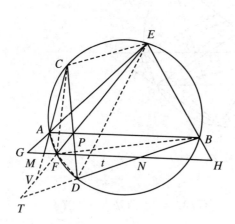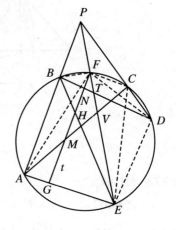

图 D6.28

考虑 $\triangle EFH$ 及其截线 TNB,$\triangle EFG$ 及其截线 VMA,由梅涅劳斯定理得

$$\frac{FN}{NH} \cdot \frac{HB}{BE} \cdot \frac{ET}{TF} = 1 = \frac{GM}{MF} \cdot \frac{FV}{VE} \cdot \frac{EA}{AG}.$$

因 $t \parallel AB$,故 $\frac{HB}{BE} = \frac{PF}{PE}$,$\frac{EA}{AG} = \frac{PE}{PF}$.

要证 $\frac{FN}{NH} = \frac{GM}{MF}$,只要证

$$\frac{PF}{PE} \cdot \frac{ET}{TF} = \frac{FV}{VE} \cdot \frac{PE}{PF}. \qquad ①$$

因为

$$\frac{PF}{PE} \cdot \frac{PF}{PE} = \frac{S_{\triangle FAB}}{S_{\triangle EAB}} \cdot \frac{S_{\triangle FCD}}{S_{\triangle ECD}}$$

$$= \frac{BF \cdot AF}{BE \cdot AE} \cdot \frac{CF \cdot DF}{CE \cdot DE} = \frac{BF \cdot DF}{BE \cdot DE} \cdot \frac{AF \cdot CF}{AE \cdot CE}$$

$$= \frac{S_{\triangle FBD}}{S_{\triangle EBD}} \cdot \frac{S_{\triangle FAC}}{S_{\triangle EAC}} = \frac{TF}{ET} \cdot \frac{FV}{VE},$$

即式①成立. 证毕.

30. 设 $\triangle ABC$ 为锐角三角形,点 P 在 $\triangle ABC$ 外面(其他情况证明类似). 作 $\odot O$ 的直径 AY,连接线段,如图 D6.29 所示.

首先证明 F、P、Y 三点共线.

因 $\angle DBF = \angle ECF$,$\angle ABY = 90° = \angle ACY$,故

$$\angle FBY = \angle FCY.$$

又因为
$$\angle PBY = \angle YBC - \angle PBC$$
$$= \angle YBC - \left(90° - \frac{1}{2}\angle BPC\right)$$
$$= 90° - \angle ABC - 90° + \angle ADC$$
$$= \angle ADC - \angle DBC$$
$$= \angle FCB,$$

同理,$\angle PCY = \angle FBC$,所以

$F \mathrel{、} P \mathrel{、} Y$ 三点共线 $\Leftrightarrow \dfrac{S_{\triangle BFY}}{S_{\triangle CFY}} = \dfrac{S_{\triangle BPY}}{S_{\triangle CPY}}$

$\Leftrightarrow \dfrac{BF \cdot BY}{CF \cdot CY} = \dfrac{BY\sin\angle PBY}{CY\sin\angle PCY}$

$\Leftrightarrow \dfrac{BF}{CF} = \dfrac{\sin\angle FCB}{\sin\angle FBC}.$

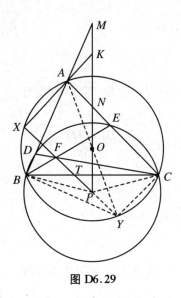

图 D6.29

对 $\triangle FBC$,由正弦定理知这是成立的.

因直线 PO 是 BC 的中垂线,故

$\angle YBC = 90° - \angle ABC = \angle M$, $\angle YCB = 90° - \angle ACB = \angle ANM$,

所以 $\triangle YBC \sim \triangle AMN$.

又 $\angle BYT = \angle BYX = \angle BAX = \angle MAK$,所以点 $T \mathrel{、} K$ 为上述相似三角形的对应点.故 $\dfrac{BT}{TC} = \dfrac{MK}{KN}.$

31. 设 $\odot I$ 分别与边 $CA \mathrel{、} AB$ 切于点 $E \mathrel{、} F$. 连接线段,如图 D6.30 所示.

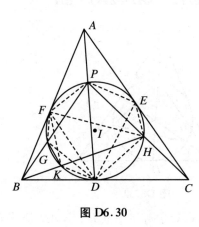

图 D6.30

因 $\triangle CDH \sim \triangle CPD$,$\triangle CEH \sim \triangle CPE$,故

$$\dfrac{DH}{DP} = \dfrac{CD}{CP} = \dfrac{CE}{CP} = \dfrac{EH}{PE}$$

$$\Rightarrow DH \cdot PE = DP \cdot EH.$$

所以

$$PH \cdot DE = DH \cdot PE + DP \cdot EH = 2DH \cdot PE,$$

即 $\dfrac{PH}{DH} = \dfrac{2PE}{DE}.$

同理,$\dfrac{PG}{DG} = \dfrac{2PF}{DF}$,$\dfrac{PE}{DE} = \dfrac{PF}{DF}.$

所以 $\dfrac{PH}{DH} = \dfrac{PG}{DG}.$

由 $\triangle BGD \sim \triangle BDP$ 得 $BG = \dfrac{DG \cdot BD}{PD}.$

由 $\triangle BHD \sim \triangle BDK$ 得 $BH = \dfrac{DH \cdot BD}{DK}.$

因 $\triangle BGK \sim \triangle BHP$,故

$$\frac{GK}{PH} = \frac{BG}{BH} = \frac{DG \cdot BD}{PD} \cdot \frac{DK}{DH \cdot BD}$$
$$= \frac{DG}{DH} \cdot \frac{DK}{PD} = \frac{PG}{PH} \cdot \frac{DK}{PD}.$$

在四边形 $DKFH$ 中,有
$$DF \cdot HK = DK \cdot FH + FK \cdot DH = 2DK \cdot FH,$$

因此 $DK = \dfrac{DF \cdot HK}{2FH}$. 所以

$$GK = \frac{PG \cdot DK}{PD} = \frac{PG \cdot DF \cdot HK}{2FH \cdot PD},$$

即

$$PG \cdot HK = \frac{2FH \cdot PD}{DF} \cdot GK. \qquad ①$$

在四边形 $PDHE$ 中,$PH \cdot DE = 2PE \cdot DH$.

在四边形 $PEDF$ 中,$\dfrac{PE}{DE} = \dfrac{PF}{DF}$.

以上两式相乘得 $PH \cdot DF = 2DH \cdot PF$. 所以

$$FH \cdot PD = PH \cdot DF + DH \cdot PF = \frac{3}{2}PH \cdot DF. \qquad ②$$

将式②代入式①得 $PG \cdot HK = 3PH \cdot GK$.

注 这类问题很多,例如下面两题.

(1) 如图 D6.31 所示,△ABC 的内切圆⊙I 与边 BC、CA 分别切于点 D、E,AD 交⊙I 于点 D、P,BP 交⊙I 于点 P、G,CP 交⊙I 于点 P、H. 求证:$PE \cdot GH = 2PG \cdot EH$.

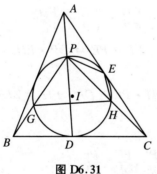

图 D6.31

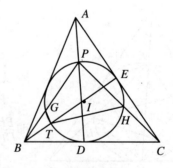

图 D6.32

(2) 如图 D6.32 所示,△ABC 的内切圆⊙I 与边 BC、CA 分别切于点 D、E,AD 交⊙I 于点 D、P,BP 交⊙I 于点 P、G,CP 交⊙I 于点 P、H,BE 交⊙I 于点 E、T. 求证:$PG \cdot TH = 5PH \cdot TG$.

32. 如图 D6.33 所示,因 BC 为 AA' 的中垂线,故⊙(ADA') 的圆心 P 在直线 BC 上,设直线 BC 交⊙(ADA') 于点 D、N,连接 AN、AP、PF、FB、BA',作 $BK \perp BC$,交 CF 于点 K.

因 $\angle DAN = 90°$,AD 平分 $\angle BAC$,故 AN 是 $\angle BAC$ 的外角平分线. 所以

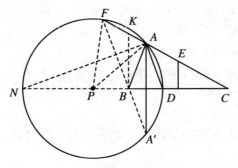

图 D6.33

$$\frac{BD}{CD} = \frac{AB}{AC} = \frac{BN}{CN},$$

即

$$\frac{CB-CD}{CD} = \frac{CN-CB}{CN} \Rightarrow CB \cdot CN - CD \cdot CN = CD \cdot CN - CD \cdot CB$$

$$\Rightarrow 2CD \cdot CN = CB(CN+CD) = 2CB \cdot CP.$$

所以 $CB \cdot CP = CD \cdot CN = CA \cdot CF$，因此 P、B、A、F 四点共圆.

又 $PA = PF$，故

$$\angle FBP = \angle FAP = \angle AFP = \angle ABD = \angle A'BD,$$

故 F、B、A' 三点共线，且 BC 是 $\angle ABF$ 的外角平分线.

因 $BK \perp BC$，故 BK 是 $\angle ABF$ 的平分线. 所以

$$\frac{AC}{CF} = \frac{AB}{BF} = \frac{AK}{KF}.$$

因为 BC 的中垂线交 AC 于点 E，$BK \perp BC$，所以 $CE = EK$. 故

$$\frac{CE+EA}{CE+EF} = \frac{EK-EA}{EF-EK} = \frac{CE-EA}{EF-CE},$$

因此 $CE^2 = EA \cdot EF$.

33. 如图 D6.34 所示，设直线 AI 与 $\odot(IBC)$ 的第二个交点为 J，连接 BI、CJ，则 J 为 $\triangle ABC$ 的一个旁心.

因为

$$\angle ABI = \angle IBC = \angle AJC, \quad \angle BAI = \angle JAC,$$

故 $\triangle ABI \backsim \triangle AJC$，所以

$$AB \cdot AC = AI \cdot AJ = AE \cdot AF.$$

因 $\triangle AME \backsim \triangle ADB$，故 $\dfrac{EM}{BD} = \dfrac{AE}{AB}$.

因 $\triangle AFT \backsim \triangle ABD$，故 $\dfrac{FT}{BD} = \dfrac{AF}{AB}$.

所以 $\dfrac{EM \cdot FT}{BD^2} = \dfrac{AE \cdot AF}{AB^2}$.

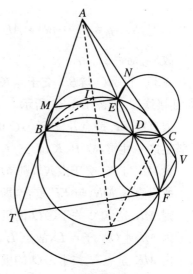

图 D6.34

同理，$\dfrac{EN \cdot FV}{CD^2} = \dfrac{AE \cdot AF}{AC^2}$.

所以
$$\dfrac{EM \cdot EN \cdot FT \cdot FV}{BD^2 \cdot CD^2} = \left(\dfrac{AE \cdot AF}{AB \cdot AC}\right)^2 = 1.$$

故
$$EM \cdot EN \cdot FT \cdot FV = (BD \cdot CD)^2 = (ED \cdot FD)^2,$$

即 $\dfrac{ED^2}{EM \cdot EN} = \dfrac{FT \cdot FV}{FD^2}$.

34. 如图 D6.35 所示，设直线 BE 与 CD 交于点 M，CE 与 AD 交于点 N，连接 AC、BC、AE、BD，设圆 Γ 的半径为 R.

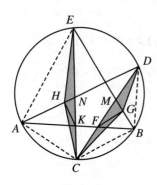

图 D6.35

因点 C 为 $\overset{\frown}{AB}$ 的中点，故 $AC = BC$，且
$$\angle FMG \overset{m}{=\!=\!=} \dfrac{1}{2}(\overset{\frown}{DE} + \overset{\frown}{BC}) = \dfrac{1}{2}(\overset{\frown}{DE} + \overset{\frown}{AC}) \overset{m}{=\!=\!=} \angle KNH,$$

（或者 $\angle FMG \overset{m}{=\!=\!=} \dfrac{1}{2}(\overset{\frown}{DE} - \overset{\frown}{BC}) = \dfrac{1}{2}(\overset{\frown}{DE} - \overset{\frown}{AC}) \overset{m}{=\!=\!=} \angle KNH$）

从而 $\angle GFM = \angle HKN$.

因 $\angle CBF = \angle CDB$，故 $\triangle CBF \sim \triangle CDB$，从而
$$BF = \dfrac{BD \cdot BC}{CD}.$$

$$FG = BF\sin\angle ABE = \dfrac{BD \cdot BC}{CD} \cdot \dfrac{AE}{2R}.$$

所以
$$S_{\triangle CDG} = \dfrac{1}{2}CD \cdot FG\sin\angle GFM$$
$$= \dfrac{1}{4R} \cdot BD \cdot AE \cdot BC\sin\angle GFM.$$

同理，$S_{\triangle CEH} = \dfrac{1}{4R} \cdot BD \cdot AE \cdot AC\sin\angle HKN$.

故 $S_{\triangle CDG} = S_{\triangle CEH}$.

※35. 设 AC 与 BD 交于点 K，直线 MC 与 $\odot O$ 交于点 C、S，直线 MK 交 $\odot O$ 于点 T、V. 连接线段，如图 D6.36 所示.

因直线 EF 是点 K 关于 $\odot O$ 的极线，故点 T、V 调和分割 MK. 因线段 AC 上有唯一一点 K 满足这一性质，故 P、K、S 三点共线.

设 AS 与 PC 交于点 N'，则 MN' 是点 K 关于 $\odot O$ 的极线.

所以直线 MN' 与 EF 重合，即点 N' 与 N 重合.

因 MK 是点 N 关于 $\odot O$ 的极线，故 $MK \perp ON$.

因 $ML \perp ON$ 于点 L，故点 L 在直线 MK 上.

由 MK 是点 N 关于 $\odot O$ 的极线得 NT 与 $\odot O$ 切于点 T，$\angle OTN = 90°$.

在 Rt△OTN 中，因 $TL \perp ON$，故
$$OL \cdot ON = OT^2 = r^2.$$

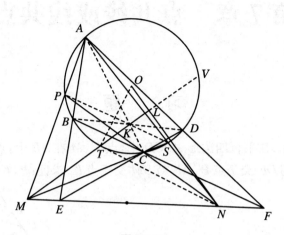

图 D6.36

第7章 点共线或线共点

习　题

1. 如图 T7.1 所示,在平行四边形 $ABCD$ 中,点 E、M 在 AB 上,点 F、N 在 BC 上,使得 $EF \parallel AC \parallel MN$,$AN$ 与 DE 交于点 P,AF 与 DM 交于点 K. 求证:P、K、C 三点共线.

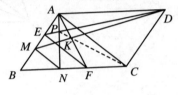

图 T7.1

2. 如图 T7.2 所示,在 $\triangle ABC$ 中,点 D、E 分别在边 AB、AC 上,$\odot(ABC)$ 与 $\odot(ADE)$ 交于点 A、F,点 M、N 分别在线段 BC、DE 上,$\odot(BMF)$ 与 $\odot(DNF)$ 交于点 F、P. 求证:M、N、P 三点共线.

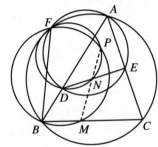

图 T7.2

3. 如图 T7.3 所示,凸四边形 $ABCD$ 内接于圆,点 E 在不含 B 的 $\overset{\frown}{AD}$ 上,且 $BE = CE$,点 F 在四边形 $ABCD$ 内,使得 $\angle FBC = \angle EBA$,$\angle FCB = \angle ECD$,对角线 BD 与 AC 相交于点 P. 求证:E、P、F 三点共线.

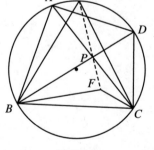

图 T7.3

4. 如图 T7.4 所示,在△ABC 中,点 D 在 AB 上,⊙(ACD) 与直线 BC 交于点 C、E,点 F 在 AC 上,⊙(ADF) 与 ⊙(BDE) 交于点 D、N.求证:B、N、F 三点共线.

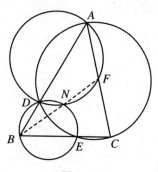

图 T7.4

5. 如图 T7.5 所示,⊙O 与 ⊙P 相交于点 A、B,⊙O 的弦 AC 交 ⊙P 于点 D,⊙P 的弦 AF 交 ⊙O 于点 E,且 AC、AF 关于 ∠OAP 的平分线对称.求证:CE、FD、AB 三线共点或互相平行.

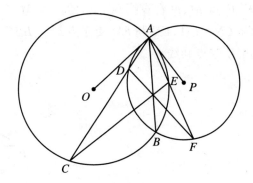

图 T7.5

6. 如图 T7.6 所示,点 D 在△ABC 内,作 DE∥AB,交 BC 于点 E;DF∥AC,交 BC 于点 F.⊙(BDF) 与 ⊙(CDE) 交于点 D、K.求证:A、D、K 三点共线.

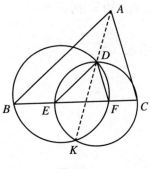

图 T7.6

7. 如图 T7.7 所示，P 为 $\triangle ABC$ 内一点，P 在边 BC、CA、AB 上的射影分别为 D、E、F，过 D、E、F 三点的 $\odot O$ 还分别交 CA、AB 于 M、N，直线 FM 与 EN 交于点 K．求证：P、O、K 三点共线．

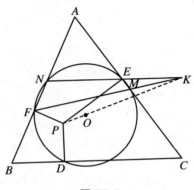

图 T7.7

8. 如图 T7.8 所示，在 $\triangle ABC$ 中，$AB > AC$，内切圆 $\odot I$ 与 BC、CA、AB 分别切于点 D、E、F．点 M、N 在直线 BC 上，使得点 M、C 在点 B 的同侧，$BM = BA$，点 N、B 在点 C 的同侧，$CN = CA$，EN 与 FM 交于点 P．$\angle BAC$ 的外角平分线与 BC 的延长线交于点 K．求证：I、P、K 三点共线．

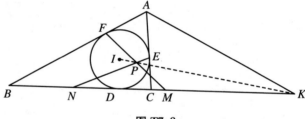

图 T7.8

9. 如图 T7.9 所示，$\odot O$ 与 $\odot P$ 相交于点 A、B，CD、EF 是 $\odot O$ 与 $\odot P$ 的两条外公切线，点 C、E 是 $\odot O$ 上的切点，D、F 是 $\odot P$ 上的切点，过 A 的一条直线与 $\odot O$、$\odot P$ 的第二个交点分别为 G、H．直线 GC 与 HD 交于点 M，GE 与 HF 交于点 N．求证：M、B、N 三点共线，且 $MB = BN$．

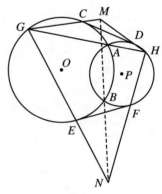

图 T7.9

10. 如图 T7.10 所示,已知在 △ABC 中,垂心为 H,外心为 O,H 关于 O 的对称点为 K,直线 AK 与 BC 交于点 D,DE⊥AC 于点 E,DF⊥AB 于点 F. 求证:AD、BE、CF 三线共点或互相平行.

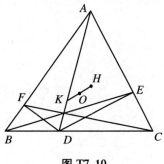

图 T7.10

11. 如图 T7.11 所示,四边形 ABCD 内接于圆 φ,AD 与 BC 不平行,P 为 $\overset{\frown}{BC}$(不含 A、D)的中点,AP、DP 分别交 BC 于点 E、F. 作 EG∥CD,交直线 AB 于点 G;FH∥AB,交直线 CD 于点 H. 求证:AD、GH、BC 三线共点.

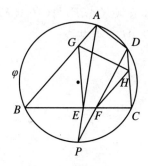

图 T7.11

12. 如图 T7.12 所示,点 P 在 △ABC 内,点 P 在 BC、CA、AB 上的射影分别为 D、E、F,DP、EP、FP 与 ⊙(DEF) 的第二个交点分别为 M、N、L. 求证:AM、BN、CL 三线共点或互相平行.

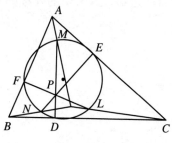

图 T7.12

13. 如图 T7.13 所示，在 △ABC 中，AB≠AC，点 D、E、F 分别在边 BC、CA、AB 上，AE = AF，AD、BE、CF 三线共点于 P，DT⊥EF 于点 T，△ABC 的外接圆 φ 与 △AEF 的外接圆 ε 相交于点 A、K，直线 AT 交圆 φ 于点 A、V，圆 φ 过 B、C 的切线相交于点 X．求证：K、V、X 三点共线．

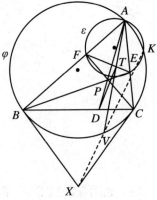

图 T7.13

14. 如图 T7.14 所示，△ABC 的外心为 O，点 K、F 分别在 AB、AC 上，P 为 ⊙(AKF) 的圆心，⊙(ABF) 与 ⊙(ACK) 交于点 A、T，点 M 为 BC 的中点．求证：A、M、T 三点共线 ⇔ P、O、M 三点共线．

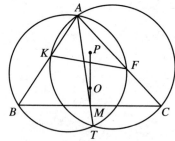

图 T7.14

15. 如图 T7.15 所示，已知在 △ABC 中，AB≠AC，点 E、F 都在 ∠BAC 的平分线上，使得 AE = BE，AF = CF，直线 BE 与 AC 交于点 M，CF 与 AB 交于点 N，点 D 使得 AMDN 为平行四边形．△CEM 的外接圆与 △ABC 的外接圆交于点 C、P．求证：B、D、P 三点共线．

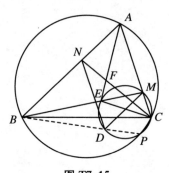

图 T7.15

16. 如图 T7.16 所示,已知在 △ABC 中,过点 B、C 的圆 Γ 分别交边 AB、AC 于点 D、E,BE 与 CD 交于点 F.圆 Γ 的 $\overarc{BC}$(不含点 D、E)的中点为 P.PD、PE 分别交 BC 于点 M、N.直线 AB 交 ⊙(BMP) 于点 B、K,直线 AC 交 ⊙(CNP) 于点 C、T.直线 KM 与 TN 交于点 V.求证:A、F、V 三点共线.

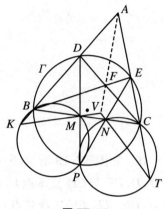

图 T7.16

17. 如图 T7.17 所示,在 △ABC 中,点 D、E 分别在 AC、BC 上,且 DE∥AB.过点 E 作 BC 的垂线,交 △BCD 的外接圆 φ 的 $\overarc{BC}$(不含点 D)于点 F,AF 交圆 φ 于点 F、K.以 AC 为直径的圆 ε 交线段 BD 于点 N,圆 ε 与圆 φ 交于点 C、V.线段 AN 与 BK 交于点 T.求证:C、T、V 三点共线.

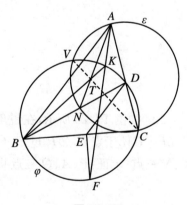

图 T7.17

18. 如图 T7.18 所示,已知在△ABC 中,延长 BC 至点 D,在射线 CA 上取点 E,使得 CD = CE,△CDE 的外接圆与以 BC 为直径的圆相交于点 C、F,直线 BF 交 AC 于点 M,交 DE 于点 K,CF 交 AB 于点 N,NM 交 BC 于点 P.求证:A、K、P 三点共线.

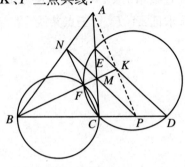

图 T7.18

19. 如图 T7.19 所示,⊙O 为△ABC 的外接圆,过点 B、C 的⊙P 还分别交 AB、AC 于点 D、E,BE 与 CD 交于点 F,⊙(PDE)与⊙(BCF)交于点 T、V(T、B 在直线 CD 的同侧).求证:DE、TF、PV 三线共点,记所共的点为 K,且点 K 在⊙O 上.

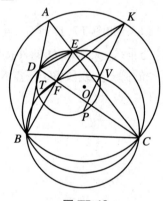

图 T7.19

20. 如图 T7.20 所示,在锐角△ABC 中,边 AB、AC 的中点分别为 M、N.BE⊥AC 于点 E,BF⊥CM 于点 F,⊙P 过 E、F、M 三点.CD⊥AB 于点 D,CK⊥BN 于点 K,⊙Q 过 D、K、N 三点.求证:P、A、Q 三点共线.

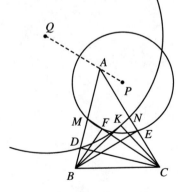

图 T7.20

21. 如图 T7.21 所示,在锐角 $\triangle ABC$ 中,$AB \neq AC$,$AD \perp BC$ 于点 D,$\odot P$ 过 B、C 两点,$\odot P$ 与 $\odot(ABD)$ 交于点 B、E,$\odot P$ 与 $\odot(ACD)$ 交于点 C、F. 直线 AP 与 BC 交于点 K. 求证:(1) D、K、E、F 四点共圆;(2) BF、CE、AP 三线共点.

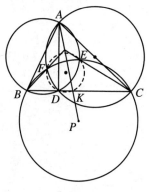

图 T7.21

22. 如图 T7.22 所示,在 $\triangle ABC$ 中,点 D、E、F 分别在边 BC、CA、AB 上,且 AD、BE、CF 三线共点于点 P. $\odot(AEF)$ 与 $\odot(ABC)$ 交于点 A、T. N 为 EF 的中点,直线 AN 交 $\odot(ABC)$ 于点 A、V. 求证:V、D、T 三点共线.

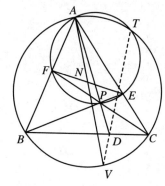

图 T7.22

23. 如图 T7.23 所示,在 $\triangle ABC$ 中,点 A_1、B_1 在边 AB 上,B_2、C_2 在边 BC 上,C_1、A_2 在 CA 上,使得 $AA_1 = AA_2 = BB_1 = BB_2 = CC_1 = CC_2$. 直线 B_1B_2 与 C_1C_2 交于点 D,C_1C_2、B_1B_2 分别与 A_1A_2 交于点 E、F. 求证:AD、BE、CF 三线共点.

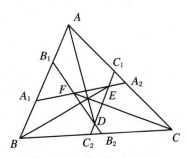

图 T7.23

24. 如图 T7.24 所示,在 △ABC 中,点 D、E、F 分别在边 BC、CA、AB 上,且 AD、BE、CF 三线共点,AE = AF.⊙(AEF) 与 ⊙(ABC) 交于点 A、N,⊙(ABC) 的 $\overparen{BC}$(不含 A)的中点为 M.求证:M、D、N 三点共线.

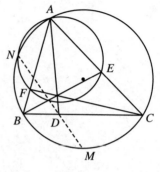

图 T7.24

25. 如图 T7.25 所示,在 △ABC 中,点 D、E、F 分别在边 BC、CA、AB 上,EF ∥ BC,△BDF 的外接圆 Γ_1 交 DE 于点 D、G,△CDE 的外接圆 Γ_2 交 DF 于点 D、H.圆 Γ_1 与圆 Γ_2 交于点 D、P,直线 EH 与 FG 交于点 K.求证:A、P、K 三点共线.

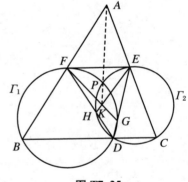

图 T7.25

26. 如图 T7.26 所示,在圆内接四边形 ABCD 中,对角线 AC、BD 的中点分别为 M、N,延长 AB、DC,交于点 E,延长 AD、BC,交于点 F,∠AED、∠AFB 的平分线交于点 K.求证:M、K、N 三点共线.

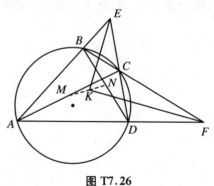

图 T7.26

27. 如图 T7.27 所示,PA 与 $\odot O$ 相切于点 A,AB 是 $\odot O$ 的弦,PB 交 $\odot O$ 于点 B、C,$PD \parallel AB$,PD 交 AC 的延长线于点 D,作 $OE \perp PD$ 于点 E,$\odot(CDE)$ 与 $\odot O$ 交于点 C、F,PF 交 $\odot(CDE)$ 于点 F、M,点 N 为 PA 的中点.求证:(1) PF 是 $\odot O$ 的切线;(2) D、M、N 三点共线.

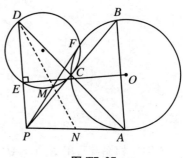

图 T7.27

28. 如图 T7.28 所示,点 P 在 $\odot O$ 的直径 AB 的延长线上.过 P 作一条直线,交 $\odot O$ 于点 C、D($PC<PD$).过 P 任作一直线,分别交 AC、BD 于点 E、F.作 $EM \perp AB$,交 BD 于点 M;$FN \perp AB$,交 AC 于点 N.求证:P、M、N 三点共线.

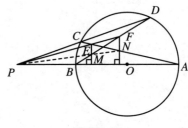

图 T7.28

29. 如图 T7.29 所示,在四边形 $ABCD$ 中,$\triangle ABC$、$\triangle ADC$ 的垂心分别为 H_1、H_2,直线 BH_1 与 AD 交于点 M,直线 DH_2 与 CB 交于点 N,MN 与 AC 交于点 P.求证:H_1、P、H_2 三点共线.

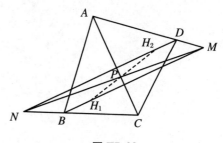

图 T7.29

30. 如图 T7.30 所示，延长 ⊙O 的直径 AB 至点 P，过点 P 作一直线，交 ⊙O 于点 C、D（PC<PD）.作 CE⊥AB 于点 E，DF⊥AB 于点 F，CF、DE 与 ⊙O 的第二个交点分别为点 M、N.求证：M、N、P 三点共线.

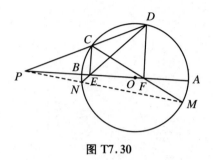

图 T7.30

※31. 如图 T7.31 所示，AB 为 ⊙O 的直径，延长 AB 至点 P，过 P 作一直线，交 ⊙O 于点 C、D（PC<PD），过点 P 作另一直线，交 ⊙O 于点 E、F（PE<PF，且点 C、E 位于 AB 的异侧），过 E、F 作 AB 的垂线，分别交 BD、AC 于点 M、N.求证：P、M、N 三点共线.

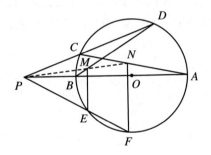

图 T7.31

32. 如图 T7.32 所示，在△ABC 中，AB≠AC，外接圆为⊙O，点 P 在 $\overparen{BC}$（不含 A）上，AP 与 BC 交于点 D.点 E、F 分别在 AB、AC 上，∠AEF = ∠ACB，⊙(AEF) 与 ⊙O 交于点 A、K，直线 KE、KF 与 ⊙O 的第二个交点分别为 M、N，直线 PM 与 AB 交于点 T，PN 与 AC 交于点 V.求证：T、D、V 三点共线.

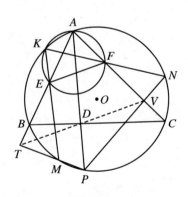

图 T7.32

33. 如图 T7.33 所示,在 △ABC 中,点 D 在 AB 上,⊙P 过 B、C、D 三点,点 E 在 ⊙P 上,直线 ED 与 CA 交于点 F. △CEF 的外心为 T,直线 PT 与 BC 交于点 K. 求证:(1) B、E、P、K 四点共圆;(2) ∠BAC = 90° ⇔ 点 T 在直线 BC 上.

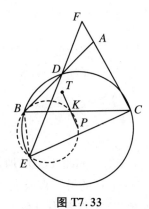

图 T7.33

34. 如图 T7.34 所示,△ABC 的顶点 A 在线段 DE 上,点 D、B 在直线 AC 的同侧,BE 与 CD 交于点 F. 作 DP ∥ BC,交直线 AB 于点 P;EK ∥ BC,交直线 AC 于点 K. 求证:F、P、K 三点共线.

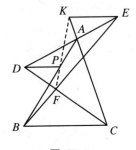

图 T7.34

35. 如图 T7.35 所示,在 △ABC 中,边 BC、CA、AB 的中点依次为 D、E、F,点 M、N 分别在线段 AF、FB 上,点 T、V 分别在线段 AE、EC 上,满足 $\dfrac{MF}{FN} = \dfrac{TE}{EV}$,ME 与 FT 交于点 X,FV 与 EN 交于点 Y. 求证:X、Y、D 三点共线.

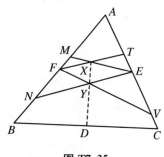

图 T7.35

36. 如图 T7.36 所示,点 D 在 $\triangle ABC$ 内,使得 $\angle ABD = \angle ACD$,点 E 在直线 BD 上,$AE = AB$,点 F 在直线 CD 上,$AF = AC$,BC、AD、EF 的中点依次为 M、N、L. 求证:M、N、L 三点共线.

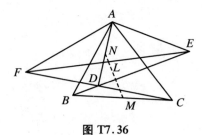

图 T7.36

※37. 如图 T7.37 所示,P 为 $\odot O$ 外一点,过 P 的一条直线交 $\odot O$ 于点 A、B($PA < PB$),过 P 的另一直线交 $\odot O$ 于点 D、C($PD < PC$),AC 与 BD 相交于点 E,$\angle AEB$ 的平分线交 PO 于点 F,作 $FG \perp AC$ 于点 G,$FH \perp BD$ 于点 H. 求证:P、G、H 三点共线.

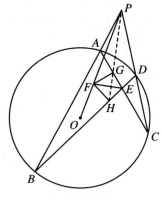

图 T7.37

※38. 如图 T7.38 所示,在 $\triangle ABC$ 中,AD 为 $\angle BAC$ 的平分线,$\triangle ABD$、$\triangle ACD$ 的内心分别为 X、Y,延长 BX、CY,分别交 $\triangle AXY$ 的外接圆 Γ 于点 E、F,直线 FX 与 EY 交于点 P. 过 A 作 AD 的垂线,交圆 Γ 于点 A、T. 求证:P、D、T 三点共线.

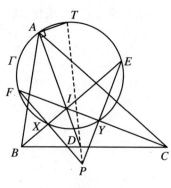

图 T7.38

※39. 如图 T7.39 所示，⊙O 中的弦 AC 与弦 BD 相交于点 E，直线 BA 与 CD 交于点 F，直线 BD 交⊙(ACF)于点 M、N(BN＜BM)，直线 CA 交⊙(BDF)于点 K、L(CL＜CK). ⊙(ACF)与⊙(BDF)相交于点 F、T，直线 ML 与 KN 相交于点 P. 求证：O、P、T 三点共线.

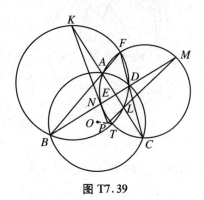

图 T7.39

解　析

1. 如图 D7.1 所示，作出辅助线.

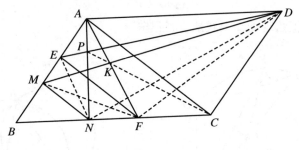

图 D7.1

因
$$S_{\triangle AED} = S_{\triangle AEC} = S_{\triangle AFC} = S_{\triangle CFD},$$
$$S_{\triangle AMD} = S_{\triangle AMC} = S_{\triangle ANC} = S_{\triangle CND},$$
$$MN \parallel EF \Rightarrow S_{\triangle BNE} = S_{\triangle BMF},$$

故
$$S_{\triangle NED} = S_{\square ABCD} - S_{\triangle AED} - S_{\triangle CND} - S_{\triangle BNE}$$
$$= S_{\square ABCD} - S_{\triangle CFD} - S_{\triangle AMD} - S_{\triangle BMF} = S_{\triangle FMD}.$$

所以
$$\frac{AP}{PN} \cdot \frac{NC}{CF} \cdot \frac{FK}{KA} = \frac{S_{\triangle AED}}{S_{\triangle NED}} \cdot \frac{S_{\triangle ANC}}{S_{\triangle AFC}} \cdot \frac{S_{\triangle FMD}}{S_{\triangle AMD}} = 1.$$

对△ANF，由梅涅劳斯定理的逆定理得 P、K、C 三点共线.

2. 连接线段,如图 D7.2 所示.

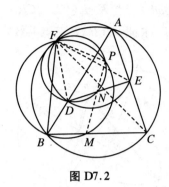

图 D7.2

因∠FDA=∠FEA,故∠BDF=∠CEF.

又∠FBD=∠FCE,故△BDF∽△CEF,所以∠BFD=∠CFE,因此∠DFE=∠BFC,且 $\dfrac{FD}{FE}=\dfrac{FB}{FC}$.

故△FDE∽△FBC,因此∠FDE=∠FBC.

所以
$$\angle FPN = 180°-\angle FDN = 180°-\angle FBC = \angle FPM.$$

故 M、N、P 三点共线.

3. 如图 D7.3 所示,设∠FBC=∠EBA=∠ECA=α,∠FCB=∠ECD=∠EBD=β.

因 BE=CE,故∠EBC=∠ECB,从而∠PBF=∠PCF.因此

E、P、F 三点共线 $\Leftrightarrow \dfrac{S_{\triangle BEP}}{S_{\triangle CEP}} = \dfrac{S_{\triangle BPF}}{S_{\triangle CPF}}$

$\Leftrightarrow \dfrac{BE\cdot BP\cdot \sin\beta}{CE\cdot CP\cdot \sin\alpha} = \dfrac{BP\cdot BF\cdot \sin\angle PBF}{CP\cdot CF\cdot \sin\angle PCF}$

$\Leftrightarrow \dfrac{\sin\beta}{\sin\alpha} = \dfrac{BF}{CF}$.

在△FBC 中,由正弦定理知上式成立.证毕.

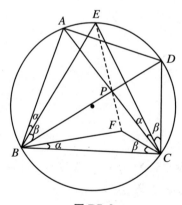

图 D7.3

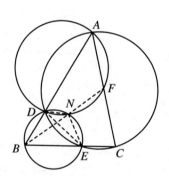

图 D7.4

4. 如图 D7.4 所示,连接 DE、DN、EN.

因∠CFN=∠ADN=∠BEN,故 C、E、N、F 四点共圆.

所以
$$\angle ENF = 180°-\angle ECF = \angle ADE.$$

故
$$\angle BNE + \angle ENF = \angle BDE + \angle ADE = 180°,$$

所以 B、N、F 三点共线.

5. 如图 D7.5 所示,连接 OC、PF.

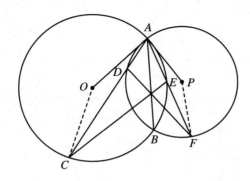

图 D7.5

因 $\angle OAC = \angle PAF$,故 $\angle AOC = \angle APF$,因此 $\angle CEF = \angle CDF$.

所以 C、D、E、F 四点共圆.

对 $\odot O$、$\odot P$、$\odot(CDEF)$,由根心(蒙日)定理得两两的根轴 CE、FD、AB 三线共点或互相平行.

6. 如图 D7.6 所示,设直线 AB 交 $\odot(BDF)$ 于点 B、M,AC 交 $\odot(CDE)$ 于点 C、N,连接 MD、DN.

因 $DE \parallel AB$,$DF \parallel AC$,故 $\angle EDF = \angle BAC$.

因为

$\angle MDF + \angle FDN$

$= \angle MDF + \angle EDN - \angle EDF$

$= (180° - \angle B) + (180° - \angle C) - \angle BAC$

$= 180°$,

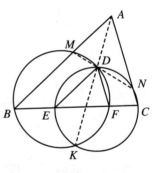

图 D7.6

所以 M、D、N 三点共线.

于是

$\angle AMN = \angle AMD = \angle DFB = \angle NCB$,

故 M、B、C、N 四点共圆.

从而 $AM \cdot AB = AN \cdot AC$,即点 A 对 $\odot(BDF)$ 和 $\odot(CDE)$ 的幂相等,故点 A 在两圆的根轴 DK 上.

所以 A、D、K 三点共线.

7. 如图 D7.7 所示,设 O 在 AB、AC 上的射影分别为 U、V,点 K 在 AB、AC 上的射影分别为 R、T.

则 U、V 分别为 FN、EM 的中点.

因 $\triangle KFN \sim \triangle KEM$,$KR$、$KT$ 是对应边上的高线,故

$$\frac{FU}{EV} = \frac{FN}{EM} = \frac{UR}{VT}.$$

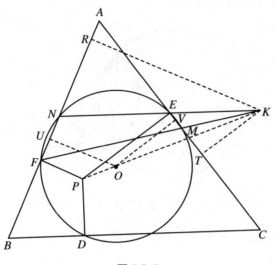

图 D7.7

又 $PF \parallel OU \parallel KR$,$PE \parallel OV \parallel KT$,所以 P、O、K 三点共线.

8. **证法 1** 如图 D7.8 所示,连接 AI、AD、ID.

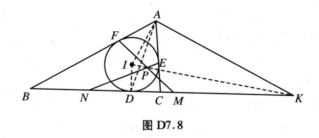

图 D7.8

因 $BM = BA$,$BF = BD$,故 $\triangle BMF \cong \triangle BAD$,因此 $\angle AFP = \angle ADM$.

同理,$\angle AEP = \angle ADN$.

所以
$$\angle AFP + \angle AEP = \angle ADM + \angle ADN = 180°,$$
因此 A、F、P、E 四点共圆.

因为 $IF \perp AB$,$IE \perp AC$,所以 A、F、I、E 四点共圆.

故 A、F、I、P、E 五点共圆.因此 $\angle AIP = \angle AFP = \angle ADM$.

因为 $ID \perp BC$,$IA \perp AK$,所以 A、I、D、K 四点共圆.

故 $\angle AIK = \angle ADM = \angle AIP$,因此 I、P、K 三点共线.

证法 2 如图 D7.9 所示,设直线 AP 与 BC 交于点 T,连接 AD、IF、IE、AM、AN.

同证法 1 得 A、F、I、P、E 五点共圆,AI 为直径,AK 为其切线.

因 $AE = AF$,故 AP 平分 $\angle EPF$,PT 平分 $\angle MPN$.

又 $\angle API = \angle AEI = 90°$,故 PI 平分 $\angle MPN$ 的外角.

因为 $MB = BA$,$BD = BF$,所以 $DM = AF$.

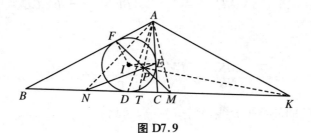

图 D7.9

同理，$DN = AE$.

所以 $DN = AE = AF = DM$.

又因 $ID \perp NM$，故 I、P、M、N 四点共圆.

因为 $BM = BA$，BI 平分 $\angle ABM$，所以 I 在 AM 的中垂线上.

同理，I 在 AN 的中垂线上.

所以 I 为 $\triangle AMN$ 的外心. 又 $AK \perp AI$，因此 AK 为 $\odot(AMN)$ 的切线. 故 $\odot(AFIPE)$ 与 $\odot(AMN)$ 内切于点 A，且 AK 是 $\odot(AFIPE)$ 与 $\odot(AMN)$ 的根轴.

又因为 IP 是 $\odot(AFIPE)$ 与 $\odot(IPMN)$ 的根轴，NM 是 $\odot(AMN)$ 与 $\odot(IPNM)$ 的根轴，由根心定理知 AK、IP、NM 三线共点，即 I、P、K 三点共线.

证法 3 如图 D7.10 所示，设直线 AP 与 BC 交于点 T，连接 AD、IF. 设直线 IP 与 BC 交于点 K'. 只要证明点 K' 与 K 重合即可.

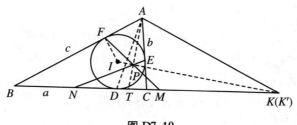

图 D7.10

因 $BM = BA$，$BF = BD$，故 $\triangle BMF \cong \triangle BAD$，因此 $\angle AFP = \angle ADM$.

同理，$\angle AEP = \angle ADN$. 所以
$$\angle AFP + \angle AEP = \angle ADM + \angle ADN = 180°,$$
因此 A、F、P、E 四点共圆.

因为 $IF \perp AF$，所以 $IP \perp AP$，即 $PK' \perp PT$.

因 $AE = AF$，故 AP 平分 $\angle EPF$，从而 PT 平分 $\angle NPM$.

所以 PK' 平分 $\angle NPM$ 的外角. 故 $\dfrac{MK'}{NK'} = \dfrac{TM}{TN}$.

由梅涅劳斯定理得
$$\frac{AP}{PT} \cdot \frac{TM}{MB} \cdot \frac{BF}{FA} = 1 = \frac{AP}{PT} \cdot \frac{TN}{NC} \cdot \frac{CE}{EA}.$$

因 $FA = EA$, $MB = AB = c$, $NC = AC = b$, $BF = p - b$, $CE = p - c$, 其中 $p = \frac{1}{2}(a + b + c)$, 故

$$\frac{MK'}{NK'} = \frac{TM}{TN} = \frac{c(p - c)}{b(p - b)}.$$

因 AK 是 $\angle BAC$ 的外角平分线, 故 $\frac{CK}{BK} = \frac{b}{c}$, 因此

$$BK = \frac{ac}{c - b}, \quad CK = \frac{ab}{c - b}.$$

所以

$$MK = BK - BM = \frac{ac}{c - b} - c = \frac{c(p - c)}{2(c - b)},$$

$$NK = CK + CN = \frac{ab}{c - b} + b = \frac{b(p - b)}{2(c - b)}.$$

从而

$$\frac{MK}{NK} = \frac{c(p - c)}{b(p - b)} = \frac{MK'}{NK'},$$

因此点 K' 与 K 重合.

故 I、P、K 三点共线.

9. 连接线段, 如图 D7.11 所示, 直线 AB 与 EF 交于点 K.

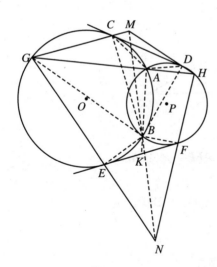

图 D7.11

因
$$\angle CBD + \angle CMD = \angle ABC + \angle ABD + \angle CMD$$
$$= \angle AGC + \angle AHD + \angle CMD$$
$$= \triangle MGH \text{ 的内角和} = 180°,$$

故 B、C、M、D 四点共圆.

因
$$\angle EBF + \angle ENF = \angle EBK + \angle FBK + \angle ENF$$
$$= \angle EGA + \angle FHA + \angle ENF$$
$$= \triangle NGH \text{ 的内角和} = 180°,$$

故 B、E、N、F 四点共圆.

由对称性知 $\triangle ACD \cong \triangle BEF$, 因此
$$\angle CAD = \angle EBF.$$

因
$$\angle CBD + \angle CAD = \angle ABC + \angle ABD + \angle CAD$$
$$= \angle ACD + \angle ADC + \angle CAD$$
$$= 180°,$$

故 $\angle CBD + \angle EBF = 180°$, 因此 $\angle CBE + \angle DBF = 180°$.

所以
$$\angle MBD + \angle NBF + \angle DBF = \angle MCD + \angle NEF + \angle DBF$$
$$= \angle GBC + \angle GBE + \angle DBF = \angle CBE + \angle DBF = 180°,$$
因此 M、B、N 三点共线.

因 $\angle CBD + \angle EBF = 180°$，$CD = EF$，故 $\odot(BCMD)$ 与 $\odot(BENF)$ 半径相等.

又 $\angle MCB = \angle HDB = \angle BFN$，故 $MB = BN$.

10. 如图 D7.12 所示，作 $CH \perp AB$ 于点 P，$BH \perp AC$ 于点 Q，$OM \perp AB$ 于点 M，$ON \perp AC$ 于点 N，$KU \perp AB$ 于点 U，$KV \perp AC$ 于点 V.

因 O 为 HK 的中点，故 M 为 PU 的中点.

又 M 为 AB 的中点，所以
$$AU = BP = BC|\cos B|.$$
同理，$AV = BC|\cos C|$.

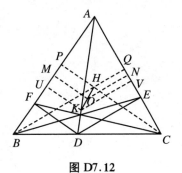

图 D7.12

所以
$$\frac{AF}{AU} = \frac{AD}{AK} = \frac{EA}{AV} \Rightarrow \frac{AF}{EA} = \frac{AU}{AV} = \left|\frac{\cos B}{\cos C}\right|.$$
故
$$\frac{AF}{FB} \cdot \frac{BD}{DC} \cdot \frac{CE}{EA} = \frac{AF}{EA} \cdot \frac{BD}{DC} \cdot \frac{CE}{FB}$$
$$= \left|\frac{\cos B}{\cos C}\right| \cdot \frac{BD}{DC} \cdot \frac{DC}{BD}\left|\frac{\cos C}{\cos B}\right| = 1.$$

对 $\triangle ABC$，由塞瓦定理的逆定理得 AD、BE、CF 三线共点或互相平行.

11. 因 AD 与 BC 不平行，故可设 AD 与 BC 交于点 K，连接 AC、BD，如图 D7.13 所示.

因 P 为 $\overset{\frown}{BC}$ 的中点，故 AE、DF 分别为 $\angle BAC$、$\angle BDC$ 的平分线. 所以
$$\frac{CK}{BK} = \frac{S_{\triangle ADC}}{S_{\triangle ADB}} = \frac{AC \cdot CD}{AB \cdot BD} = \frac{CE}{BE} \cdot \frac{CF}{BF}.$$

设 GH 与 BC 交于点 X.

因 $EG \parallel CD$，$FH \parallel AB$，故
$$\frac{CX}{CE} = \frac{HX}{HG} = \frac{FX}{BF},$$
$$\frac{BF}{BX} = \frac{HG}{GX} = \frac{CE}{EX},$$

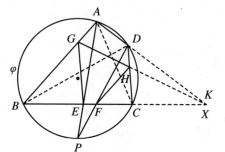

图 D7.13

所以
$$\frac{CX}{BX} = \frac{FX}{EX} \cdot \frac{CE^2}{BF^2}.$$

①

显然，$\triangle HFC \sim \triangle GBE$，故 $\frac{CH}{EG} = \frac{FH}{BG} = \frac{CF}{BE}$. 所以

$$\frac{CX}{BX} = \frac{CX}{EX} \cdot \frac{FX}{BX} \cdot \frac{EX}{FX} = \frac{CH}{EG} \cdot \frac{FH}{BG} \cdot \frac{EX}{FX} = \frac{CF^2}{BE^2} \cdot \frac{EX}{FX}.$$ ②

①×②,两边开平方得 $\frac{CX}{BX} = \frac{CE}{BE} \cdot \frac{CF}{BF}$. 故 $\frac{CX}{BX} = \frac{CK}{BK}$,从而点 X 与 K 重合.

所以 AD、GH、BC 三线共点.

12. 如图 D7.14 所示(图形画得不相同时,证明过程类似),连接 DL、LE、EM、MF、FN、ND.

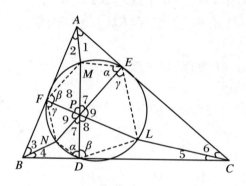

图 D7.14

可设 $\angle MEP = \angle NDP = \alpha$, $\angle MFP = \angle LDP = \beta$, $\angle LEP = \angle NFP = \gamma$, $\angle MPE = \angle DPN = \angle 7$, $\angle MPF = \angle LPD = \angle 8$, $\angle FPN = \angle EPL = \angle 9$.

在 $\triangle AME$ 中, $\dfrac{EM}{\sin\angle 1} = \dfrac{AM}{\sin(90°-\alpha)}$.

在 $\triangle PME$ 中, $\dfrac{EM}{\sin\angle 7} = \dfrac{PM}{\sin\alpha}$.

两式相除,整理得 $\sin\angle 1 = \dfrac{PM}{AM}\cot\alpha \cdot \sin\angle 7$.

同理, $\sin\angle 2 = \dfrac{PM}{AM}\cot\beta \cdot \sin\angle 8$. 所以

$$\frac{\sin\angle 1}{\sin\angle 2} = \frac{\cot\alpha}{\cot\beta} \cdot \frac{\sin\angle 7}{\sin\angle 8}.$$

类似地,有

$$\frac{\sin\angle 3}{\sin\angle 4} = \frac{\cot\gamma}{\cot\alpha} \cdot \frac{\sin\angle 9}{\sin\angle 7},$$

$$\frac{\sin\angle 5}{\sin\angle 6} = \frac{\cot\beta}{\cot\gamma} \cdot \frac{\sin\angle 8}{\sin\angle 9}.$$

于是 $\dfrac{\sin\angle 1}{\sin\angle 2} \cdot \dfrac{\sin\angle 3}{\sin\angle 4} \cdot \dfrac{\sin\angle 5}{\sin\angle 6} = 1$.

由角元塞瓦定理得 AM、BN、CL 三线共点或互相平行.

13. 作 $BL \perp EF$ 于点 L, $CJ \perp EF$ 于点 J,连接线段,如图 D7.15 所示.

对 $\triangle ABC$ 及点 P,由塞瓦定理得 $\dfrac{AF}{FB} \cdot \dfrac{BD}{DC} \cdot \dfrac{CE}{EA} = 1$.

又 $AF = EA$，所以 $\dfrac{BD}{DC} = \dfrac{BF}{CE}$．

由 $AE = AF$ 得 $\angle BFL = \angle CEJ$，故 Rt$\triangle BFL \backsim$ Rt$\triangle CEJ$．

又因为 $BL \parallel DT \parallel CJ$，所以

$$\dfrac{LT}{JT} = \dfrac{BD}{DC} = \dfrac{BF}{CE} = \dfrac{FL}{EJ} = \dfrac{LT - FL}{JT - EJ}$$

$$= \dfrac{FT}{ET} = \dfrac{\sin\angle FAT}{\sin\angle EAT} = \dfrac{BV}{CV}.$$

因为 $\angle ABK = \angle ACK$，由 $\angle AFK = \angle AEK$ 得 $\angle BFK = \angle CEK$，所以 $\triangle BFK \backsim \triangle CEK$，故

$$\dfrac{BK}{CK} = \dfrac{BF}{CE} = \dfrac{BV}{CV}.$$

因为 XB、XC 为圆 φ 的切线，所以 K、V、X 三点共线．

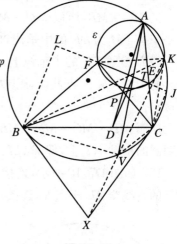

图 D7.15

14. 证明中要用到如下引理：

引理 在 $\triangle ABC$ 中，点 D、E 在边 BC 上，$\odot(ABE)$ 交直线 AC 于点 A、F，$\odot(ACD)$ 交直线 AB 于点 A、K，点 P 为 $\odot(AFK)$ 的圆心，则 $PD = PE$（这就是第 1 章第 16 题）．

引理的证明 如图 D7.16 所示，设 M 为 DE 的中点，连接 PB、PC、PM．设 $\odot(AFK)$ 的半径为 r．

由圆幂定理得

$$PB^2 - r^2 = BK \cdot BA = BD \cdot BC,$$
$$PC^2 - r^2 = CF \cdot CA = CE \cdot BC.$$

所以

$$PB^2 - PC^2 = BC(BD - CE) = (BM + CM)(BM - CM) = BM^2 - CM^2.$$

故 $PM \perp BC$，因此 PM 为线段 DE 的中垂线，从而 $PD = PE$．

引理证毕．

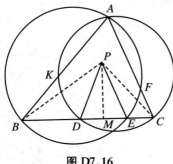

图 D7.16

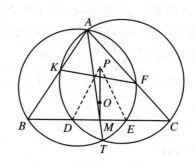

图 D7.17

下面回到原题．如图 D7.17 所示，设 $\odot(ABF)$、$\odot(ACK)$ 与直线 BC 的第二个交点分别为 E、D，连接 PD、PE．由引理知 $PD = PE$．

若 A、M、T 三点共线，则 $MD \cdot MC = MA \cdot MT = ME \cdot MB$.

又 $MC = MB$，所以 $MD = ME$.

于是 PM 为 DE 的中垂线，也为 BC 的中垂线.

因为 O 在 BC 的中垂线上，所以 P、O、M 三点共线.

若 P、O、M 三点共线，因 OM 为 BC 的中垂线，$PM \perp BC$，又由引理知 $PD = PE$，故 $MD = ME$.

从而 $MD \cdot MC = ME \cdot MB$. 这就是说点 M 对 $\odot(ACK)$、$\odot(ABF)$ 的幂相等，所以点 M 在两圆的根轴 AT 上，即 A、M、T 三点共线.

15. 如图 D7.18 所示，连接 BP，交 $\odot(CEM)$ 于点 D'（不同于点 P），设过点 N 且与 AC 平行的直线交 AE 于点 K，连接 MD'、KD'、CK、CD'.

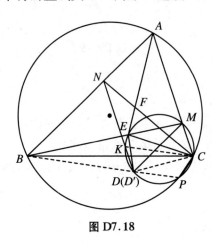

图 D7.18

因
$$\angle CMD' = 180° - \angle CPD'$$
$$= 180° - \angle CPB$$
$$= \angle CAB,$$
故 $MD' \parallel AB$.

由 $AF = CF$，$NK \parallel AC$ 知四边形 $ACKN$ 为等腰梯形，A、C、K、N 四点共圆，$\angle AKC = \angle ANC$.

在 $\triangle ABM$ 与 $\triangle ACN$ 中，因为 $\angle ABM = \frac{1}{2}\angle BAC = \angle ACN$，$\angle BAM = \angle CAN$，所以 $\angle AME = \angle ANC$.

故 $\angle AKC = \angle ANC = \angle AME$，从而点 K 在 $\odot(CEM)$ 上.

所以 $\angle KD'M = \angle KCM = \angle NAC = \angle D'MC$，因此 $KD' \parallel AC$.

于是 N、K、D' 三点共线，且 $ND' \parallel AC$.

所以 $AMD'N$ 为平行四边形，点 D' 与 D 重合.

故 B、D、P 三点共线.

16. 如图 D7.19 所示，连接 PB、PC、PK、PT. 设直线 KM 与 CD 交于点 X，直线 TN 交 BE 于点 Y.

因点 P 为圆 Γ 的 $\overset{\frown}{BC}$ 的中点，故

$$\angle PKB = \angle DMB \overset{m}{=\!=} \frac{1}{2}(\overset{\frown}{BD} + \overset{\frown}{PC})$$
$$= \frac{1}{2}(\overset{\frown}{BD} + \overset{\frown}{PB}) \overset{m}{=\!=} \angle PCD = \angle PBK,$$

所以 $PK = PB$.

同理，$PT = PC$.

故 $PK = PB = PC = PT$，即 K、B、C、T 四点共圆，圆心为 P，记为 $\odot P$.

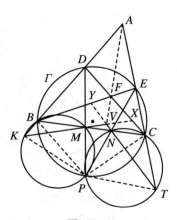

图 D7.19

因为 $\angle BKM = \angle BPM = \angle BCD$,所以点 X 在 $\odot P$ 上.

同理,点 Y 在 $\odot P$ 上.

对 $\odot P$ 中的圆内接六边形 $BKXCTY$,直线 BK 与 CT 的交点 A、KX 与 TY 的交点 V、XC 与 YB 的交点 F 三点共线(帕斯卡定理).

17. 如图 D7.20 所示,连接 DF,作 $CS \perp DF$ 于点 S,延长 CS,交 BD 于点 N'. 连接 CF、ES.

因 $CS \perp DF$,$FE \perp BC$,故 C、F、E、S 四点共圆.

所以 $\angle SEC = \angle DFC = \angle DBC$,从而 $ES // BD$.

又 $DE // AB$,故

$$\frac{CS}{SN'} = \frac{CE}{EB} = \frac{CD}{DA}.$$

于是 $DS // AN'$.

所以 $\angle AN'C = \angle DSC = 90° = \angle ANC$,故点 N' 与 N 重合,且 $DF // AN$.

于是 $\angle AND = \angle BDF = \angle BKF$,因此 $\angle ANB = \angle AKB$.

所以 A、B、N、K 四点共圆,从而 $AT \cdot TN = BT \cdot TK$,即点 T 对圆 ε 和圆 φ 的幂相等,因此点 T 在圆 ε 和圆 φ 的根轴 CV 上,即 C、T、V 三点共线.

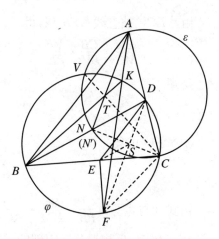

图 D7.20

18. 如图 D7.21 所示,设 EF 交 BC 于点 V,连接 DF. 设 $\angle BCF = \alpha$,$\angle ACF = \beta$.

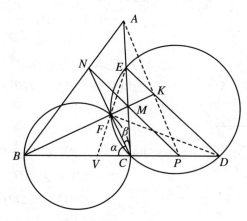

图 D7.21

考虑 $\triangle ABC$ 被直线 PMN 截,由梅涅劳斯定理得

$$\frac{CP}{PB} \cdot \frac{BN}{NA} \cdot \frac{AM}{MC} = 1. \qquad ①$$

由 $\triangle BMC$ 被直线 DKE 截,得

$$\frac{BK}{KM} \cdot \frac{ME}{EC} \cdot \frac{CD}{DB} = 1. \qquad ②$$

①×②,并利用 $CD=EC$ 得

$$\frac{CP}{PB}\cdot\frac{BK}{KM}\cdot\frac{MA}{AC}\cdot\frac{AC\cdot BN\cdot ME}{NA\cdot MC\cdot DB}=1. \qquad ③$$

因为 $\angle VFC=\angle CDE=\angle CED=\angle CFD$,$\angle BFC=90°$,所以 FB 是 $\angle VFD$ 的外角平分线,从而

$$\frac{BV}{DB}=\frac{FV}{FD}=\frac{CV}{CD}=\frac{CV}{CE}. \qquad ④$$

由 $\triangle ECV$ 被直线 MFB 截,得

$$\frac{EM}{MC}\cdot\frac{CB}{BV}\cdot\frac{VF}{FE}=1 \Rightarrow \frac{EM}{MC}=\frac{BV}{BC}\cdot\frac{EF}{FV}=\frac{BV}{BC}\cdot\frac{CE\sin\beta}{CV\sin\alpha}. \qquad ⑤$$

易知

$$\frac{BN}{NA}=\frac{BC\sin\alpha}{AC\sin\beta}. \qquad ⑥$$

④×⑤×⑥得

$$\frac{AC\cdot BN\cdot ME}{NA\cdot MC\cdot DB}=1. \qquad ⑦$$

由式③与式⑦得 $\dfrac{CP}{PB}\cdot\dfrac{BK}{KM}\cdot\dfrac{MA}{AC}=1$.

对 $\triangle BCM$,由梅涅劳斯定理的逆定理得 A、K、P 三点共线.

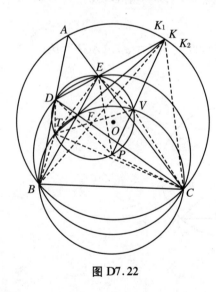

图 D7.22

19. 连接线段,如图 D7.22 所示,设直线 DE、TF 相交于点 K_1. 下面证明点 K_1 在 $\odot O$ 上.

因

$$\angle BEK_1=180°-\angle BED$$
$$=180°-\angle BCF=\angle BTF,$$

故 B、T、E、K_1 四点共圆.

所以 $\angle DK_1T=\angle TBF=\angle TCF$,故 D、T、C、K_1 四点共圆.

所以

$$\angle BK_1C=\angle DK_1C-\angle DK_1B$$
$$=180°-\angle DTC-(180°-\angle ETB)$$
$$=\angle BTC-\angle DTE=\angle BFC-\angle DPE$$
$$=\angle BFC-\angle DBF-\angle ECF=\angle BAC.$$

因此点 K_1 在 $\odot O$ 上.

设直线 DE、PV 相交于点 K_2,下面证明点 K_2 与 K_1 重合.

因 $PD=PE$,故 $\angle PDE=\angle PED$,从而

$$\angle PVE=180°-\angle PDE=180°-\angle PED=\angle PEK_2,$$

因此 $\triangle PEV\sim\triangle PK_2E$,故 $\angle PEV=\angle PK_2E$,且 $PV\cdot PK_2=PE^2=PC^2$.

于是 $\triangle PCV\sim\triangle PK_2C$,故 $\angle PCV=\angle PK_2C$.

所以
$$\angle DK_2C = \angle PK_2E + \angle PK_2C = \angle PEV + \angle PCV$$
$$= 360° - \angle EPC - \angle EVC = 360° - 2\angle EBC - \angle EVT - \angle TVC$$
$$= 360° - 2\angle EBC - (180° - \angle EDT) - (180° - \angle TBC)$$
$$= \angle EDT - \angle EDC + \angle TBE$$
$$= \angle CDT + \angle TCD$$
$$= 180° - \angle DTC,$$

因此 D、T、C、K_2 四点共圆.

又 D、T、C、K_1 四点共圆,点 K_1、K_2 都在直线 DE 上,故 K_1、K_2 重合,统一记为点 K.

综上所述,DE、TF、PV 三线共点于 K,且点 K 在 $\odot O$ 上.

20. 如图 D7.23 所示,把 $\triangle ABC$ 的三内角简记为 $\angle A$、$\angle B$、$\angle C$,不妨设 $\angle B \geqslant \angle C$. 过点 A 作 $TV \parallel BC$,作 $BT \perp BC$,$CV \perp BC$,垂足分别为 T、V,连接 TM、TE、TP、PM、QV.

则 $\angle ATB = 90° = \angle AEB$,从而 A、T、B、E 四点共圆.

因 $\angle BFC = 90° = \angle BEC$,故 B、C、E、F 四点共圆.

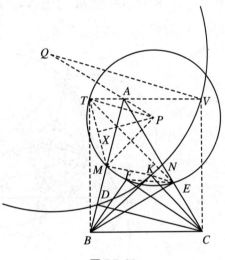

图 D7.23

注意 MT 为 $Rt\triangle ATB$ 斜边上的中线,有 $MT = MA = MB$. 则
$$\angle MTE = \angle BTE - \angle BTM = \angle BAE - \angle TBM$$
$$= 90° - \angle ABE - (90° - \angle ABC)$$
$$= \angle EBC = \angle EFC,$$

从而点 T 在 $\odot P$ 上.

作 $PX \perp TM$ 于点 X,则
$$TX = \frac{1}{2}TM = \frac{1}{4}AB,$$
$$\angle TPX = \frac{1}{2}\angle TPM = \angle TEM = \angle AEM - \angle AET$$
$$= \angle A - \angle ABT = \angle A - (90° - \angle B) = 90° - \angle C,$$

从而 $\angle PTM = \angle C$.

于是
$$\angle ATP = \angle ATM - \angle PTM = \angle TAM - \angle C = \angle B - \angle C.$$
$$AT = AB\cos\angle TAB = AB\cos\angle B,$$
$$TP = \frac{TX}{\cos\angle PTM} = \frac{AB}{4\cos\angle C},$$

从而

$$\frac{AT}{TP} = 4\cos\angle B \cdot \cos\angle C.$$

类似地,可证

$$\angle AVQ = \angle B - \angle C, \quad \frac{AV}{VQ} = 4\cos\angle B \cdot \cos\angle C.$$

所以

$$\angle ATP = \angle AVQ = \angle B - \angle C, \quad \frac{AT}{TP} = \frac{AV}{VQ}.$$

当 $\angle B = \angle C$ 时,点 P、Q 都在直线 TAV 上,P、A、Q 三点共线.

当 $\angle B > \angle C$ 时,$\triangle ATP \backsim \triangle AVQ$,故 $\angle TAP = \angle VAQ$,所以 P、A、Q 三点共线.

21. (1) 不妨设 $AB < AC$,点 P 与 A 在直线 BC 的异侧(同侧时证明类似),延长 AE,交 CF 于点 M,延长 AF,交 BE 于点 N,$\triangle PKE$ 的外接圆与直线 BC 交于点 K、T,连接线段,如图 D7.24 所示.

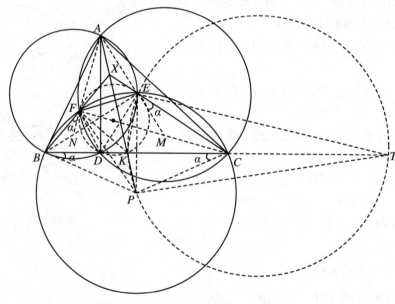

图 D7.24

设 $\angle PBC = \angle PCB = \alpha$. 则 $\angle BEC = 90° + \alpha$. 又因为 $\angle AEB = \angle ADB = 90°$,所以 $\angle MEC = \alpha$,从而 $\angle AEC = 180° - \alpha = \angle PCT$.

又因为 $\angle PEC = \angle PCE$,所以 $\angle PEM = \angle ECK$,从而 $\angle AEP = \angle ECT$.

又因为 $\angle EPK = \angle ETC$,所以 $\triangle AEP \backsim \triangle ECT$,故

$$\frac{AE}{EC} = \frac{PE}{CT} = \frac{PC}{CT}.$$

因此 $\triangle AEC \backsim \triangle PCT$. 所以 $\angle ACE = \angle CTP = \angle KEP$.

同理,$\angle ABF = \angle KFP$.

所以

$$\angle EKF = \angle KEP + \angle KFP + \angle EPF$$
$$= \angle ACE + \angle ABF + \angle EBF + \angle ECF = \angle ACF + \angle ABE$$
$$= \angle ADF + \angle ADE = \angle EDF.$$

故 D、K、E、F 四点共圆.

（2）设 BF 与 CE 交于点 X.

易证

$$\angle AEX = \alpha = \angle AFX, \quad \angle PEM = \angle ECK = \angle EFX, \quad \angle PFN = \angle FBK = \angle FEX.$$

因为

$$\frac{PE}{\sin\angle EAP} = \frac{AP}{\sin\angle PEM}, \quad \frac{PF}{\sin\angle FAP} = \frac{AP}{\sin\angle PFN}, \quad PE = PF,$$

所以

$$\frac{\sin\angle FAP}{\sin\angle EAP} = \frac{\sin\angle PFN}{\sin\angle PEM} = \frac{\sin\angle FEX}{\sin\angle EFX}.$$

故

$$\frac{\sin\angle FAP}{\sin\angle EAP} \cdot \frac{\sin\angle AEX}{\sin\angle FEX} \cdot \frac{\sin\angle EFX}{\sin\angle AFX} = 1.$$

对 $\triangle AFE$，由角元塞瓦定理得 BF、CE、AP 三线共点.

22. 如图 D7.25 所示，连接 BT、CT、ET、FT、BV、CV.

因 AD、BE、CF 三线共点于 P，由塞瓦定理得

$$\frac{AF}{FB} \cdot \frac{BD}{DC} \cdot \frac{CE}{EA} = 1 \Rightarrow \frac{BD}{DC} = \frac{AE \cdot FB}{AF \cdot CE}.$$

因 N 为 EF 的中点，故 $S_{\triangle AFN} = S_{\triangle AEN}$，所以

$$AF \cdot \sin\angle FAN = AE \cdot \sin\angle EAN$$

$$\Rightarrow \frac{AE}{AF} = \frac{\sin\angle BAV}{\sin\angle CAV} = \frac{BV}{CV}.$$

因为 $\angle ABT = \angle ACT$，$\angle AFT = \angle AET$，所以 $\triangle BFT \sim \triangle CET$，因此 $\dfrac{FB}{CE} = \dfrac{BT}{CT}$.

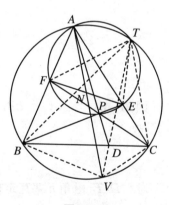

图 D7.25

故

$$\frac{S_{\triangle BTV}}{S_{\triangle CTV}} = \frac{BV \cdot BT}{CV \cdot CT} = \frac{AE}{AF} \cdot \frac{FB}{CE} = \frac{BD}{DC},$$

所以 V、D、T 三点共线.

23. 如图 D7.26 所示，在 $\triangle AB_1D$ 和 $\triangle AC_1D$ 中，由正弦定理得

$$\frac{AB_1}{\sin\angle 1} = \frac{AD}{\sin\left(90° + \dfrac{B}{2}\right)},$$

$$\frac{AC_1}{\sin\angle 2} = \frac{AD}{\sin\left(90° + \dfrac{C}{2}\right)}.$$

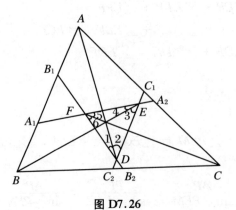

图 D7.26

所以

$$\frac{\sin\angle 1}{\sin\angle 2} = \frac{AB_1}{AC_1} \cdot \frac{\cos\frac{B}{2}}{\cos\frac{C}{2}}.$$

同理,

$$\frac{\sin\angle 3}{\sin\angle 4} = \frac{BC_2}{BA_1} \cdot \frac{\cos\frac{C}{2}}{\cos\frac{A}{2}},$$

$$\frac{\sin\angle 5}{\sin\angle 6} = \frac{CA_2}{CB_2} \cdot \frac{\cos\frac{A}{2}}{\cos\frac{B}{2}}.$$

因为 $AA_1 = AA_2 = BB_1 = BB_2 = CC_1 = CC_2$,所以 $AB_1 = BA_1$,$BC_2 = CB_2$,$AC_1 = CA_2$,故

$$\frac{\sin\angle 1}{\sin\angle 2} \cdot \frac{\sin\angle 3}{\sin\angle 4} \cdot \frac{\sin\angle 5}{\sin\angle 6} = 1.$$

对 $\triangle DEF$,由角元塞瓦定理得 AD、BE、CF 三线共点.

24. 如图 D7.27 所示,作出辅助线. 因 AD、BE、CF 三线共点,由塞瓦定理得

$$\frac{BD}{DC} \cdot \frac{CE}{EA} \cdot \frac{AF}{FB} = 1,$$

又 $AF = EA$,所以 $\frac{BD}{DC} = \frac{BF}{CE}$.

因为 $\angle FBN = \angle ECN$,由 $\angle AFN = \angle AEN$ 得 $\angle BFN = \angle CEN$,所以 $\triangle BFN \sim \triangle CEN$. 故

$$\frac{BD}{DC} = \frac{BF}{CE} = \frac{BN}{CN}.$$

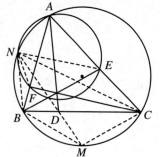

图 D7.27

于是
$$\frac{S_{\triangle BMN}}{S_{\triangle CMN}} = \frac{BM \cdot BN}{CM \cdot CN} = \frac{BD}{CD}.$$

因此 M、D、N 三点共线.

25. 如图 D7.28 所示,连接 DP、PE、PF、PG、PH.

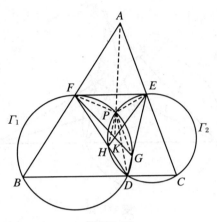

图 D7.28

因 $\angle PEA = \angle PDC = \angle BFP$,故 P、E、A、F 四点共圆.

又 $EF \parallel BC$,所以 $\angle APE = \angle AFE = \angle B$.

因 $\angle PEH = \angle PDH = \angle PGK$,故 P、E、G、K 四点共圆. 所以
$$\angle EPK = 180° - \angle EGK = 180° - \angle B.$$

故 $\angle APE + \angle EPK = 180°$. 因此 A、P、K 三点共线.

26. **证法 1** 如图 D7.29 所示,连接 EF 并取 EF 的中点 L,由牛顿线定理知 M、N、L 三点共线,只要证 M、K、L 三点共线即可.

设 CE、CF 的中点分别为 P、T,连接 MP、PL、LT、TM、PT、ML,延长 EK,交 AD 于点 V.

由三角形中位线定理知 $PM \parallel AE$,$MT \parallel AF$,$PL \parallel CF$,$TL \parallel CE$,$PT \parallel EF$. 于是
$$\angle PMT + \angle PLT = \angle BAD + \angle BCD = 180°.$$
因此 P、M、T、L 四点共圆.

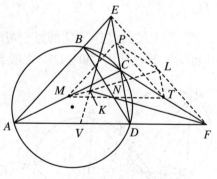

图 D7.29

于是 $\angle TLM = \angle TPM = \angle LEA$. 所以
$$\angle FLM = \angle FLT + \angle TLM = \angle LEP + \angle LEA.$$

又 EK 平分 $\angle AED$,故 $\angle FLM = 2\angle LEK$.

因
$$\angle EKF = \angle KVD + \angle KFD = \angle BAD + \angle BEK + \angle KFD$$
$$= \angle BAD + \frac{1}{2}(\angle BCD - \angle EBC) + \frac{1}{2}\angle CFD$$

$$= \frac{1}{2}(\angle BAD + \angle BCD) = 90°,$$

故在 Rt△EKF 中，$LE = LK$，$\angle FLK = 2\angle LEK$．

所以 $\angle FLK = \angle ELM$，因此 M、K、L 三点共线．证毕．

证法 2 如图 D7.30 所示，设直线 FK 分别交 AB、CD 于点 X、Y．

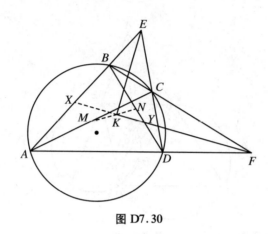

图 D7.30

因为 $\angle EKF = 90°$（证法 1 已证），即 $EK \perp XY$，且 EK 平分 $\angle XEY$，所以 $KX = KY$．

因为 △$FAB \backsim$ △FCD，FX 平分 $\angle AFB$，故 X、Y 是相似三角形的对应点，所以 $\dfrac{AX}{CY} = \dfrac{AB}{CD}$．

又 $\dfrac{AM}{MC} \cdot \dfrac{XK}{KY} \cdot \dfrac{BN}{ND} = 1$，对射线 AB 和射线 CD，由牛顿轨迹定理得 M、Y、N 三点共线．

注 （牛顿轨迹定理）点 P、Q 分别是射线 AD、BC 上的动点，满足 $\dfrac{AP}{BQ} = k$（定值），点 R 在 PQ 上，使 $\dfrac{PR}{RQ} = m$（定值），则动点 R 的轨迹是一条射线．

27. (1) 过点 P 作 ⊙O 的另一切线（不同于 PA），切点为 K，点 T 为 ⊙O 的不含点 C 的 $\overset{\frown}{AB}$ 上一点．连接线段，如图 D7.31 所示．

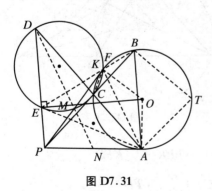

图 D7.31

因 $\angle EFC = \angle EDC = \angle CAB = 180° - \angle CFB$，故 E、F、B 三点共线．

因 $OK \perp PK$，$OA \perp PA$，$OE \perp PE$，故 P、A、O、K、E 五点共圆．因此

$$\angle EKA = 180° - \angle EPA = \angle PAB$$
$$= \angle T = 180° - \angle AKB,$$

所以 E、K、B 三点共线．

因为点 F、K 都在 ⊙O 上，直线 EB 与 ⊙O 的交点

除点 B 外最多还有一个,所以点 F、K 重合.

(2) 因 $\angle DPC = \angle ABC = \angle PAC$,故 $DP^2 = DC \cdot DA$,即点 D 对点圆 P 与 $\odot O$ 的幂相等,点 D 在点圆 P 与 $\odot O$ 的根轴上.

因 $\angle MDC = \angle MFC = \angle FAC$,故 $DM \parallel AF$.

因为点圆 P 与 $\odot O$ 的根轴是过 PA、PF 的中点的直线,平行于 AF,也就是说,过点圆 P 与 $\odot O$ 的根轴上一点且平行于 AF 的直线就是根轴,所以 D、M、N 三点共线,此直线为点圆 P 与 $\odot O$ 的根轴.

28. 如图 D7.32 所示,过 P 作 AB 的垂线,分别交直线 AC、DB 于点 R、I,连接 AD、BC.

由 Rt$\triangle BPI \backsim$ Rt$\triangle BDA$,得 $\dfrac{PI}{AD} = \dfrac{BP}{BD}$.

因 $EM \parallel PI$,故 $\dfrac{EM}{PI} = \dfrac{EF}{PF}$.

于是 $EM = \dfrac{BP \cdot AD}{BD} \cdot \dfrac{EF}{PF}$.

由 Rt$\triangle APR \backsim$ Rt$\triangle ACB$,得 $\dfrac{PR}{BC} = \dfrac{AP}{AC}$.

因 $FN \parallel PR$,故 $\dfrac{FN}{PR} = \dfrac{EF}{PE}$.

于是 $FN = \dfrac{AP \cdot BC}{AC} \cdot \dfrac{EF}{PE}$.

所以

$$\dfrac{EM}{FN} = \dfrac{BP}{AP} \cdot \dfrac{AD}{BC} \cdot \dfrac{AC}{BD} \cdot \dfrac{PE}{PF}.$$

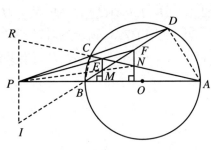

图 D7.32

又

$$\dfrac{S_{\triangle BCD}}{S_{\triangle ACD}} = \dfrac{BP}{AP} \Rightarrow \dfrac{BC \cdot BD}{AD \cdot AC} = \dfrac{BP}{AP},$$

故 $\dfrac{EM}{FN} = \dfrac{PE}{PF}$.结合 $\angle PEM = \angle PFN$,得 $\triangle PEM \backsim \triangle PFN$.

所以 $\angle EPM = \angle FPN$,因此 P、M、N 三点共线.

29. 如图 D7.33 所示,可设 BH_1、DH_2 分别交 AC 于点 E、F.连接 AH_1、CH_2.

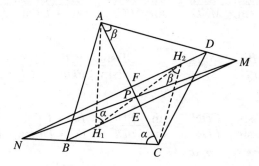

图 D7.33

因为 $\triangle ABC$、$\triangle ADC$ 的垂心分别为 H_1、H_2，所以 $BE \perp AC$，$DF \perp AC$，可设 $\angle BCA = \angle AH_1E = \alpha$，$\angle CH_2F = \angle CAD = \beta$.

所以
$$\frac{NF}{FH_2} = \frac{NF}{CF} \cdot \frac{CF}{FH_2} = \tan\alpha \cdot \tan\beta,$$

$$\frac{ME}{EH_1} = \frac{ME}{AE} \cdot \frac{AE}{EH_1} = \tan\alpha \cdot \tan\beta.$$

故
$$\frac{NF}{FH_2} = \frac{ME}{EH_1} \Rightarrow \frac{FH_2}{EH_1} = \frac{NF}{ME} = \frac{FP}{EP}.$$

因此 $\mathrm{Rt}\triangle H_1EP \backsim \mathrm{Rt}\triangle H_2FP$，故 $\angle H_1PE = \angle H_2PF$，所以 H_1、P、H_2 三点共线.

30. 如图 D7.34 所示，连接线段.

$$M、N、P \text{ 三点共线} \Leftrightarrow MN、AB、DC \text{ 三弦共点}$$
$$\Leftrightarrow \frac{AM}{MD} \cdot \frac{DB}{BN} \cdot \frac{NC}{CA} = 1.$$

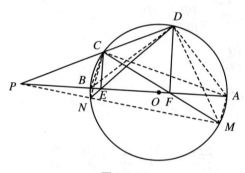

图 D7.34

因
$$\frac{S_{\triangle ACF}}{S_{\triangle PCF}} = \frac{AF}{PF} = \frac{S_{\triangle ADF}}{S_{\triangle PDF}}$$
$$\Rightarrow \frac{AC\sin\angle ACF}{CP\sin\angle PCF} = \frac{AD\sin\angle ADF}{DP\sin\angle PDF},$$

故
$$\frac{AM}{MD} = \frac{\sin\angle ACM}{\sin\angle MCD} = \frac{\sin\angle ACF}{\sin\angle PCF} = \frac{AD \cdot CP\sin\angle ADF}{AC \cdot DP\sin\angle PDF}.$$

因
$$\frac{S_{\triangle BDE}}{S_{\triangle PDE}} = \frac{BE}{PE} = \frac{S_{\triangle CBE}}{S_{\triangle CPE}} \Rightarrow \frac{BD\sin\angle BDE}{DP\sin\angle PDE} = \frac{BC\sin\angle BCE}{CP\sin\angle PCE},$$

故
$$\frac{NC}{BN} = \frac{\sin\angle CDN}{\sin\angle BDN} = \frac{\sin\angle PDE}{\sin\angle BDE} = \frac{BD \cdot CP\sin\angle PCE}{BC \cdot DP\sin\angle BCE}.$$

因 $CE \parallel DF$，故 $\angle PCE = \angle PDF$.

又
$$\sin\angle ADF = \sin\angle ABD = \frac{AD}{AB}, \quad \sin\angle BCE = \sin\angle BAC = \frac{BC}{AB},$$

所以
$$\frac{AM}{MD} \cdot \frac{DB}{BN} \cdot \frac{NC}{CA} = \frac{AD \cdot CP\sin\angle ADF}{AC \cdot DP\sin\angle PDF} \cdot \frac{BD \cdot CP\sin\angle PCE}{BC \cdot DP\sin\angle BCE} \cdot \frac{DB}{CA}$$
$$= \left(\frac{AD \cdot BD}{AC \cdot BC} \cdot \frac{CP}{DP}\right)^2 = \left(\frac{S_{\triangle DAB}}{S_{\triangle CAB}} \cdot \frac{CP}{DP}\right)^2 = 1.$$

证毕.

※31. 如图 D7.35 所示,连接 AF、AD、BE、BC,设 BE 与 AF 交于点 Z,AC 与 BD 交于点 K,$EM \perp AB$ 于点 T,$FN \perp AB$ 于点 V. 连接 KZ.

由圆内接四边形的性质知 K、Z 都在点 P 关于 $\odot O$ 的极线上,ZK 为点 P 关于 $\odot O$ 的极线,$ZK \perp PO$.

于是 $EM \parallel ZK \parallel FN$,因此
$$\frac{EM}{ZK} = \frac{BM}{BK}, \quad \frac{FN}{ZK} = \frac{AN}{AK}.$$

从而
$$\frac{EM}{FN} = \frac{BM}{AN} \cdot \frac{AK}{BK}.$$

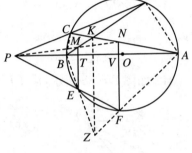

图 D7.35

因 $\mathrm{Rt}\triangle BMT \backsim \mathrm{Rt}\triangle BAD$,故 $\dfrac{TM}{AD} = \dfrac{BM}{AB}$.

因 $\mathrm{Rt}\triangle ANV \backsim \mathrm{Rt}\triangle ABC$,故 $\dfrac{VN}{BC} = \dfrac{AN}{AB}$.

从而
$$\frac{TM}{VN} = \frac{BM}{AN} \cdot \frac{AD}{BC} = \frac{BM}{AN} \cdot \frac{AK}{BK}.$$

所以 $\dfrac{TM}{VN} = \dfrac{EM}{FN}$,因此 P、M、N 三点共线.

32. 连接线段,如图 D7.36 所示.

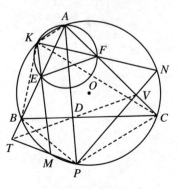

图 D7.36

因 $\angle KBE = \angle KCF$,$\angle AEK = \angle AFK$,故
$$\angle EKB = \angle AEK - \angle KBE$$
$$= \angle AFK - \angle KCF$$
$$= \angle FKC,$$

所以 $\overset{\frown}{BM} = \overset{\frown}{CN}$.

因 $\angle AKN = \angle AEF = \angle ACB$,故 $\overset{\frown}{AN} = \overset{\frown}{AB}$.

于是 $\overset{\frown}{ABM} = \overset{\frown}{ANC}$,因此 $\angle APM = \angle ABC$,从而 B、T、P、D 四点共圆. 故 $\angle BDT = \angle BPM$.

由 $\overset{\frown}{AN} = \overset{\frown}{AB}$ 得 $\angle DPV = \angle DCV$,从而 P、D、V、C 四点共圆,故 $\angle CDV = \angle CPV$.

由 $\overset{\frown}{BM} = \overset{\frown}{CN}$ 得 $\angle BPM = \angle CPV$.

故 $\angle BDT = \angle CDV$,因此 T、D、V 三点共线.

33. 考虑如图 D7.37 所示的情况,其他位置情况类似. 连接 BP、EP、ET、CT、EK.

(1) 因 TP 是线段 CE 的中垂线,故

$$\angle EKP = \angle CKP = \angle CTK + \angle TCK$$
$$= \angle CTK + \angle TCE - \angle BCE$$
$$= 90° - \frac{1}{2}\angle BPE = \angle EBP,$$

所以 B、E、P、K 四点共圆.

(2) 因为

$$\angle ECB = \angle EDB = \angle BAC - \angle F,$$
$$\angle ECT = 90° - \frac{1}{2}\angle ETC = 90° - \angle F,$$

所以

$$\angle BAC = 90° \Leftrightarrow \angle ECB = \angle ECT \Leftrightarrow \text{点 } T \text{ 在直线 } BC \text{ 上}.$$

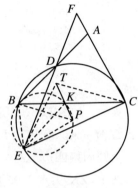

图 D7.37

34. 如图 D7.38 所示,设 DP 与 AC 交于点 T,EK 与 AB 交于点 V. 连接 EP、DK.

设 $\angle PFE = \alpha$,$\angle KFE = \beta$,$\angle DFE = \theta$.

对 $\triangle DEF$ 及点 P,由角元塞瓦定理得

$$\frac{\sin(\theta - \alpha)}{\sin\alpha} \cdot \frac{\sin\angle FEP}{\sin\angle PED} \cdot \frac{\sin\angle EDP}{\sin\angle PDF} = 1.$$

因

$$\frac{PB}{AP} = \frac{EB\sin\angle FEP}{EA\sin\angle PED},$$

故

$$\frac{\sin\angle FEP}{\sin\angle PED} = \frac{PB}{AP} \cdot \frac{EA}{EB}.$$

因

$$\frac{AT}{TC} = \frac{DA\sin\angle EDP}{DC\sin\angle PDF},$$

故

$$\frac{\sin\angle EDP}{\sin\angle PDF} = \frac{AT}{TC} \cdot \frac{DC}{DA}.$$

因 $PT \parallel BC$,故 $\frac{AT}{TC} = \frac{AP}{PB}$.

于是

$$\frac{\sin(\theta - \alpha)}{\sin\alpha} \cdot \frac{EA}{EB} \cdot \frac{DC}{DA} = 1.$$

类似地,对 $\triangle DEF$ 及点 K,由角元塞瓦定理得

$$\frac{\sin(\theta-\beta)}{\sin\beta}\cdot\frac{EA}{EB}\cdot\frac{DC}{DA}=1.$$

所以

$$\frac{\sin(\theta-\alpha)}{\sin\alpha}=\frac{\sin(\theta-\beta)}{\sin\beta},$$

因此 $\alpha=\beta$,即 $\angle PFE=\angle KFE$.

故 F、P、K 三点共线.

35. 如图 D7.39 所示,连接 MT、EF、NV、AX、AY,设 NV、FE、MT、AX、AY 的中点分别为 Q、P、U、I、L.

因为 $\dfrac{MF}{FN}=\dfrac{TE}{EV}$,$NV$、$FE$、$MT$ 的中点分别为 Q、P、U,由牛顿轨迹定理得 Q、P、U 三点共线.

由完全四边形牛顿线定理知 I、U、P 三点共线,L、P、Q 三点共线.

所以 I、L、U、P、Q 五点共线.

显然 A、P、D 三点共线.

由三角形中位线定理得 $IL \parallel XY$,$LP \parallel YD$.

因为直线 IL、LP 是同一条直线,所以 X、Y、D 三点共线.

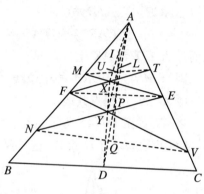

图 D7.39

36. 如图 D7.40 所示,设 △ABE 的外接圆与 △ACF 的外接圆相交于 A、K,连接 BF、BK.

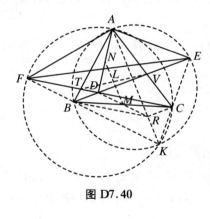

图 D7.40

因为 $AE=AB$,所以

$$\angle AKB=\angle AEB=\angle ACF=\angle AKF,$$

故 K、B、F 三点共线.

同理,K、C、E 三点共线.

因为 $AF=AC$,所以

$$\angle AFD=\angle ACD=\angle ABD,$$

故 A、D、B、F 四点共圆.

同理,A、D、C、E 四点共圆.

所以

$$\angle AKF=\angle ACD=\angle ABD=\angle AKE.$$

设 BD 交 AC 于点 V,CD 交 AB 于点 T.

因为

$$\triangle BTF \backsim \triangle DTA,\quad \triangle BDT \backsim \triangle CDV,\quad \triangle ECV \backsim \triangle ADV,$$

所以

$$\frac{BF}{AD}=\frac{BT}{DT}=\frac{CV}{DV}=\frac{CE}{AD},$$

因此 $BF = CE$.

在 $\triangle KFE$ 中,因为 FE、BC 的中点依次为 L, M, 易证 $LM \parallel AK$.

连接 DM 并延长至 R, 使 $MR = MD$, 连接 BR、CR. 则四边形 $DBRC$ 为平行四边形, $\angle DCR = \angle DBR$.

故 $\angle ACR = \angle ABR = \angle ATD$.

因 $\triangle BCD \backsim \triangle TVD$, $\triangle ABC \backsim \triangle AVT$, 故
$$\frac{CR}{TD} = \frac{BD}{TD} = \frac{BC}{TV} = \frac{AC}{AT},$$

所以 $\triangle ACR \backsim \triangle ATD$, 故
$$\angle CAR = \angle TAD = \angle BAD = \angle BFD = \angle KFC = \angle CAK,$$

从而点 R 在直线 AK 上.

因为 MN 为 $\triangle DRA$ 的中位线,所以 $MN \parallel AK$.

故 M、N、L 三点共线.

※37. 如图 D7.41 所示,设 $\angle APD$ 的平分线分别交 AC、BD 于点 G'、H'. 我们来证明 G' 与 G 重合, H' 与 H 重合. 这只要证明 $FG' \perp AC$, $FH' \perp BD$.

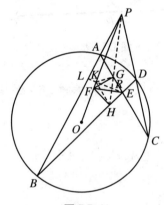

图 D7.41

作 $EK \perp PO$ 于点 K, EK 分别交 PH'、PB 于点 R、L. 连接 KG'、KH'.

因点 E 在点 P 关于 $\odot O$ 的极线上,故直线 EK 为点 P 关于 $\odot O$ 的极线.

由极线性质得 P、A、L、B 为调和点列,从而 EP、EA、EL、EB 为调和线束. 所以 P、G'、R、H' 为调和点列, KP、KG'、KR、KH' 为调和线束.

因为 $PK \perp KR$, 所以 KR、KP 分别为 $\angle G'KH'$ 的平分线和其外角平分线.

因
$$\angle EG'H' = \angle BAC - \angle APG' = \angle BDC - \angle DPH' = \angle EH'G',$$

故 $EG' = EH'$.

因 $\angle KG'H' > \angle PKG' = \angle H'KO > \angle KH'G'$, 故 $KH' > KG'$.

所以 K、G'、E、H' 四点共圆,即点 E 在 $\triangle KG'H'$ 的外接圆上. 因为 $EG' = EH'$, EF 平分 $\angle G'EH'$ 且 EF 交 $\angle G'KH'$ 的外角平分线 KP 于点 F, 所以 F 也在 $\triangle KG'H'$ 的外接圆上, 且 EF 为直径.

故 $FG' \perp AC$, $FH' \perp BD$. 证毕.

※38. 本题两种证法均由浙江绍兴姚佳斌提供.

证法 1 设线段 AD 交圆 Γ 于点 A、V, I 为 $\triangle ABC$ 的内心. 连接线段, 如图 D7.42 所示.

因 AT 是 $\angle XAY$ 的外角平分线, 故 $TX = TY$.

因

$$\frac{TX}{\sin\angle XPT} = \frac{PT}{\sin\angle TXP}, \quad \frac{TY}{\sin\angle YPT} = \frac{PT}{\sin\angle TYP},$$

故

$$\frac{\sin\angle YPT}{\sin\angle XPT} = \frac{\sin\angle TYP}{\sin\angle TXP}.$$

因

$$\angle DYE = 360° - \angle IDY - \angle DIE - \angle IEY = 180° - \frac{1}{4}\angle BAC,$$

故 $\angle DYP = \frac{1}{4}\angle BAC$.

同理,$\angle DXP = \frac{1}{4}\angle BAC$.

因为

$$\frac{DX}{\sin\angle XPD} = \frac{PD}{\sin\frac{1}{4}\angle BAC} = \frac{DY}{\sin\angle YPD},$$

所以

$$\frac{\sin\angle YPD}{\sin\angle XPD} = \frac{DY}{DX} = \frac{\sin\angle DXY}{\sin\angle DYX}.$$

由于 $\angle AEF + \angle AFE = \angle AYF + \angle AXE = 90°$,因此 $\angle ETF = \angle EAF = 90°$,且

$$\angle DXY = 180° - \angle FXY - \frac{1}{4}\angle BAC = \angle FAV = 90° - \angle TVF$$
$$= 90° - \angle TEF = \angle TFE = \angle TYE = 180° - \angle TYP.$$

同理,$\angle DYX = 180° - \angle TXP$.

于是

$$\frac{\sin\angle YPD}{\sin\angle XPD} = \frac{\sin\angle YPT}{\sin\angle XPT},$$

故 P、D、T 三点共线.

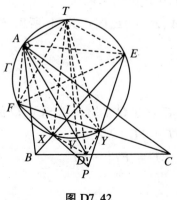

图 D7.42

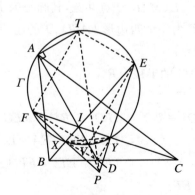

图 D7.43

证法 2 如图 D7.43 所示,连接线段,设 AD 交圆 Γ 于点 A、V,易知 I 为 $\triangle ABC$ 的

内心.

因为
$$\angle VXY = \angle VAY = \angle VAX = \angle VYX = \angle DXP$$
$$= \angle DYP = \frac{1}{4}\angle BAC \quad (参看证法1),$$

所以点 V、D 为 $\triangle PXY$ 的一对等角共轭点,有 $\angle YPD = \angle XPV$.

因为 $\angle FTE = 90° = \angle TFV$,所以四边形 $TFVE$ 为矩形.

又因 $\angle VEP = \angle VFP$,由平行四边形的等角性质得 PT、PV 是 $\angle XPY$ 的一组等角线,即 $\angle YPT = \angle XPV$.

于是 $\angle YPD = \angle YPT$,即 P、D、T 三点共线.

※39. 如图 D7.44 所示,作出辅助线.

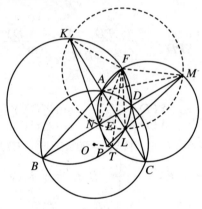

图 D7.44

对 $\odot(ACF)$、$\odot(BDF)$ 和 $\odot O$,由根心(蒙日)定理,知 F、E、T 三点共线.

因 $\angle ANF = \angle AMF = \angle ACF = \angle ABD$,故 $FN^2 = FA \cdot FB = FM^2$.

同理,$FL^2 = FD \cdot FC = FK^2$.

又因为 $FA \cdot FB = FD \cdot FC$,所以 $FN = FM = FL = FK$(设等于 r).

故 N、L、M、K 四点共圆,其圆心为 F,半径为 r,记此圆为 $\odot F$.

因 T 为完全四边形 $FABECD$ 的密克尔点,故 A、B、T、E 四点共圆.所以 $FE \cdot FT = FA \cdot FB = r^2$.

设 $\odot O$ 的半径为 R.

因
$$FO^2 - EO^2 = (FO^2 - R^2) - (EO^2 - R^2) = F\ \text{对}\ \odot O\ \text{的幂} - E\ \text{对}\ \odot O\ \text{的幂}$$
$$= FA \cdot FB + EA \cdot EC = FE \cdot FT + FE \cdot ET$$
$$= (FT - ET) \cdot FT + (FT - ET)ET = FT^2 - ET^2,$$

故 $OT \perp FT$.

所以 OT 为点 E 关于 $\odot F$ 的极线.

由圆内接四边形的性质,知点 P 在点 E 关于 $\odot F$ 的极线 OT 上.

第8章 四点共圆或直线与圆相切

习　题

1. 如图 T8.1 所示,在 △ABC 中,H 为垂心,AH 交 BC 于点 D,∠ABC 的平分线交 AC 于点 E,HF⊥BE 于点 F.求证:C、D、F、E 四点共圆.

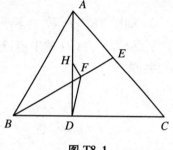

图 T8.1

2. 如图 T8.2 所示,在锐角 △ABC 中,AD⊥BC 于点 D,H 是垂心,点 E 在 BC 上,使得 BH = BE,∠HBC 的平分线分别交 HE、AC 于点 N、M.求证:C、M、N、D 四点共圆.

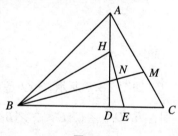

图 T8.2

3. 如图 T8.3 所示,四边形 ABCD 内接于圆 Γ,直线 AB 与 DC 交于点 E,AD 与 BC 交于点 F,EF 的中点为 M,AM 交圆 Γ 于点 K(不同于 A).求证:E、F、C、K 四点共圆.

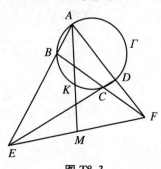

图 T8.3

4. 如图 T8.4 所示,在△ABC 中,∠BAC≠90°,BC、CA 的中点分别为 M、N,点 D、E 在直线 AM 上,使得 AD = BD,AE = CE,直线 BD 与 CE 相交于点 F.作 AK∥BC,交直线 FN 于点 K.求证:CK 为△ABC 的外接圆的切线.

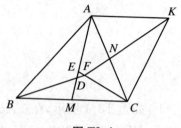

图 T8.4

5. 如图 T8.5 所示,在梯形 ABCD 中,AD∥BC,AC 与 BD 交于点 P,作 PK∥BC,交 CD 于点 K,N 为 CD 的中点.过 A、D、C 三点的圆交直线 AB 于点 A、E.求证:A、K、N、E 四点共圆.

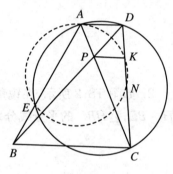

图 T8.5

6. 如图 T8.6 所示,⊙O 是△ABC 的外接圆,点 D 在 $\overset{\frown}{BC}$(不含点 A)上,点 E 在边 BC 上,且∠BAD = ∠CAE < $\frac{1}{2}$∠BAC.过 E 作 EF⊥BC,交直线 DO 于点 F.求证:A、D、E、F 四点共圆.

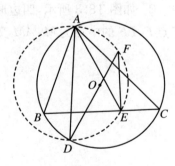

图 T8.6

7. 如图 T8.7 所示，△ABC 内接于圆 φ，点 D、E、F 分别在边 BC、CA、AB 上，满足 $BD = BF$，$CD = CE$，$\angle BAC$ 的平分线交圆 φ 于点 M，直线 MD 交圆 φ 于点 M、K. 求证：A、E、F、K 四点共圆.

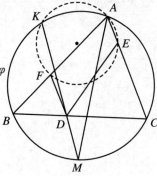

图 T8.7

8. 如图 T8.8 所示，I 为 △ABC 的内心，过 B、C 两点的圆分别交 AB、AC 于点 D、E. F 为 AD 的中点，J 为 △ADE 的内心，直线 FJ 与 DE 交于点 K，$KP \parallel AB$，KP 交直线 AJ 于点 P. 求证：I、P、C、E 四点共圆.

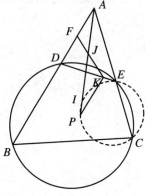

图 T8.8

9. 如图 T8.9 所示，锐角 △ABC 内接于圆 φ，点 D、E、F 分别在边 BC、CA、AB 上，满足 $BF = DF$，$CE = DE$，点 M 在圆 φ 上，满足 $AM \perp BC$，直线 MD 交圆 φ 于点 M、K. 求证：A、F、E、K 四点共圆.

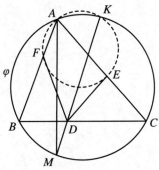

图 T8.9

10. 如图 T8.10 所示,⊙O 是 △ABC 的外接圆,过点 A、O 的任一圆 φ 交⊙O 于点 A、D,圆 φ 分别交直线 AB、AC 于点 E、F,过 D 作直线 $t \perp EF$,过 A 作直线 $h \perp BC$. 求证:直线 t 与 h 的交点在⊙O 上.

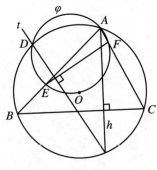

图 T8.10

11. 如图 T8.11 所示,圆 Γ 是 △ABC 的外接圆. 点 D、E 分别在 $\overparen{AB}$、$\overparen{AC}$ 上,$DE \parallel BC$. 点 F、K 分别在边 AB、AC 上,$FK \parallel BC$. DF、EK 与圆 Γ 的第二个交点分别为 M、N,直线 MN 与 KF 交于点 T. 求证:AT 是圆 Γ 的切线.

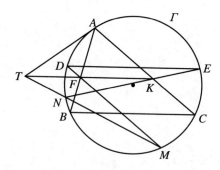

图 T8.11

12. 如图 T8.12 所示,凸四边形 $ABCD$ 内接于圆 Γ,点 E、F 分别在 AB、CD 上(不是端点),过点 E 作 $GH \parallel CD$,分别交直线 BC、AD 于点 G、H,过点 F 作 $MN \parallel AB$,分别交直线 BC、AD 于点 M、N,直线 EF 交圆 Γ 于点 P、Q. 求证:G、P、H、N、Q、M 六点共圆.

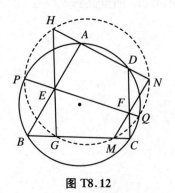

图 T8.12

13. 如图 T8.13 所示,已知在△ABC 中,P 为任意一点,BP 与 AC 交于点 E,CP 与 AB 交于点 F,AP 与△ABC 的外接圆交于点 A、D,直线 EF 与 BC 交于点 K.M 为边 BC 的中点.求证:A、M、D、K 四点共圆.

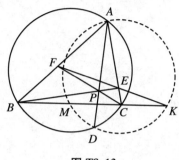

图 T8.13

14. 如图 T8.14 所示,在△ABC 中,∠BAC 内的旁心为 J,点 D、E、F 分别在边 BC、CA、AB 上,且 BD = BF,CD = CE,⊙(BFJ) 与 ⊙(CEJ) 相交于点 J、P,JP 与 BC 交于点 K.求证:D、E、F、P、K 五点共圆.

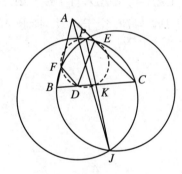

图 T8.14

15. 如图 T8.15 所示,在凸(或凹)四边形 ABCD 中,AB = AD,BC = CD,AB > BC,∠ABC、∠ADC 两角的平分线交于点 E.F 为 AC 的中点,BF 交⊙(BDE) 于点 B、P.求证:A、P、C、D 四点共圆.

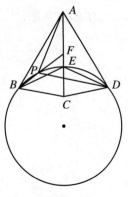

图 T8.15

16. 如图 T8.16 所示,圆 Γ 是 $\triangle ABC$ 的外接圆,点 E 在圆 Γ 上,且 $CE \parallel AB$,P 为中线 AD 上一点,直线 BP 交 AC 于点 M,交圆 Γ 于点 N(不同于 B),直线 EP 交 AB 于点 T,交圆 Γ 于点 K(不同于 E).求证:M、N、K、T 四点共圆.

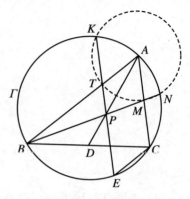

图 T8.16

17. 如图 T8.17 所示,在 $\triangle ABC$ 中,O 为外心,点 D 在 BC 上,点 E 在 $\triangle ABC$ 内,使得 $\angle CAE = \angle BAD$,且 $OE \perp AE$.M、N 分别为 AB、AC 的中点,直线 DM 与 CE 交于点 F,直线 DN 与 BE 交于点 K.求证:M、N、K、F 四点共圆.

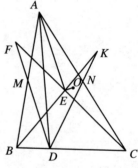

图 T8.17

18. 如图 T8.18 所示,在四边形 $ABCD$ 中,$AB = AD$,$BC = CD$,点 E 在形内,且 $\angle ABE = \angle CDE$.F 为 AC 的中点,作 $FG \parallel BC$,交 BE 于点 G;$FH \parallel CD$,交 DE 于点 H.求证:A、G、E、H 四点共圆.

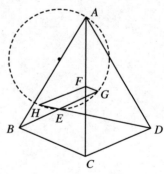

图 T8.18

19. 如图 T8.19 所示，AB 为 $\odot O$ 的直径，点 P 在 AB 的延长线上，过点 P 的一条直线交 $\odot O$ 于点 C、$D(PC>PD)$，点 C、D 关于 AB 的对称点分别为 E、F，$CN \perp AF$，CN 交 AE 于点 N，点 T 为 CN 的中点，直线 AT 交 $\odot O$ 于点 V（不同于 A）. 求证：AP 为 $\triangle PDV$ 的外接圆的切线.

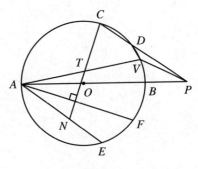

图 T8.19

※20. 如图 T8.20 所示，已知在 $\triangle ABC$ 中，$\angle BAC$ 的平分线交 $\triangle ABC$ 的外接圆于点 D，点 P 在 AD 上，点 P 在边 BC、CA、AB 上的射影分别为 M、N、L. $AE \perp BC$ 于点 E，$PF \perp AE$ 于点 F，DF 与 BC 交于点 T. 求证：M、L、N、T 四点共圆.

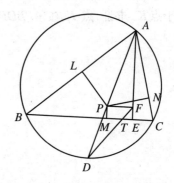

图 T8.20

21. 如图 T8.21 所示，$\odot O$ 为 $\triangle ABC$ 的外接圆，$\angle BAC$ 的平分线交 $\odot O$ 于点 D，点 P 使得 $PO \perp AD$，$PE \perp AB$ 于点 E，$PF \perp AC$ 于点 F，作 $AK \perp AD$，交直线 PF 于点 K. 求证：A、E、D、K 四点共圆.

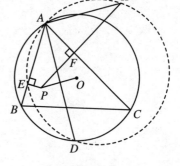

图 T8.21

22. 如图 T8.22 所示,过⊙O 外一点 P 作⊙O 的三条割线 PB、PC、PF,PB 交⊙O 于点 A、$B(PA<PB)$,PC 交⊙O 于点 D、$C(PD<PC)$,PF 交⊙O 于点 E、$F(PE<PF)$,且点 F 在∠BPC 内,DE 交 PA 于点 G,⊙O 过点 E 的切线交 PA 于点 H.求证:GF 与 HC 的交点在⊙O 上.

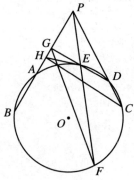

图 T8.22

23. 如图 T8.23 所示,在凸四边形 $ABCD$ 中,延长 AB、DC,交于点 E;延长 BC、AD,交于点 F.经过点 A 的直线 t 交⊙(ADE) 于点 A、M,交⊙(ABF) 于点 A、N,⊙(ADE) 和⊙(ABF) 交于点 A、P,⊙(BDP) 与 AE、AF 的第二个交点分别为 G、H,直线 MG 与 NH 交于点 K.求证:点 K 在⊙(BDP) 上.

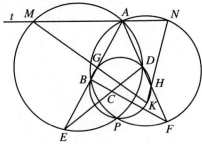

图 T8.23

24. 如图 T8.24 所示,四边形 $ABCD$ 内接于圆 φ,直线 AB、DC 交于点 E,直线 AD、BC 交于点 F,过 A、E、F 三点的圆 ε 与圆 φ 相交于点 A、K.圆 ε 在点 E、F 处的切线交于点 P,两切线与直线 BD 分别交于点 M、N.求证:K、M、P、N 四点共圆.

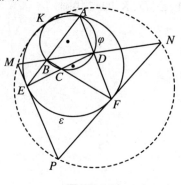

图 T8.24

25. 如图 T8.25 所示，∠BAC 的平分线交△ABC 的外接圆⊙O 于点 D．以 D 为圆心，DB 长为半径作⊙D，交线段 AD 于点 I．点 E、F 在⊙D 上（点 E、B 在直线 AD 的同侧），满足 $\overparen{IE}=\overparen{IF}$．作 $EM\perp AB$ 于点 M，$FN\perp AC$ 于点 N．⊙(BFN) 与⊙O 交于点 B、V，⊙(CEM) 与⊙O 交于点 C、T．求证：M、N、V、T 四点共圆．

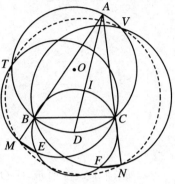

图 T8.25

26. 如图 T8.26 所示，在锐角△ABC 中，$AB\ne AC$，AE 是外接圆⊙O 的直径，$AD\perp BC$ 于点 D，点 K 在 AD 上，EK 交 BC 于点 F，$EN\perp BC$ 于点 N，直线 AF 与 EN 交于点 T．求证：B、K、C、T 四点共圆．

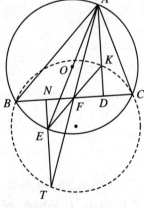

图 T8.26

27. 如图 T8.27 所示，在锐角△ABC 中，H 为垂心，AM 为 BC 边上的中线，$HK\perp AM$ 于点 K，D、E、F 分别在直线 BC、CA、AB 上，∠BDF = ∠BAC = ∠CDE．求证：A、E、K、F 四点共圆．

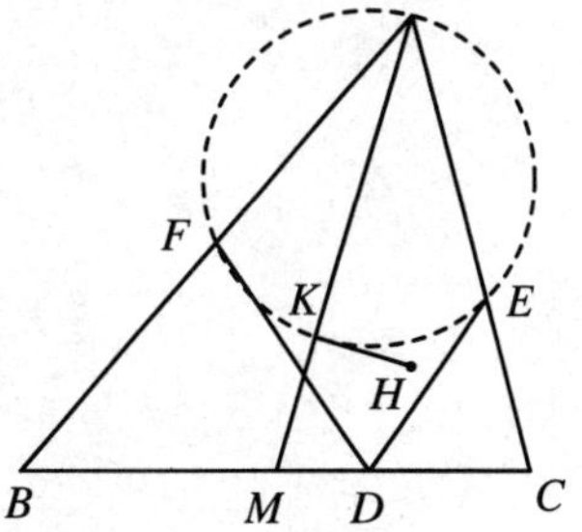

图 T8.27

28. 如图 T8.28 所示,在 △ABC 中,点 D、E、F 分别在边 BC、CA、AB 上,AD、BE、CF 三线共点,且 AE = AF,作 DK⊥EF 于点 K.△ABC 的外接圆 Γ 的 $\overparen{BAC}$ 的中点为 N.求证:直线 AK、ND 的交点在圆 Γ 上.

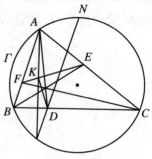

图 T8.28

29. 如图 T8.29 所示,⊙O 为 △ABC(AB≠AC)的外接圆,⊙O 的弦 DE∥BC(点 D、B 在线段 BC 的中垂线的同侧),直线 AE 与 BC 交于点 F,点 K 与 F 关于 BC 的中点对称.过 F 作 FM⊥BC,交直线 OA 于点 M,过 K 作 KN⊥BC,交直线 AD 于点 N.求证:B、C、M、N 四点共圆.

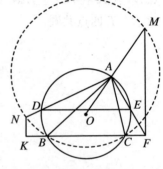

图 T8.29

30. 如图 T8.30 所示,在等腰 △ABC 中,AB = AC,外接圆 φ 在点 B、C 处的切线相交于点 P.点 D、E 分别在 AB、AC 上,BE 与 CD 交于点 F,AF 与 DE 交于点 L,LV⊥BC 于点 V.延长 AV,交圆 φ 于点 T,延长 PT,交圆 φ 于点 K.求证:A、D、E、K 四点共圆.

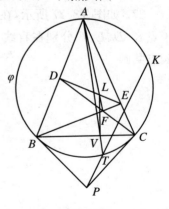

图 T8.30

31. 如图 T8.31 所示,圆中三弦 AA_1、BB_1、CC_1 所在的直线共点于 X,点 P 在圆上,直线 PA_1 与 BC 交于点 D,PB_1 与 AC 交于点 E,PC_1 与 AB 交于点 F. 求证:X、E、D、F 四点共线.

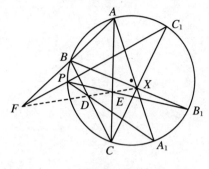

图 T8.31

32. 如图 T8.32 所示,在锐角 $\triangle ABC$ 中,点 P 在边 BC 上. $PE \perp AB$ 于点 E,交 AC 于点 T. $PF \perp AC$ 于点 F,交 AB 于点 V. $AD \perp BC$,交 $\triangle ABC$ 的外接圆 Γ 于点 D(不同于 A). 直线 DP 交圆 Γ 于点 D、M. 求证:A、M、V、T 四点共圆.

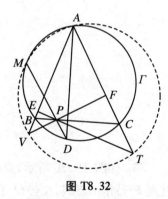

图 T8.32

33. 如图 T8.33 所示,圆 Γ 是 $\triangle ABC$($AB \neq AC$)的外接圆,$\overset{\frown}{BAC}$ 的中点为 M,圆 Γ 的弦 $DE \parallel BC$(点 D、B 在线段 BC 的中垂线的同侧). $\triangle ABD$、$\triangle ACE$ 的内心分别为 I、L. 求证:I、L、A、M 四点共圆.

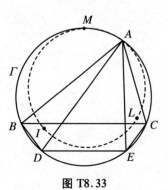

图 T8.33

34. 如图 T8.34 所示,圆 δ 与圆 ε 相交于点 A、B,点 C、D 在圆 ε 上.直线 BD 交圆 δ 于点 B、E,直线 EC 交圆 δ 于点 E、F,直线 AC 交圆 δ 于点 A、T.过点 C 作任一直线,交圆 δ 于点 M、N,直线 TM、TN 分别交直线 CD 于点 K、P.求证:F、P、T、K 四点共圆.

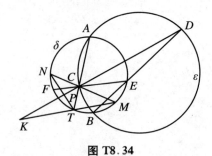

图 T8.34

35. 如图 T8.35 所示,在圆内接四边形 $ABCD$ 中,M 为 BC 的中点,$\odot(ABM)$ 与 AC、BD 的第二个交点分别为 E、F,$\odot(CDM)$ 与 AC、BD 的第二个交点分别为 G、H.求证:
(1) E、F、G、H 四点共圆,设其圆心为 K;(2) $KB = KC$.

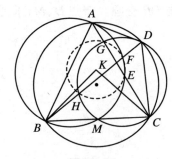

图 T8.35

36. 如图 T8.36 所示,点 P 在 $\odot O$ 外,过点 P 作一直线,交 $\odot O$ 于点 A、B($PA > PB$);过点 P 另作一直线,交 $\odot O$ 于点 C、D($PD > PC$).AC 与 BD 交于点 E,点 F 为直线 PE 与 $\odot O$ 的一个交点,点 N 为直线 PF 上一点.作 $NT \parallel AF$,交 DF 于点 T;$NV \parallel DF$,交 AF 于点 V.求证:T、V、A、D 四点共圆.

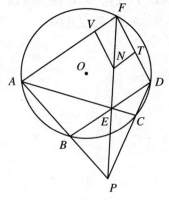

图 T8.36

37. 如图 T8.37 所示，I 为 $\triangle ABC$ 的内心，AI 交 BC 于点 D. 点 E 在 $\odot(BIC)$ 上，作 $DF \perp AD$，交直线 AE 于点 F. 求证：$\odot(DEF)$ 与 $\odot(BIC)$ 相内切于点 E.

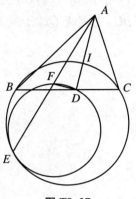

图 T8.37

38. 如图 T8.38 所示，在 $\triangle ABC$ 中，$AB < AC$，$\angle BAC$ 的平分线交 BC 于点 D，$\angle BAC$ 的外角平分线交 CB 的延长线于点 E，点 F 为 AD 的中点，点 T 在 AB 上，满足 $AF = FT$. 点 K 为 AE 的中点，点 V 在直线 AB 上，满足 $AK = KV$. 直线 FT 与 KV 交于点 X. P 为 $\triangle ADE$ 的外接圆上一点（不同于 A），点 S 为 AP 的中点，XS 与 AV 交于点 N. 求证：AC 为 $\triangle ASN$ 的外接圆的切线.

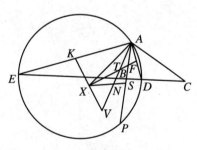

图 T8.38

39. 如图 T8.39 所示，$\triangle ABC$ 的外接圆 Γ 的弦 $DE \parallel MN \parallel BC$（点 D、M 和 B 在 BC 的中垂线的同侧）. 直线 AD、AM 分别交直线 BC 于点 F、P. 求证：直线 FN 与 EP 的交点在圆 Γ 上.

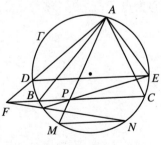

图 T8.39

40. 如图 T8.40 所示,在 △ABC 中,AB≠AC,点 D、E 分别在 AB、AC 上,且 ∠ABE = ∠ACD. BE 与 CD 交于点 F,∠BFC 的平分线交 BC 于点 K,直线 KF 分别交 AB、AC 于点 P、Q. 延长 BE、CD,分别交 △ABC 的外接圆于点 U、V. 作 KL∥CV,交直线 PV 于点 L;KT∥BU,交直线 QU 于点 T. $\overset{\frown}{BAC}$ 的中点为 M. 求证:A、M、L、T 四点共圆.

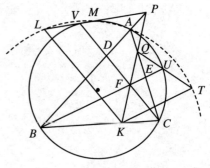

图 T8.40

41. 如图 T8.41 所示,已知在 △ABC 中,∠BAC 的平分线交 △ABC 的外接圆于点 D,点 E、F 分别在 AB、AC 上,使得 BE = CF,DF、EF 的中点分别为 P、K,PK 与 AD 交于点 T. 求证:A、C、T、K 四点共圆.

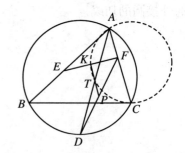

图 T8.41

42. 如图 T8.42 所示,四边形 ABCD 为圆内接四边形,点 P 为不含点 A、D 的 $\overset{\frown}{BC}$ 的中点,AP、DP 分别交 BC 于 E、F,AE、DF 的中点分别为 M、N. 线段 CM 与以 AB 为直径的圆交于点 T,线段 BN 与以 CD 为直径的圆交于点 V. 求证:T、V、C、B 四点共圆,并且该圆的圆心为点 P.

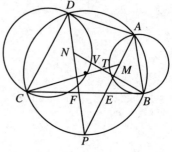

图 T8.42

43. 如图 T8.43 所示,⊙O 与 ⊙P 相交于点 A、B,过点 A 的一条直线还分别交⊙O、⊙P 于点 C、D,过点 A 的另一条直线还分别交⊙O、⊙P 于点 E、F,CD、EF 两条线段的中垂线交于点 K.直线 AO 与 ⊙P 交于点 G(异于点 A),直线 AP 与 ⊙O 交于点 H(异于点 A).求证:B、P、O、G、K、H 六点共圆.

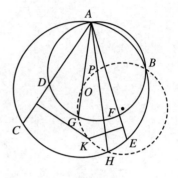

图 T8.43

44. 如图 T8.44 所示,$\triangle ABC$($AB<AC$)的外接圆 Γ 在点 B、C 处的切线相交于点 D,E 在 CB 的延长线上,使得 $AE \perp AD$.DE 的中点为 F.求证:AF 为圆 Γ 的切线.

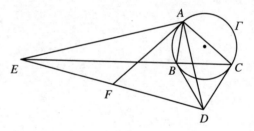

图 T8.44

45. 如图 T8.45 所示,⊙O 与 ⊙P 相交于点 A、B,且圆心 P 在⊙O 上,点 C 在⊙O 上而在⊙P 外,过点 C 引⊙P 的两条割线 CDE($CD<CE$)和 CFG($CF<CG$),且 CP 平分 $\angle ECG$.直线 DA 与 BG 交于点 K.求证:C、A、G、K 四点共圆.

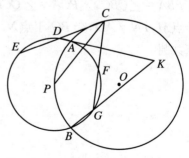

图 T8.45

46. 如图 T8.46 所示,在△ABC 中,点 D 为 BC 的中点,延长 AD,交△ABC 的外接圆 Γ 于点 E,作 EF∥BC,再次交圆 Γ 于点 F.点 P 为 BC 上任意点,作 PM∥AB,交 AC 于点 M; PN∥AC,交 AB 于点 N;PT∥AD,交 MN 于点 T.直线 FP 与 MN 交于点 K.求证:B、K、T、C 四点共圆.

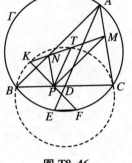

图 T8.46

47. 如图 T8.47 所示,在△ABC 中,AB≠AC,点 D、E、F 分别在边 BC、CA、AB 上,AE = AF,AD、BE、CF 三线共点于 P,DT⊥EF 于点 T,TP 与 BC 交于点 N.△ABC 的外接圆 φ 与△AEF 的外接圆 ε 交于点 A、K,M 为 BC 的中点.求证:直线 AM 与 KN 的交点在圆 φ 上.

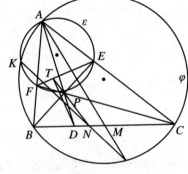

图 T8.47

48. 如图 T8.48 所示,在锐角△ABC 中,AD⊥BC 于点 D,点 P、Q 在△ABC 内部,∠PBA = ∠QBC,∠PCA = ∠QCB.作 PF⊥AB 于点 F,PE⊥AC 于点 E,EM∥AD,交 CQ 于点 M,FN∥AD,交 BQ 于点 N.DM 交 AC 于点 K,DN 交 AB 于点 T.求证:A、K、D、T 四点共圆.

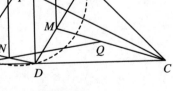

图 T8.48

49. 如图 T8.49 所示,在△ABC 中,点 D、E、F 分别在边 BC、CA、AB 上,且 AD、BE、CF 三线共点于 P,T 为 EF 的中点.作 DV∥AT,交直线 AB 于点 V.△ABC、△AEF 两三角形的外接圆相交于点 A、K.求证:B、D、V、K 四点共圆.

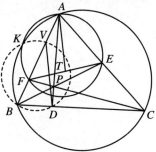

图 T8.49

※50. 如图 T8.50 所示,点 P 在⊙O 外.过 P 作⊙O 的割线 PA,交⊙O 于点 A、B(PA>PB),过 P 作⊙O 的另一割线 PD,交⊙O 于点 D、C(PD>PC).以 PO 为直径的⊙(PO)与直线 BC 交于点 E、F,PB、PC 的中点分别为 M、N.求证:A、D、F、N、M、E 六点共圆.

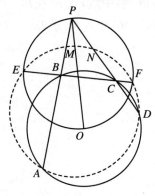

图 T8.50

※51. 如图 T8.51 所示,点 P 在⊙O 外.过点 P 作一直线,交⊙O 于点 A、B(PA<PB).过点 P 另作一直线,交⊙O 于点 D、C(PD<PC).AC 与 BD 交于点 E.过点 P 作以 OE 为直径的⊙K 的两条切线,切点分别为 X、Y.求证:A、X、Y、D 四点共圆.

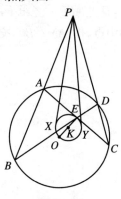

图 T8.51

※52. 如图 T8.52 所示,在 △ABC 中,AB<AC,外接圆为 ⊙O. 点 E、F 分别在 CA、AB 上,且 ∠ABE = ∠ACF,BE 与 CF 交于点 P. 延长 AP,交 BC 于点 D. 作 OX⊥BC 于点 X,分别交 $\overparen{BC}$、$\overparen{BAC}$ 于点 M、N. 延长 ND,交 ⊙O 于点 K. 求证:E、F、K、M 四点共圆.

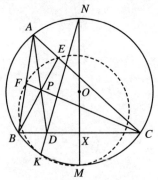

图 T8.52

※53. 如图 T8.53 所示,在锐角 △ABC 中,AB<AC,AD⊥BC 于点 D,H 为垂心,M 为 BC 的中点,点 N 在 BC 上,使得 AN∥HM. 作 NP∥BH,交直线 AB 于点 P;NK∥CH,交直线 AC 于点 K. 求证:P、D、N、K 四点共圆.

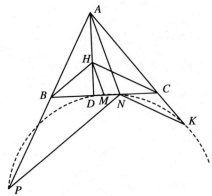

图 T8.53

※54. 如图 T8.54 所示,在 △ABC 中,AB<AC,外接圆为 ⊙O. 点 E、F 分别在 CA、AB 上,且 ∠ABE = ∠ACF,BE 与 CF 交于点 P. 延长 AP,交 BC 于点 D,交 ⊙O 于点 K. M 为 BC 的中点,作 AN∥BC,交 ⊙O 于点 N,延长 NM,交 ⊙O 于点 T. 求证:E、F、K、T 四点共圆.

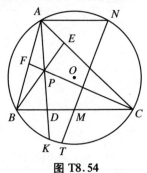

图 T8.54

※55. 如图 T8.55 所示,在△ABC 中,点 D、E 分别在 AB、AC 上,AD = AE;点 M、N 分别在射线 BC、CB 上,BM = BD,CN = CE.DM 与 EN 交于点 P,J 是△ABC 的∠A 内的旁心,JP 交⊙(PDE)于点 T.求证:(1) AB、AC 均为⊙(PDE)的切线;(2) ⊙(PDE)与⊙(TBC)相切于点 T.

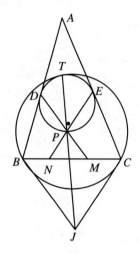

图 T8.55

※56. 如图 T8.56 所示,点 P 在⊙O 外.过 P 作⊙O 的割线 PA,交⊙O 于点 A、B(PA > PB).过 P 作⊙O 的另一割线 PD,交⊙O 于点 D、C(PD > PC).AC 与 BD 交于点 Q,以 PQ 为直径的⊙(PQ)与直线 BC 交于点 E、F.求证:A、D、E、F 四点共圆.

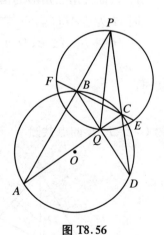

图 T8.56

※57. 如图 T8.57 所示，在四边形 $ABCD$ 中，$AB = AD$，$BC = CD$，$AB > BC$，$\angle ABC$ 与 $\angle ADC$ 两角的平分线交于点 E. 点 F 在 $\odot(BDE)$ 上，且点 E、F 在直线 BD 的异侧，$\angle ADF$ 的平分线交 $\odot(BDE)$ 于点 K，直线 KC 交 BF 于点 P，交 $\odot(BDE)$ 于点 T（不同于 K）. 求证：A、B、P、T 四点共圆.

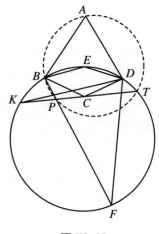

图 T8.57

解 析

1. 只证锐角三角形的情形（图 D8.1），其他情形类似可证.

因 H 为 $\triangle ABC$ 垂心，故 $HD \perp BC$，$BH \perp AC$.

又 $HF \perp BE$，故 B、D、F、H 四点共圆，所以
$$\angle HFD = 180° - \angle HBD = 90° + \angle C,$$
从而
$$\angle BFD = \angle HFD - 90° = \angle C,$$
故 C、D、F、E 四点共圆.

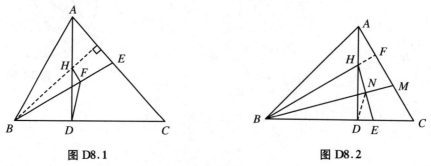

图 D8.1　　　　　　图 D8.2

2. 如图 D8.2 所示，设 BH 交 AC 于点 F，连接 DN.

因 $BH = BE$，BN 平分 $\angle HBE$，故 $\angle BNH = 90° = \angle BDH$，所以 B、D、N、H 四点共圆.

因 H 是 $\triangle ABC$ 的垂心,故 $HF \perp AC, HD \perp BC$. 所以 H、D、C、F 四点共圆.

故 $\angle BND = \angle BHD = \angle C$,于是 C、M、N、D 四点共圆.

3. 如图 D8.3 所示,延长 AM 至点 P,使 $MP = MA$,连接 PE、PF、CK.

因 M 为 EF 的中点,故四边形 $AEPF$ 为平行四边形.

所以 $\angle EPK = \angle DAK = \angle ECK$,因此 E、P、C、K 四点共圆;且 $\angle FPK = \angle BAK = \angle BCK$,因此 P、F、C、K 四点共圆.

故 E、P、F、C、K 五点共圆,从而 E、F、C、K 四点共圆.

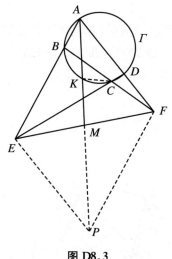

图 D8.3

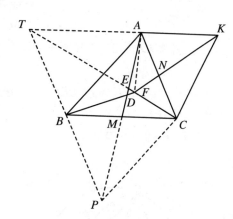

图 D8.4

4. 如图 D8.4 所示,延长 AM 至点 P,使 $MP = MA$,设直线 PB 与 CE 交于点 T,连接 AT、AF、CP.

因 $BM = MC, MP = MA$,故四边形 $ABPC$ 为平行四边形,$AC \parallel PT$.

又 $AE = CE$,故四边形 $ACPT$ 为等腰梯形,从而 A、C、P、T 四点共圆.

所以 $\angle ATF = \angle APC = \angle BAD = \angle ABF$,从而 A、T、B、F 四点共圆.

所以 $\angle EAC = \angle ACF = \angle FTB = \angle FAB$,从而 $\angle FAC = \angle BAE = \angle CPA$,故 $\triangle AFC \sim \triangle PCA$. FN、CM 是对应边上的中线,所以 $\angle ANK = \angle FNC = \angle CMA$.

又因 $AK \parallel BC$,故 $\angle KAN = \angle ACM$,所以 $\triangle ANK \sim \triangle CMA$,从而

$$\frac{AK}{AC} = \frac{AN}{CM} = \frac{AC}{CB}.$$

结合 $\angle CAK = \angle BCA$ 得 $\triangle KAC \sim \triangle ACB$,于是 $\angle ACK = \angle ABC$.

所以 CK 为 $\triangle ABC$ 的外接圆的切线.

5. 设 M 为 AB 的中点,连接线段,如图 D8.5 所示.

由梯形的中位线定理得 $MN \parallel AD$,且 $AD + BC = 2MN$.

又因为 $PK \parallel BC \parallel AD$,所以

$$\frac{2NC}{DK} = \frac{DC}{DK} = \frac{DB}{DP} = 1 + \frac{BP}{DP} = 1 + \frac{BC}{AD}$$

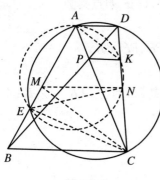

图 D8.5

$$= \frac{AD + BC}{AD} = \frac{2MN}{AD},$$

即 $\frac{NC}{DK} = \frac{MN}{AD}$. 结合 $\angle MNC = \angle ADK$ 得 $\triangle MNC \backsim \triangle ADK$，所以 $\angle MCN = \angle AKD$.

因 $\angle MNC = \angle ADC = 180° - \angle AEC$，故 C、N、M、E 四点共圆，因此 $\angle MCN = \angle MEN$.

故 $\angle AKD = \angle MEN = \angle AEN$，所以 A、K、N、E 四点共圆.

6. 只证如图 D8.6 所示的情形，其他情形的证明类似.

连接 AO、DC. 可设 $\angle BCD = \angle BAD = \angle CAE = \alpha$，则

$$\angle AOD = 2(\angle ACB + \alpha), \quad \angle ADF = 90° - (\angle ACB + \alpha).$$

又

$$\angle AEF = \angle BEF - \angle BEA = 90° - (\angle ACB + \alpha),$$

所以 $\angle ADF = \angle AEF$.

故 A、D、E、F 四点共圆.

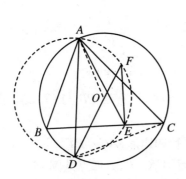

图 D8.6

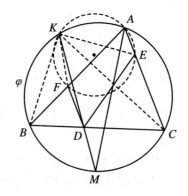

图 D8.7

7. 如图 D8.7 所示，连接 BK、CK、EK、FK.

因 AM 平分 $\angle BAC$，故 KD 平分 $\angle BKC$，所以

$$\frac{BK}{CK} = \frac{BD}{CD} = \frac{BF}{CE}.$$

又 $\angle KBF = \angle KCE$，所以 $\triangle BFK \backsim \triangle CEK$，故 $\angle KFA = \angle KEA$，因此 A、E、F、K 四点共圆.

8. 如图 D8.8 所示，连接 DJ、EJ、PD、PE、CI，设 AJ 与 DE 交于点 T. 显然，I 也在直线 AJ 上.

因 $KP \parallel AB$，故

$$\frac{AJ}{JP} = \frac{AF}{PK}, \quad \frac{TP}{AT} = \frac{PK}{AD}.$$

所以

$$\frac{AJ}{JP} \cdot \frac{TP}{AT} = \frac{AF}{AD} = \frac{1}{2},$$

即

$$2AJ \cdot TP = JP \cdot AT = (TP + JT)(AJ + JT)$$
$$= AJ \cdot TP + JT \cdot AP,$$

从而 $AJ \cdot TP = JT \cdot AP$，即 $\dfrac{AJ}{JT} = \dfrac{AP}{TP}$.

因 DJ 平分 $\angle ADT$，故

$$\frac{AD}{DT} = \frac{AJ}{JT} = \frac{AP}{TP}.$$

所以 DP 平分 $\angle BDE$，故 P 为 $\triangle ADE$ 的一个旁心.

所以

$$\angle APE = \frac{1}{2}\angle ADE = \frac{1}{2}\angle ACB = \angle ECI.$$

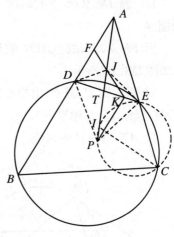

图 D8.8

于是 I、P、C、E 四点共圆.

注 直接利用调和线束的性质，证明更简洁：因 $AD \parallel KP$，且 $AF = FD$，故 KA、KJ、KT、KP 是调和线束. 从而 A、J、T、P 是调和点列. 因 DJ 平分 $\angle ADT$，故 DP 平分 $\angle ADT$ 的外角，因此 P 为 $\triangle ADE$ 的一个旁心.

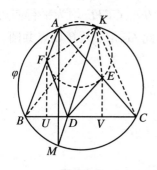

图 D8.9

9. 如图 D8.9 所示，作 $FU \perp BC$ 于点 U，$EV \perp BC$ 于点 V，连接 BK、CK、FK、EK.

因 $BF = DF$，$FU \parallel AM$，故

$$\angle BFD = 2\angle BFU = 2\angle BAM = 2\angle BKD,$$

结合 $BF = DF$，得 F 为 $\triangle BDK$ 的外心.

所以 $FK = FB$，$\angle AFK = 2\angle FBK$.

同理，$\angle AEK = 2\angle ECK$.

因为 $\angle FBK = \angle ABK = \angle ACK = \angle ECK$，所以 $\angle AFK = \angle AEK$，故 A、F、E、K 四点共圆.

10. 如图 D8.10 所示（图形画得不同时，证明类似），设直线 h 交 $\odot O$ 于点 P，连接 DP，交 BC 于点 K，连接其他线段. 只要证明 $DP \perp EF$ 即可.

因为 $\angle DEA = \angle DOA = 2\angle DBA$，所以 $ED = EB$.

又

$$\angle BED = 180° - \angle DEA = 180° - \angle DOA = 180° - 2\angle P$$
$$= 180° - 2(90° - \angle PKC) = 2\angle BKD,$$

所以 E 为 $\triangle BDK$ 的外心，$ED = EK$.

同理，F 为 $\triangle CDK$ 的外心，$FD = FK$.

故 EF 为线段 DK 的中垂线，即有 $DP \perp EF$. 证毕.

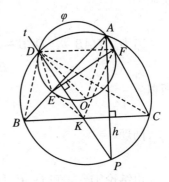

图 D8.10

11. 因 $DE \parallel BC \parallel FK$，故 $\angle KFM = \angle EDM = \angle KNM$，从而 F、K、M、N 四点共圆，记为圆 φ.

因 $FK \parallel BC$，故 $\triangle AFK$ 的外接圆 ε 与圆 Γ 内切于点 A. 过点 A 作圆 ε 与圆 Γ 的公切线 t，如图 D8.11 所示.

对圆 ε、圆 Γ、圆 φ，由根心定理，两两的根轴 t、KF、MN 三线共点（因 MN 与 KF 交于点 T，故三线不会互相平行）.

故 AT 是圆 Γ 的切线.

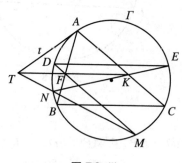

图 D8.11

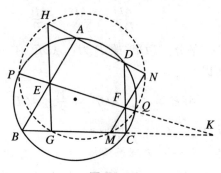

图 D8.12

12. 如图 D8.12 所示，先证明 G、M、Q、P 四点共圆.

当 $PQ \parallel BC$ 时，四边形 $BCQP$ 为等腰梯形或矩形，四边形 $BMFE$、$GCFE$ 均为平行四边形，有 $BM = EF = GC$. 从而四边形 $GMQP$ 为等腰梯形或矩形. 因此 G、M、Q、P 四点共圆.

当 PQ 与 BC 不平行时，设 PQ 与 BC 交于点 K.

由 $GH \parallel CD$，$MN \parallel AB$ 知 $\triangle FMC \sim \triangle EBG$，因此 $\dfrac{FM}{EB} = \dfrac{FC}{EG}$，故

$$\frac{KM}{KB} = \frac{FM}{EB} = \frac{FC}{EG} = \frac{KC}{KG},$$

所以

$$KM \cdot KG = KC \cdot KB = KQ \cdot KP.$$

从而

G、M、Q、P 四点共圆. ①

因为 $\angle HAB = \angle DCB = \angle HGB$，所以 H、A、G、B 四点共圆. 故

$$HE \cdot EG = AE \cdot EB = PE \cdot EQ.$$

所以

H、P、G、Q 四点共圆. ②

同理，

N、Q、M、P 四点共圆. ③

由结论①～③知 G、P、H、N、Q、M 六点共圆.

13. 如图 D8.13 所示，设 AD 与 BC 交于点 N. 则点 N、K 调和分割 BC，即

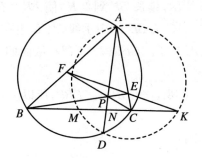

图 D8.13

$$\frac{BN}{NC} = \frac{BK}{KC} \Leftrightarrow BN \cdot KC = BK \cdot NC$$
$$\Leftrightarrow BN \cdot (NK - NC) = (BN + NK) \cdot NC$$
$$\Leftrightarrow BN \cdot NK - BN \cdot NC = BN \cdot NC + NK \cdot NC$$
$$\Leftrightarrow 2BN \cdot NC = (BN - NC)NK.$$

因 M 为边 BC 的中点,故 $BN - NC = 2MN$,于是
$$BN \cdot NC = MN \cdot NK.$$

故
$$AN \cdot ND = BN \cdot NC = MN \cdot NK,$$

因此 A、M、D、K 四点共圆.

14. 如图 D8.14 所示(图画得不相同时,证明类似),作出辅助线,把 $\triangle ABC$ 的内角简记为 $\angle A$、$\angle B$、$\angle C$.

因
$$\angle FPJ = \angle MBJ = 90° - \frac{1}{2}\angle B,$$
$$\angle EPJ = \angle NCJ = 90° - \frac{1}{2}\angle C,$$

故
$$\angle FPE = 180° - \frac{1}{2}\angle B - \frac{1}{2}\angle C.$$

又
$$\angle FDE = 180° - \angle BDF - \angle CDE = \frac{1}{2}\angle B + \frac{1}{2}\angle C,$$

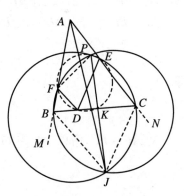

图 D8.14

所以 $\angle FPE + \angle FDE = 180°$,因此 D、E、F、P 四点共圆.

因为
$$\angle BDF = 90° - \frac{1}{2}\angle B = \angle FPK,$$

所以 D、F、P、K 四点共圆.

故 D、E、F、P、K 五点共圆.

15. **证法 1** 如图 D8.15 所示,延长 BF 到点 K,使 FK = BF,连接 AK、DK、DF.

因 AB = AD,BC = CD,故 AC 为 BD 的中垂线,点 E 也在 AC 上.

因 F 为 AC 的中点,故 △AFK ≌ △CFB ≌ △CFD.从而四边形 ACDK 为等腰梯形,A、C、D、K 四点共圆.

因为 ∠ADE = ∠CDE = ∠CBE,∠EDP = ∠EBP,所以 ∠ADP = ∠CBP = ∠AKP,因此 A、P、D、K 四点共圆.

故 A、P、C、D、K 五点共圆.

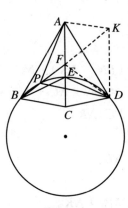
图 D8.15

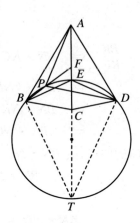
图 D8.16

证法 2 如图 D8.16 所示,延长 AC,交 ⊙(BDE) 于点 T,连接 BT、DT.

因 AB = AD,BC = CD,故 AC 为 BD 的中垂线,点 E 也在 AC 上.ET 经过 ⊙(BDE) 的圆心,即 ET 为直径,故 ∠EBT = 90°.

又因 BE 平分 ∠ABC,故 BT 平分 ∠ABC 的外角.所以

$$\frac{AE}{EC} = \frac{AB}{BC} = \frac{AT}{TC},$$

即

$$\frac{AF + FE}{FC - FE} = \frac{AF + FT}{FT - FC}.$$

又 AF = FC,所以 $AF^2 = FE \cdot FT = FP \cdot FB$.因此 △FAP ∽ △FBA,故

$$\angle APF = \angle BAF = \angle DAE.$$

又

$$\angle FPD = 180° - \angle BPD = 180° - \angle BED = 180° - 2\angle CED,$$

所以

$$\angle APD = \angle APF + \angle FPD = \angle DAE + 180° - 2\angle CED$$
$$= \angle ACD + \angle CED + \angle CDE + \angle DAE - 2\angle CED$$
$$= \angle ACD + \angle ADE + \angle DAE - \angle CED$$
$$= \angle ACD.$$

故 A、P、C、D 四点共圆.

16. 如图 D8.17 所示,设直线 CP 交 AB 于点 F,连接 FM、TM、KN、BE.
对 $\triangle ABC$ 及点 P,由塞瓦定理得
$$\frac{AF}{FB} \cdot \frac{BD}{DC} \cdot \frac{CM}{MA} = 1,$$
又 $BD = DC$,所以 $\frac{AF}{FB} = \frac{AM}{MC}$,因此 $FM \parallel BC$.

又因 $CE \parallel AB$,故
$$\frac{BP}{PM} = \frac{CP}{PF} = \frac{EP}{PT},$$
因此 $BE \parallel MT$.

故 $\angle TMP = \angle MBE = \angle NKT$. 因此 M、N、K、T 四点共圆.

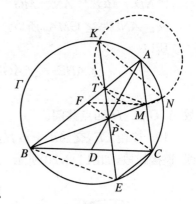

图 D8.17

17. 如图 D8.18 所示,延长 AE,交 $\triangle ABC$ 的外接圆 $\odot O$ 于点 T,连接 CT、OM、ON.

因 M、N 分别为 AB、AC 的中点,故 $OM \perp AB$,$ON \perp AC$.

又 $OE \perp AE$,故 A、M、E、O、N 五点共圆.

由 $OE \perp AE$ 知 E 为 AT 的中点.

因 $\angle ABD = \angle ATC$,$\angle BAD = \angle TAC$,故 $\triangle ABD \sim \triangle ATC$. DM、CE 为对应边上的中线,所以 $\angle FMA = \angle FEA$,因此点 F 在 $\odot(AMEON)$ 上.

同理,点 K 在 $\odot(AMEON)$ 上.

故 M、N、K、F 四点共圆.

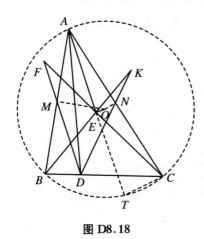

图 D8.18

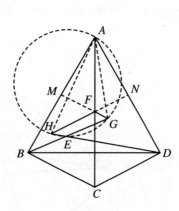

图 D8.19

18. 如图 D8.19 所示,设直线 GF 交 AB 于点 M,HF 交 AD 于点 N. 连接 AH、AG.

由 $FH \parallel CD$,F 为 AC 的中点,知 $AN = ND$. 同理,$AM = MB$.

因 $FH \parallel CD$,故 $\angle NHD = \angle CDE = \angle ABE = \angle MBG$.

又 $\angle HND = \angle BMG$,所以 $\triangle DHN \sim \triangle GBM$.

故 $\dfrac{HN}{ND} = \dfrac{BM}{MG}$,即 $\dfrac{HN}{AN} = \dfrac{AM}{MG}$.

又 $\angle ANH = \angle GMA$,所以 $\triangle AHN \sim \triangle GAM$,因此 $\angle AHN = \angle GAM$.

所以
$$\angle AHE + \angle AGE = \angle NHD + \angle AHN + \angle AGE$$
$$= \angle MBG + \angle GAM + \angle AGE = 180°,$$

故 A、G、E、H 四点共圆.

19. 连接 CE,交 AB 于点 H,则 AP 是 CE 的中垂线,E、F 在 $\odot O$ 上,且 E、F、P 三点共线. 连接线段,如图 D8.20 所示.

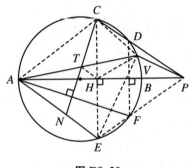

图 D8.20

因 TH 是 $\triangle CNE$ 的中位线,故 $TH \parallel NE$,因此 $\angle THC = \angle AEC = \angle AVC$. 所以 C、T、H、V 四点共圆. 于是
$$\angle HEV + \angle HVE = \angle CHV = \angle CTV$$
$$= \angle CAT + \angle ACT.$$

又 $\angle HEV = \angle CAT$,故
$$\angle HVE = \angle ACT = 90° - \angle CAF$$
$$= 90° - \angle CEF = \angle HPE,$$

因此 H、E、P、V 四点共圆.

所以 $\angle HPV = \angle HEV = \angle VDP$. 故 AP 为 $\triangle PDV$ 的外接圆的切线.

※20. 如图 D8.21 所示,设 BN 与 CL 交于点 K,直线 AK 交 LN 于点 U,交 BC 于点 T'. 作 $PV \perp AT'$ 于点 V. 直线 LN 与 PV 交于点 S(可能为无穷远点). 连接 LV、NV.

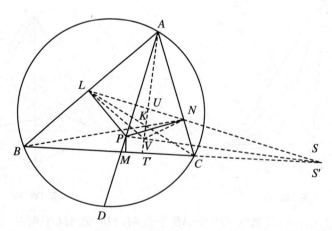

图 D8.21

因 AP 平分 $\angle BAC$,$PN \perp AC$,$PL \perp AB$,故 A、N、V、P、L 五点共圆,且 $AN = AL$.

于是 VU 平分 $\angle NVL$,VS 平分 $\angle NVL$ 的外角,所以 $(L, N; U, S)$ 为调和点列.

设 LN 与 BC 交于点 S'.

由 AT'、BN、CL 三线共点于 K 知 $(L,N;U,S')$ 为调和点列. 所以点 S' 与 S 重合.

又 P、M、T'、V 四点共圆,故 $ST' \cdot SM = SV \cdot SP = SN \cdot SL$,所以 M、N、L、T' 四点共圆.

下面证明点 T' 与 T 重合.

对△ABC 及点 K,由塞瓦定理得

$$\frac{AL}{LB} \cdot \frac{BT'}{T'C} \cdot \frac{CN}{NA} = 1.$$

又因 $AL = NA$,故 $\frac{BT'}{T'C} = \frac{BL}{CN}$.

设⊙($ANPL$) 与⊙(ABC) 交于点 A、X. DX 交 BC 于点 T'',交⊙($ANPL$) 于点 F'(不同于 X),连接线段,如图 D8.22 所示.

因 AD 平分∠BAC,故 $BD = CD$.

因∠$ABX = \angle ACX$,由∠$ALX = \angle ANX$ 得∠$BLX = \angle CNX$,故△$BLX \sim \triangle CNX$,因此 $\frac{BX}{CX} = \frac{BL}{CN}$. 所以

$$\frac{BT''}{T''C} = \frac{S_{\triangle BDX}}{S_{\triangle CDX}} = \frac{BD \cdot BX}{CD \cdot CX} = \frac{BL}{CN} = \frac{BT'}{T'C}.$$

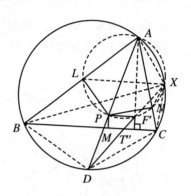

图 D8.22

故点 T'' 与 T' 重合.

因∠$AF'P = \angle ANP = 90°$,故 $PF' \perp AF'$.

因

$$\angle PF'D = \angle PAX \stackrel{m}{=} \frac{1}{2}\widehat{DCX} = \frac{1}{2}(\widehat{BD} + \widehat{CX}) \stackrel{m}{=} \angle BT''D,$$

故 $PF' \parallel BC$.

所以 $AF' \perp BC$,因此点 F' 在高线 AE 上,故点 F' 与 F 重合.

于是点 T'' 与 T 重合,从而点 T'、T'' 都与 T 重合.

故 M、N、L、T 四点共圆.

21. **证法 1** 设点 P 在∠BAD 内(其他情形证明类似). 设 $PO \perp AD$ 于点 T,则 T 为 AD 的中点. 设直线 PO 交 DK 于点 M,因 $TM \parallel AK$(都与 AD 垂直),故 TM 为△DAK 的中位线. 设 L 为点 A 关于 F 的对称点. 辅助线如图 D8.23 所示. 设∠$PAD = \alpha$,∠BAC 简记为∠A.

因点 P 是△ADL 的两边 AD、AL 的中垂线的交点,故 P 为△ADT 的外心,AP 是△ADT 的外接圆半径.

注意到△AET 的外接圆直径是 AP,∠$DAL = \angle EAT$.

由正弦定理得 $ET = \frac{1}{2}DL$.

因 TM 为△DAK 的中位线,故 $TM = \frac{1}{2}AK = \frac{1}{2}LK$.

所以 $\dfrac{TM}{LK} = \dfrac{1}{2} = \dfrac{ET}{DL}$.

由于
$$\angle ETM = \angle ETA + \angle ATM = \angle APE + 90° = 180° - \dfrac{\angle A}{2} + \alpha,$$
$$\angle DLK = \angle DLA + \angle ALK = 180° - \angle APT + \angle LAK = 180° - \dfrac{\angle A}{2} + \alpha,$$

因此 $\angle ETM = \angle DLK$.

故 $\triangle TEM \backsim \triangle LDK$,相似比为 $1:2$,所以 $EM = \dfrac{1}{2}DK$.

从而 $\angle DEK = 90° = \angle DAK$.

因此 A、E、D、K 四点共圆.

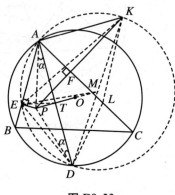

图 D8.23

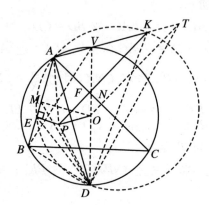

图 D8.24

证法 2 设点 P 在 $\angle BAD$ 内(其他情形证明类似). 直线 AK 交 $\odot O$ 于点 A,V,则 D、O、V 三点共线. 作 $OM \perp AB$ 于点 M,$ON \perp AC$ 于点 N,直线 ON 与 AK 交于点 T. 其他辅助线如图 D8.24 所示.

因为
$$\angle VTO = \angle ATN = \dfrac{\angle A}{2} = \angle BAD,$$
$$\angle TVO = \angle ABD,$$

所以 $\triangle TVO \backsim \triangle ABD$,因此 $\dfrac{AB}{TV} = \dfrac{BD}{VO}$,即 $\dfrac{2BM}{TV} = \dfrac{BD}{\frac{1}{2}DV}$,故

$$\dfrac{BM}{TV} = \dfrac{BD}{DV} = \sin\angle BVD = \sin\dfrac{\angle A}{2}.$$

因 $PKTO$ 为平行四边形(两组对边分别平行),故

$$\dfrac{EM}{KT} = \dfrac{EM}{PO} = \sin\angle POM = \sin\dfrac{\angle A}{2}.$$

所以

$$\frac{BD}{DV} = \frac{BM}{TV} = \frac{EM}{KT} = \frac{BM-EM}{TV-KT} = \frac{BE}{VK}.$$

结合 $\angle EBD = \angle KVD$ 得 $\triangle BED \backsim \triangle VKD$. 故 $\angle BED = \angle VKD$.

因此 A、E、D、K 四点共圆.

证法 3 如图 D8.25 所示,设点 P 在 $\angle BAD$ 内(其他情形证明类似),$\angle PAD = \alpha$,$\angle BAC$ 简记为 $\angle A$. 连接 AP、PD.

根据托勒密定理及其逆定理得

A、E、D、K 四点共圆

$\Leftrightarrow AE\sin\angle KAD + AK\sin\angle EAD = AD\sin\angle EAK$

$\Leftrightarrow AE + AK\sin\dfrac{A}{2} = AD\cos\dfrac{A}{2}$. ①

因为

$$AE = AP\cos\left(\dfrac{A}{2} - \alpha\right),$$

$$AK = \dfrac{AF}{\sin\angle K} = \dfrac{AP\cos\left(\dfrac{A}{2}+\alpha\right)}{\sin\dfrac{A}{2}},$$

$$AD = 2AP\cos\alpha,$$

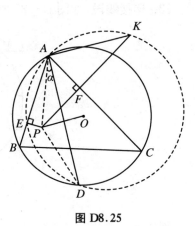

图 D8.25

所以

$$\text{式 ①} \Leftrightarrow \cos\left(\dfrac{A}{2}-\alpha\right) + \cos\left(\dfrac{A}{2}+\alpha\right) = 2\cos\dfrac{A}{2}\cos\alpha.$$

这是成立的. 证毕.

22. 设 GF 交 $\odot O$ 于点 K_1(不同于 F),HC 交 $\odot O$ 于点 K_2(不同于 C),连接线段,如图 D8.26 所示.

由相似三角形对应边成比例得

$$\dfrac{AK_1}{BF} = \dfrac{GA}{GF}, \quad \dfrac{DF}{K_1E} = \dfrac{GF}{GE}.$$

所以

$$\dfrac{AK_1}{K_1E} = \dfrac{GA}{GE} \cdot \dfrac{BF}{DF} = \dfrac{AD}{BE} \cdot \dfrac{BF}{DF}.$$

因为

$$\dfrac{AK_2}{BC} = \dfrac{HA}{HC}, \quad \dfrac{CE}{K_2E} = \dfrac{HC}{HE},$$

所以

$$\dfrac{AK_2}{K_2E} = \dfrac{HA}{HE} \cdot \dfrac{BC}{CE} = \dfrac{AE}{BE} \cdot \dfrac{BC}{CE}.$$

因为

$$\dfrac{AE}{BF} = \dfrac{PA}{PF}, \quad \dfrac{BC}{AD} = \dfrac{PC}{PA}, \quad \dfrac{DF}{CE} = \dfrac{PF}{PC},$$

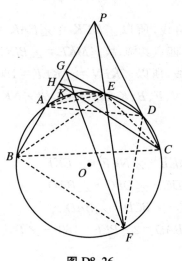

图 D8.26

所以
$$\frac{AE}{BF} \cdot \frac{BC}{AD} \cdot \frac{DF}{CE} = 1 \Rightarrow \frac{AD \cdot BF}{DF} = \frac{AE \cdot BC}{CE}.$$

故 $\frac{AK_1}{K_1 E} = \frac{AK_2}{K_2 E}$，因此点 K_1 与 K_2 重合．

所以 GF 与 HC 的交点在 $\odot O$ 上．

23．连接线段，如图 D8.27 所示．

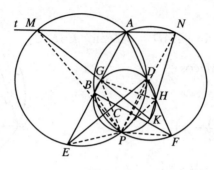

图 D8.27

因为
$$\angle PMN = \angle PDH = \angle PGH,$$
$$\angle PNM = \angle PBE = \angle PHG,$$

所以 $\triangle PMN \backsim \triangle PGH$，从而 $\frac{PM}{PN} = \frac{PG}{PH}$，且 $\angle MPN = \angle GPH$，故 $\angle MPG = \angle NPH$．

所以 $\triangle PMG \backsim \triangle PNH$，因此 $\angle PGK = \angle PHK$．

所以 P、G、H、K 四点共圆，即点 K 在 $\odot(BDP)$ 上．

注 点 P 称为完全四边形 $ABECFD$ 的密克尔点．

24．连接线段，如图 D8.28 所示．

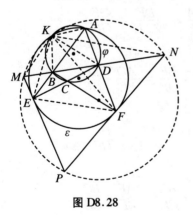

图 D8.28

因为 PM 为圆 ε 的切线，所以 $\angle MEK = \angle EAK = \angle MDK$，因此 M、E、D、K 四点共圆，故 $\angle MKE = \angle BDC$．

因为 PN 是圆 ε 的切线，所以 $\angle KFN = \angle KEF = 180° - \angle KAD = \angle KBN$，因此 N、F、B、K 四点共圆，故 $\angle NKF = \angle DBC$．

于是
$$\angle MKN = \angle MKE + \angle NKF + \angle EKF$$
$$= \angle BDC + \angle DBC + \angle BAD$$
$$= 180° - \angle BCD + \angle BAD$$
$$= 2\angle BAD = 2\angle PEF = 180° - \angle P,$$

即 $\angle MKN + \angle P = 180°$．所以 K、M、P、N 四点共圆．

25．只证如图 D8.29 所示的情形，其他情形证明类似．

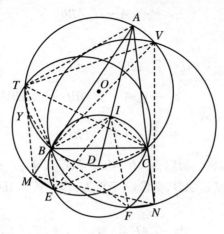

图 D8.29

把 △ABC 的三内角简记为 ∠A、∠B、∠C. 设直线 TM 交 ⊙O 于点 T、Y. 连接线段, 如图所示.

易知 I 为 △ABC 的内心.

因 $\widehat{IE} = \widehat{IF}$, D 为圆心, 故 E、F 关于 AD 对称.

又 EM⊥AB, FN⊥AC, AD 为 ∠BAC 的平分线, 所以点 M、N 也关于 AD 对称. 有 AM = AN. 因此

$$\begin{aligned}\angle MNV &= \angle FNV - \angle FNM \\ &= 180° - \angle FBV - (\angle FNA - \angle ANM) \\ &= 180° - \angle FBV - 90° + 90° - \frac{1}{2}\angle A \\ &= 180° - \angle FBV - \frac{1}{2}\angle A.\end{aligned}$$

因 $\widehat{IE} = \widehat{IF}$, 故 ∠ICE = ∠IBF.

所以

$$\begin{aligned}\angle ATY &= \angle ATB + \angle BTM \\ &= \angle ATB + \angle CTM - \angle BTC \\ &= 180° - \angle C + 180° - \angle CEM - \angle A \\ &= \angle B + 180° - \angle CEB - \angle MEB \\ &= \angle B + \angle BIC - (90° - \angle MBE) \\ &= \angle B + 90° + \frac{1}{2}\angle A - 90° + (180° - \angle ABI - \angle IBE) \\ &= 180° + \frac{1}{2}\angle A + \frac{1}{2}\angle B - (180° - \angle ICE) \\ &= \frac{1}{2}\angle A + \frac{1}{2}\angle B + \angle IBF\end{aligned}$$

$$= \frac{1}{2}\angle A + \angle ABF.$$

于是
$$\angle VTM = \angle ATY - \angle ATV$$
$$= \frac{1}{2}\angle A + \angle ABF - \angle ABV$$
$$= \frac{1}{2}\angle A + \angle FBV.$$

故 $\angle MNV + \angle VTM = 180°$,所以 M、N、V、T 四点共圆.

26. 如图 D8.30 所示,延长 AD,交 $\odot O$ 于点 L,作 $TV \perp AD$,交 AD 的延长线于点 V,连接 BE、EL、CL.

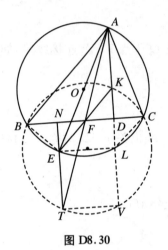

图 D8.30

因 $\angle BAE = \angle CAL$,故 $\overset{\frown}{BE} = \overset{\frown}{CL}$,因此四边形 $BCLE$ 为等腰梯形.

又四边形 $ELVT$ 为矩形,所以四边形 $BCVT$ 也为等腰梯形,B、C、V、T 四点共圆.

因为 $EL /\!/ BC /\!/ TV$, $TN /\!/ AV$,所以
$$\frac{KD}{DL} = \frac{KF}{FE} = \frac{AF}{FT} = \frac{AD}{DV}.$$

故
$$KD \cdot DV = AD \cdot DL = BD \cdot DC,$$

因此 B、K、C、V 四点共圆.

所以 B、K、C、V、T 五点共圆.从而 B、K、C、T 四点共圆.

注 点 K 在 AF 上的射影也在上述五点圆上.

27. 证明中将用到如下引理:

引理 在 $\triangle ABC$ 中,点 D、E 分别在 AB、AC 上,$\odot(ABE)$ 和 $\odot(ACD)$ 交于点 A、F. 点 P、M、N 分别在 BC、AB、AC 上,使得 $PM /\!/ CD$,$PN /\!/ BC$,则 A、M、F、N 四点共圆.

引理的证明 如图 D8.31 所示,作出辅助线.

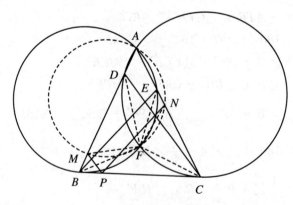

图 D8.31

因 $\angle BDF = \angle ECF$,$\angle DBF = \angle CEF$,故 $\triangle BDF \sim \triangle ECF$,所以 $\dfrac{BF}{EF} = \dfrac{BD}{CE}$.

因为 $PM \parallel CD$,$PN \parallel BE$,所以
$$\dfrac{BM}{BD} = \dfrac{BP}{BC} = \dfrac{EN}{CE} \Rightarrow \dfrac{BM}{EN} = \dfrac{BD}{CE}.$$

故 $\dfrac{BF}{EF} = \dfrac{BM}{EN}$. 结合 $\angle MBF = \angle NEF$ 得 $\triangle BMF \sim \triangle ENF$.

所以 $\angle BMF = \angle ENF$,因此 A、M、F、N 四点共圆.

引理证毕.

下面回到原题.

如图 D8.32 所示,延长 AM 至点 T,使 $MT = AM$,$\odot(ABK)$ 交直线 AC 于点 A、V,$\odot(ACK)$ 交直线 AB 于 A、U,连接其他线段.

因 $BM = MC$,$AM = MT$,故 $ABTC$ 为平行四边形.

由 $BT \parallel AC$,$BH \perp AC$ 得 $BT \perp BH$.

同理,$CT \perp CH$.

又 $HK \perp AT$,所以 B、T、C、H、K 五点共圆. 因此
$$BM^2 = BM \cdot CM = TM \cdot MK = AM \cdot MK,$$
从而 $\triangle MBK \sim \triangle MAB$,故 $\angle MBK = \angle MAB$.

所以 MB(即 BC)为 $\odot(ABK)$ 的切线.

故 $\angle CBV = \angle CAB = \angle CDE$,因此 $DE \parallel BV$.

同理,$DF \parallel CU$.

由引理得 A、E、K、F 四点共圆.

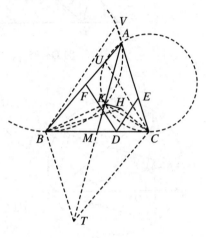

图 D8.32

注 利用引理,还可以证明下列问题:

(1)(第 27 届俄罗斯数学奥林匹克)如图 D8.33 所示,设 D 是 $\triangle ABC$ 的边 BC 上一点,DC 的垂直平分线交 CA 于 E,BD 的垂直平分线交 AB 于 F,O 是 $\triangle ABC$ 的外心. 求证:A、E、O、F 四点共圆.

(2)如图 D8.34 所示,D 为 $\triangle ABC$ 的边 BC 上任一点,$DE \parallel AB$,DE 交 AC 于点 E,$DF \parallel AC$,DF 交 AB 于点 F. 证明:过 A、E、F 的圆经过一定点.

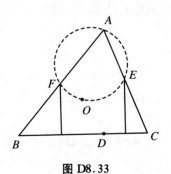

图 D8.33

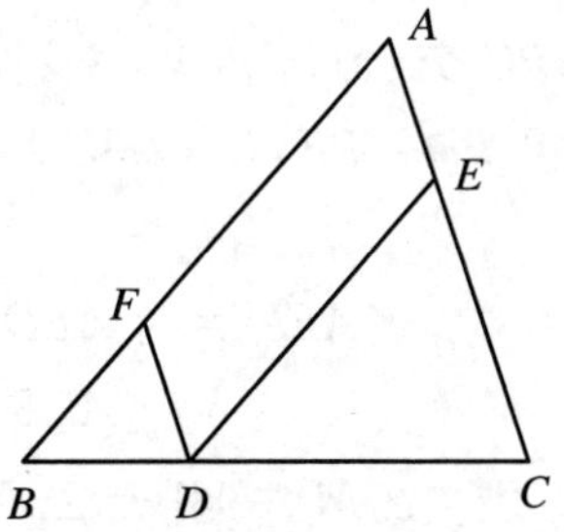

图 D8.34

(3) 如图 D8.35 所示,设 D、E、F 分别为 $\triangle ABC$ 的三边 BC、CA、AB 上的点,且 $BD=DF$,$DC=DE$,H 为 $\triangle ABC$ 的垂心. 求证:A、E、H、F 四点共圆.

(4) 如图 D8.36 所示,设 D、E、F 分别为 $\triangle ABC$ 的三边 BC、CA、AB 上的点,且 $BD=BF$,$CD=CE$,I 为 $\triangle ABC$ 的内心. 求证:A、E、I、F 四点共圆.

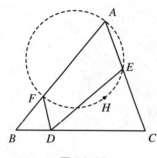

图 D8.35

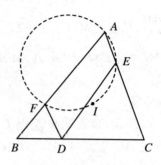

图 D8.36

28. 如图 D8.37 所示,设直线 AK 与圆 Γ 的第二个交点为 M,连接 BM、CM. 因 N 为 $\overparen{BAC}$ 的中点,故只要证明 MD 平分 $\angle BMC$ 即可. 这只要证明 $\dfrac{BD}{DC}=\dfrac{BM}{CM}$.

作 $BU\perp EF$ 于点 U,$CV\perp EF$ 于点 V.

因 $AE=AF$,故 $\angle BFU=\angle CEV$,从而 $\text{Rt}\triangle BFU\backsim \text{Rt}\triangle CEV$.

因为 AD、BE、CF 三线共点,由塞瓦定理得

$$\dfrac{BD}{DC}\cdot\dfrac{CE}{EA}\cdot\dfrac{AF}{FB}=1 \Rightarrow \dfrac{BD}{DC}=\dfrac{BF}{CE}.$$

又因为 $BU\parallel DK\parallel CV$(都与 EF 垂直),所以

$$\dfrac{UK}{KV}=\dfrac{BD}{DC}=\dfrac{BF}{CE}=\dfrac{UF}{EV}=\dfrac{UK-UF}{KV-EV}=\dfrac{FK}{KE}$$

$$=\dfrac{S_{\triangle AFK}}{S_{\triangle AKE}}=\dfrac{\sin\angle FAK}{\sin\angle KAE}=\dfrac{BM}{CM},$$

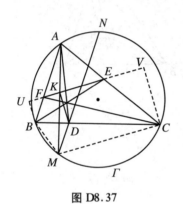

图 D8.37

即 $\dfrac{BD}{DC}=\dfrac{BM}{CM}$. 证毕.

29. 如图 D8.38 所示(图形画得不相同时,证明类似),不妨设 $AB>AC$,BC 的中垂线交 AD 于点 P,PE 交 FM 于点 V,AO 交 BC 于点 T.

由对称性得 $PD=PE$,B、C、V、N 四点共圆.

因为

$$\angle AEP=\angle AED-\angle PED=\angle AED-\angle ADE$$
$$=\angle ACB-\angle ABC,$$
$$\angle M=90°-\angle ATF=90°-(\angle BAT+\angle ABC)$$
$$=\angle ACB-\angle ABC,$$

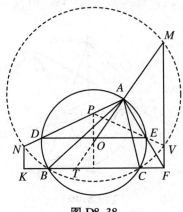

图 D8.38

所以∠AEP =∠M,因此 A、E、V、M 四点共圆.

故 FV·FM = FE·FA = FC·FB.于是 B、C、V、M 四点共圆.

所以 B、C、V、M、N 五点共圆.

从而 B、C、M、N 四点共圆.

30. 作 $DM\perp BC$ 于点 M,$EN\perp BC$ 于点 N,连接线段,如图 D8.39 所示.

对△ADE 及点 F,由塞瓦定理得

$$\frac{DL}{LE}\cdot\frac{EC}{CA}\cdot\frac{AB}{BD}=1.$$

又 $AB = AC$,故 $\frac{DL}{LE}=\frac{BD}{CE}$.

因为 $\text{Rt}\triangle BDM \backsim \text{Rt}\triangle CEN$,$DM // LV // EN$,所以

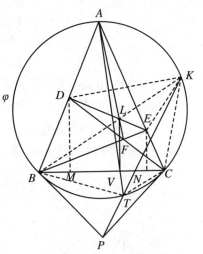

图 D8.39

$$\frac{BM}{CN}=\frac{BD}{CE}=\frac{DL}{LE}=\frac{MV}{VN}=\frac{BM+MV}{CN+VN}=\frac{BV}{CV}.$$

因 $AB = AC$,故 TV 平分∠BTC,所以

$$\frac{BT}{CT}=\frac{BV}{CV}=\frac{BD}{CE}.$$

因△PBT∽△PKB,△PCT∽△PKC,故

$$\frac{BT}{BK}=\frac{PB}{PK}=\frac{PC}{PK}=\frac{CT}{CK},$$

所以

$$\frac{BK}{CK}=\frac{BT}{CT}=\frac{BD}{CE}.$$

又因为∠DBK =∠ECK,所以△DBK∽△ECK,故∠ADK =∠AEK.

因此 A、D、E、K 四点共圆.

31. 设 AA_1 与 PC_1 交于点 N，连接线段，如图 D8.40 所示（图形不同时，证明类似）.

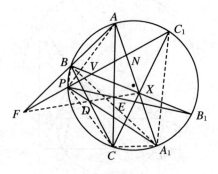

图 D8.40

$$\frac{NX}{XA_1} \cdot \frac{A_1D}{DP} \cdot \frac{PF}{FN} = \frac{S_{\triangle C_1 NX}}{S_{\triangle C_1 XA_1}} \cdot \frac{S_{\triangle A_1 BC}}{S_{\triangle PBC}} \cdot \frac{S_{\triangle APF}}{S_{\triangle AFN}}$$

$$= \frac{C_1 N \sin\angle NC_1 X}{A_1 C_1 \sin\angle A_1 C_1 X} \cdot \frac{A_1 C \cdot A_1 B}{PB \cdot PC} \cdot \frac{PA \sin\angle PAB}{AN \sin\angle BAN}$$

$$= \frac{C_1 N \cdot PC}{A_1 C_1 \cdot A_1 C} \cdot \frac{A_1 C \cdot A_1 B}{PB \cdot PC} \cdot \frac{PA \cdot PB}{AN \cdot A_1 B}$$

$$= \frac{C_1 N}{AN} \cdot \frac{PA}{A_1 C_1}$$

$$= 1. \quad (\triangle NA_1 C_1 \sim \triangle NPA)$$

对 $\triangle A_1 NP$，由梅涅劳斯定理的逆定理得 X、D、F 三点共线.

设 BB_1 与 PC_1 交于点 V，类似可证 X、E、F 三点共线.

故 X、E、D、F 四点共线.

32. 连接线段，如图 D8.41 所示.

$$\frac{BP}{CP} = \frac{S_{\triangle BDM}}{S_{\triangle CDM}} = \frac{BM \cdot BD}{CM \cdot CD}. \qquad ①$$

易知 $\angle BPV = \angle CPF = 90° - \angle ACP = \angle CAD = \angle CBD$.

同理，$\angle CPT = \angle BCD$.

由 $TE \perp AB$，$VF \perp AC$ 知 $\angle BVP = \angle CTP$，所以

$$\frac{BP}{BV} = \frac{\sin\angle BVP}{\sin\angle BPV} = \frac{\sin\angle CTP}{\sin\angle CBD},$$

$$\frac{CP}{CT} = \frac{\sin\angle CTP}{\sin\angle CPT} = \frac{\sin\angle CTP}{\sin\angle BCD}.$$

以上两式相除得

$$\frac{BP}{CP} \cdot \frac{CT}{BV} = \frac{\sin\angle BCD}{\sin\angle CBD} = \frac{BD}{CD}. \qquad ②$$

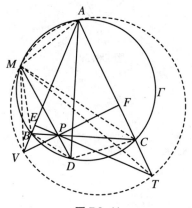

图 D8.41

①÷②得 $\dfrac{BM}{CM} = \dfrac{BV}{CT}$.

因 $\angle ABM = \angle ACM$，故 $\angle MBV = \angle MCT$.

所以 $\triangle BMV \sim \triangle CMT$.故 $\angle BVM = \angle CTM$，因此 A、M、V、T 四点共圆.

33. 把 $\triangle ABC$ 的三内角简记为 $\angle A$、$\angle B$、$\angle C$，不妨设 $\angle B < \angle C$，点 D、E 均在 $\overset{\frown}{BC}$（不含 A）上（当 D、E 分别在 $\overset{\frown}{BM}$、$\overset{\frown}{CM}$ 上时，证明类似）.

因 M 为 $\overset{\frown}{BAC}$ 的中点，$DE \parallel BC$，故 $MB = MC$，$BD = CE$，$MD = ME$. 于是可把 $\triangle MCL$ 绕点 M 顺时针旋转 $\angle BMC$ 至 $\triangle MBP$ 位置，$\triangle MLE$ 绕点 M 顺时针旋转 $\angle DME$ 至 $\triangle MFD$ 位置. 在 $\triangle ABD$ 外侧构造 $\triangle BDK \cong \triangle CEL$. 连接线段，如图 D8.42 所示.

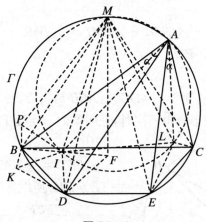

图 D8.42

由 $DE \parallel BC$ 得 $\angle BAD = \angle CAE$（设为 α）.

因为

$$\angle MBP = \angle MCL = \angle ACL - \angle ACM = \dfrac{1}{2}\angle ACE - \angle ACM$$

$$= \dfrac{1}{2}(\angle C + \angle A - \alpha) - \dfrac{1}{2}(\angle C - \angle B) = \dfrac{1}{2}(\angle A + \angle B - \alpha),$$

所以

$$\angle PBI = \angle MBP + \angle MBI = \dfrac{1}{2}(180° + \angle A - 2\alpha).$$

又因

$$\angle KBI = \angle KBD + \angle DBI = \dfrac{1}{2}(\angle C + \angle A - \alpha) + \dfrac{1}{2}(\angle B + \angle A - \alpha)$$

$$= \dfrac{1}{2}(180° + \angle A - 2\alpha),$$

故 $\angle PBI = \angle KBI$.

又因为 $BP = CL = BK$，所以 $\triangle BIP \cong \triangle BIK$，因此 $IP = IK$.

因为

$$\angle KDI = \angle KDB + \angle BDI = \frac{1}{2}\angle B + \frac{1}{2}\angle C,$$

$$\angle FDI = \angle FDM + \angle MDI = \angle LEM + \angle MDI = \frac{1}{2}\angle C + \frac{1}{2}\angle B,$$

所以 $\angle KDI = \angle FDI$.

又因为 $DK = EL = DF$，所以 $\triangle DIK \cong \triangle DIF$，因此 $IK = IF$.

故 $IP = IK = IF$.

又因为 $MP = ML = MF$，所以 $\triangle MIP \cong \triangle MIF$，故

$$\angle PMI = \angle FMI = \frac{1}{2}\angle PMF = \frac{1}{2}(\angle BMP + \angle BMD + \angle DMF) = \alpha.$$

所以

$$\angle IML = \angle BMC - \angle CML - \angle BMI = \angle BMC - \angle BMP - \angle BMI$$
$$= \angle A - \angle PMI = \angle A - \alpha = \angle IAL.$$

故 I、L、A、M 四点共圆.

注 类似可证：设 X、Y 分别为 $\triangle ADC$、$\triangle AEB$ 的内心，则 X、Y、A、M 四点共圆.

34. 如图 D8.43 所示（图形画得不同时，证明类似），连接 FM、FN、FP、FK、TE、AB.

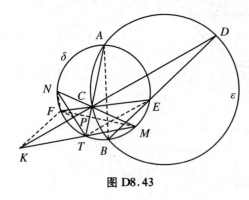

图 D8.43

因

$$\angle BET = \angle BAT = \angle BAC = \angle BDC,$$

故 $TE \parallel DK$. 所以

$$\angle PCF = \angle TEF = \angle PNF,$$
$$\angle FCK = \angle FET = \angle FMK,$$

因此 C、N、F、P 四点共圆，C、M、K、F 四点共圆.

故

$$\angle NPF = \angle NCF = \angle FKT.$$

因此 F、P、T、K 四点共圆.

35.（1）如图 D8.44 所示，连接 EF、GH.

因为

$$\angle FEG = \angle ABF = \angle ACD = \angle FHG,$$

所以 E、F、G、H 四点共圆.

（2）延长 FE、GH，分别交 BC 于点 P、T.

因 $\angle GHF = \angle ACD = \angle ABD$，故 $GT \parallel AB$.

同理，$FP \parallel CD$.

因为

$$BH \cdot BD = BM \cdot BC = CM \cdot BC = CE \cdot AC, \quad ①$$

所以

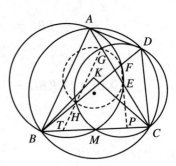

图 D8.44

$$\frac{BH}{AC}=\frac{CE}{BD}\Rightarrow\frac{BH}{\sin\angle ABC}=\frac{CE}{\sin\angle BCD}.$$

在 △BHT 和 △CEP 中，由正弦定理得

$$\frac{BT}{\sin\angle BHT}=\frac{BH}{\sin\angle ABC}=\frac{CE}{\sin\angle BCD}=\frac{CP}{\sin\angle CEP}.$$

又因为

$$\angle BHT=\angle ABD=\angle ACD=\angle CEP,$$

所以 $BT=CP$，从而 $BP=CT$.

故

$$\frac{BF}{BD}=\frac{BP}{BC}=\frac{CT}{BC}=\frac{CG}{AC}. \qquad ②$$

①×②得 $BH \cdot BF = CE \cdot CG$，即点 B 与 C 对 $\odot K$ 的幂相等. 故 $BK=CK$.

36. 设直线 PF 与 $\odot O$ 的另一交点为 K，PF 与 AD 交于点 M，作 $MX \parallel AF$，交 FD 于点 X；$MY \parallel DF$，交 AF 于点 Y，连接线段，如图 D8.45 所示.

因

$$\triangle AKE \backsim \triangle FCE \Rightarrow \frac{AK}{FC}=\frac{KE}{CE},$$

$$\triangle BFE \backsim \triangle KDE \Rightarrow \frac{BF}{DK}=\frac{BE}{KE},$$

故

$$\frac{AK}{FC}\cdot\frac{BF}{DK}=\frac{BE}{CE}.$$

因

$$\triangle BKE \backsim \triangle FDE \Rightarrow \frac{BK}{DF}=\frac{BE}{EF},$$

$$\triangle FAE \backsim \triangle CKE \Rightarrow \frac{AF}{CK}=\frac{EF}{CE},$$

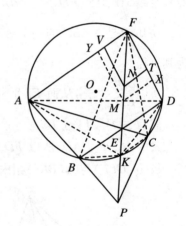

图 D8.45

故

$$\frac{BK}{DF}\cdot\frac{AF}{CK}=\frac{BE}{CE}.$$

所以

$$\frac{AK\cdot BF}{FC\cdot DK}=\frac{BK\cdot AF}{DF\cdot CK}. \qquad ①$$

因为 $\dfrac{S_{\triangle ABK}}{S_{\triangle ABF}}=\dfrac{KP}{FP}=\dfrac{S_{\triangle CDK}}{S_{\triangle CDF}}$，所以

$$\frac{AK\cdot BK}{AF\cdot BF}=\frac{CK\cdot DK}{DF\cdot FC}. \qquad ②$$

①×②得 $\dfrac{AK}{DK}=\dfrac{AF}{DF}$. 故

$$\frac{AM}{DM} = \frac{S_{\triangle AFK}}{S_{\triangle DFK}} = \frac{AF \cdot AK}{DF \cdot DK} = \frac{AF^2}{DF^2}. \qquad ③$$

因 $MX \parallel AF$，$MY \parallel DF$，故 $MXFY$ 为平行四边形，且

$$\frac{MY}{DF} = \frac{AM}{AD}, \quad \frac{MX}{AF} = \frac{DM}{AD},$$

因此

$$\frac{MY}{MX} = \frac{AM \cdot DF}{DM \cdot AF} = \frac{AF}{DF} \quad (\text{利用式 ③}).$$

因为 $\dfrac{NV}{MY} = \dfrac{FN}{FM} = \dfrac{NT}{MX}$，所以 $\dfrac{MY}{MX} = \dfrac{NV}{NT}$.

因为 $NTFV$ 也为平行四边形，所以 $\dfrac{AF}{DF} = \dfrac{NV}{NT} = \dfrac{FT}{FV}$，因此 $AF \cdot FV = DF \cdot FT$，故 T、V、A、D 四点共圆.

37. 如图 D8.46 所示，设点 E 在 $\odot(BIC)$ 的 $\overset{\frown}{BC}$（不含 I）上（若点 E 在 $\overset{\frown}{BIC}$ 上，证明类似），直线 AI、AE、ED 与 $\odot(BIC)$ 的第二个交点分别为 J、T、V，连接 CI、CJ、EI、TV.

易知 J 是 $\triangle ABC$ 的一个旁心，$\odot(BIC)$ 是关于点 A、D 及比值 $\dfrac{AI}{ID}$ 的阿波罗尼斯圆，IJ 为其直径.

所以 $\dfrac{AE}{ED} = \dfrac{AI}{ID}$，从而 EI 平分 $\angle AEV$.

故 $\overset{\frown}{IT} = \overset{\frown}{IV}$，$TV \perp IJ$.

又因为 $DF \perp AD$，所以 $FD \parallel TV$.

故 $\odot(DEF)$ 与 $\odot(BIC)$ 相内切于点 E.

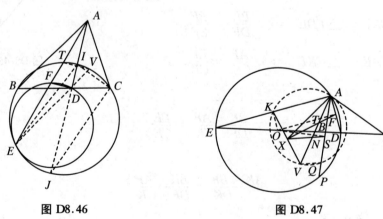

图 D8.46   图 D8.47

38. 如图 D8.47 所示，设 O 为 DE 的中点，则 O 为 $\triangle ADE$ 的外接圆圆心. 连接 OK、OF、OS.

因 F 为 AD 的中点，故 $OF \perp AD$.

同理，$OK \perp AE$，$OS \perp AP$.

所以 A、F、K、O、S 五点共圆.

易知 $\angle DFX = \angle BAC = \angle AKX$，所以 A、F、K、X 四点共圆.

故 A、F、K、O、X、S 六点共圆. 于是 $\angle ASX = \angle AFX = 180° - \angle BAC$.

作 $\triangle AKV$ 的外接圆，交 AP 于点 Q，连接 VQ. 则
$$\angle AQV = 180° - \angle AKV = 180° - \angle BAC = \angle ASX.$$
所以 $SN \parallel QV$.

因为 $\angle BAC = \angle AKV$，所以 AC 为 $\triangle AKV$ 的外接圆的切线.

于是 $\angle CAS = \angle AVQ = \angle ANS$. 故 AC 为 $\triangle ASN$ 的外接圆的切线.

39. 连接线段，如图 D8.48 所示（图画得不相同时，证明类似），设 FN 与圆 Γ 交于点 K（不同于 N）. 只要证明 E、P、K 三点共线，即证明 AM、BC、KE 三线共点. 由三弦共点定理知，只要证明
$$\frac{AB}{BK} \cdot \frac{KM}{MC} \cdot \frac{CE}{EA} = 1. \qquad ①$$

因弦 $DE \parallel BC$，故 $\angle BAF = \angle EAC$. 又因为 $\angle ABF = \angle AEC$，所以 $\triangle ABF \sim \triangle AEC$，因此
$$\frac{AB}{BF} = \frac{EA}{CE}. \qquad ②$$

注意 $MN \parallel BC$，由正弦定理得
$$\frac{BF}{BK} = \frac{\sin\angle BKF}{\sin\angle BFK} = \frac{\sin\angle BCN}{\sin\angle MNK} = \frac{BN}{KM} = \frac{MC}{KM}. \qquad ③$$

② × ③，消去 BF，整理即得式①. 证毕.

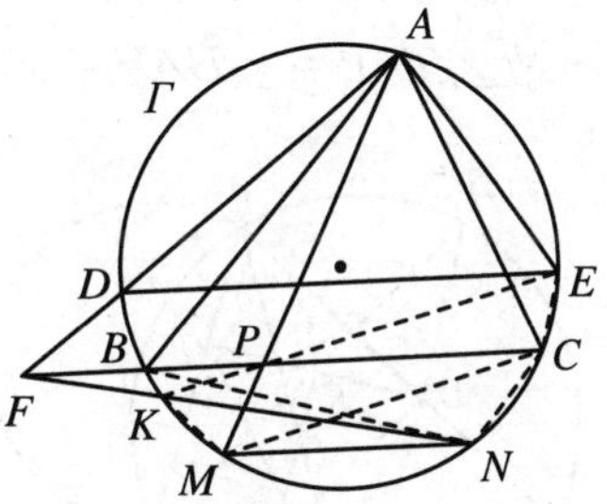

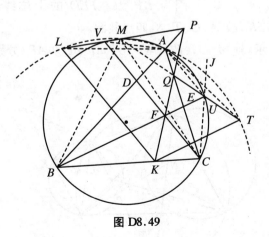

图 D8.48

注 本题题设"弦 $DE \parallel MN \parallel BC$"可以改为"弦 DE、MN、BC 三线段所在的直线共点"，其他条件及结论不变.

40. 连接 CU 并延长至 J，连接线段，如图 D8.49 所示（图形画得有所不同时，证明类似）.

图 D8.49

因 $\overparen{BAC}$ 的中点为 M，故 $MB = MC$.

所以 $\angle JUM = \angle MBC = \angle MCB = \angle MUB$，即 UM 平分 $\angle JUF$.

因为 $\angle UFQ = \angle DFQ$，$\angle UCE = \angle ABU = \angle FCE$，所以 Q 为 $\triangle FCU$ 的一个旁心，从而 UQ 平分 $\angle JUF$.

故 U、Q、M 三点共线.

同理，P、M、V 三点共线.

因为 $\angle ABE = \angle ACD$，所以 $AU = AV$.

由 $\angle AUM = \angle AVM$ 得 $\angle AUT = \angle AVL$.

因 $\angle QUF = \angle MUB = \angle MCB = \angle MBC = \angle MVC = \angle PVF$，$\angle QFU = \angle PFV$，故 $\triangle QFU \backsim \triangle PFV$.

因为 $KT \parallel FU$，$KL \parallel FV$，所以

$$\frac{UT}{FK} = \frac{QU}{QF} = \frac{PV}{PF} = \frac{VL}{FK},$$

从而 $UT = VL$.

所以 $\triangle AUT \cong \triangle AVL$. 于是 $\angle UAT = \angle VAL$.

故 $\angle TAL = \angle UAV = \angle UMV = \angle TML$，所以 A、M、L、T 四点共圆.

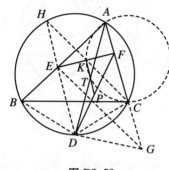

图 D8.50

41. 如图 D8.50 所示，延长 FC 至点 G，使 $CG = CF$，连接 BD、CD、DG、EG、ED、CK，设直线 DE 与 CK 交于点 H.

因 $BD = CD$，$BE = CF = CG$，$\angle DBE = \angle DCG$，故 $\triangle DBE \cong \triangle DCG$，因此 $\angle BED = \angle DGC$.

所以 A、E、D、G 四点共圆.

因 KC 是 $\triangle FEG$ 的中位线，故 $HC \parallel EG$.

所以 $\angle H = \angle DEG = \angle DAG = \angle DAC$，因此点 H 在 $\triangle ABC$ 的外接圆上.

因为 KP 为 $\triangle FED$ 的中位线，所以 $KP \parallel ED$，因此 $\angle ACK = \angle ADE = \angle ATK$，故 A、C、T、K 四点共圆.

42. 如图 D8.51 所示，连接 AC、BD、AT、BT，作 $BL \parallel AP$，分别交 CA、CM 的延长线于点 L、K. 连接 AK.

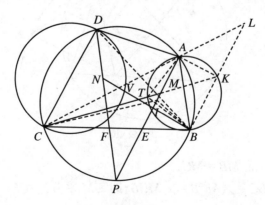

图 D8.51

因 $\angle L = \angle CAE = \angle EAB = \angle ABL$,故 $AL = AB$.

因 $AM = ME$,$AE \parallel BL$,故 $LK = BK$.

所以 $AK \perp BL$,$\angle AKB = 90°$,点 K 在以 AB 为直径的圆上.从而

$$\angle BTK = \angle BAK = 90° - \frac{1}{2}\angle BAC,$$

$$\angle BTC = 180° - \angle BTK = 90° + \frac{1}{2}\angle BAC.$$

同理,$\angle BVC = 90° + \frac{1}{2}\angle BDC$.

因为 $\angle BAC = \angle BDC$,所以 $\angle BTC = \angle BVC$.故 T、V、C、B 四点共圆.

设 I 为 $\triangle ABC$ 的内心,连接 BI、CI.则 I 在 AP 上,且 $\angle BIC = 90° + \frac{1}{2}\angle BAC = \angle BTC$.所以点 I 在 $\odot(TVCB)$ 上.

由三角形内心性质知点 P 为 $\triangle BCI$ 的外心.所以点 P 为 $\odot(TVCB)$ 的圆心.

43. 设直线 AG 交 $\odot O$ 于点 A、T,直线 AH 交 $\odot P$ 于点 A、V,线段 CD、EF 的中点分别为 M、N,连接线段,如图 D8.52 所示.

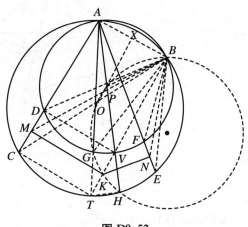

图 D8.52

因 AT、AV 分别为 $\odot O$、$\odot P$ 的直径,故

$$\angle AHT = 90° = \angle AGV \Rightarrow G、T、H、V \text{ 四点共圆}$$

$$\Rightarrow AG \cdot AT = AV \cdot AH$$

$$\Rightarrow AG \cdot 2AO = 2AP \cdot AH$$

$$\Rightarrow AO \cdot AG = AP \cdot AH$$

$$\Rightarrow P、O、G、H \text{ 四点共圆}. \qquad ①$$

设 OP 交 AB 于点 X,显然 OP 是 AB 的中垂线.所以 $\angle BPX = \frac{1}{2}\angle BPA = \angle BGA$,因此

$$P、O、G、B \text{ 四点共圆}. \qquad ②$$

因 $\angle ADB = \angle AFB$,故 $\angle CDB = \angle EFB$.又因为 $\angle ACB = \angle AEB$,所以 $\triangle BCD \sim$

△BEF．BM、BN 为对应边上的中线，所以∠AMB = ∠ANB，因此 B、A、M、N 四点共圆．

因为 KM⊥AC，KN⊥AE，所以 A、M、K、N 四点共圆．

故 B、A、M、K、N 五点共圆．从而∠ABK = ∠ANK = 90°．

因为∠ABV = 90°，∠ABT = 90°，所以 B、V、K、T 四点共线．

因为 VD⊥AD，TC⊥AC，KM⊥AC，所以 VD∥KM∥TC．

因 M 为 CD 的中点，故 K 为 TV 的中点．

易知
$$TG \cdot TA = TV \cdot TB \Rightarrow TG \cdot 2TO = 2TK \cdot TB$$
$$\Rightarrow TG \cdot TO = TK \cdot TB$$
$$\Rightarrow O、G、K、B \text{ 四点共圆．} \qquad ③$$

由结论①～③得 B、P、O、G、K、H 六点共圆．

44．如图 D8.53 所示，取 BC 的中点 M，设 AD 与圆 Γ 的第二个交点为 P，连接 AM、DM、BP、CP．

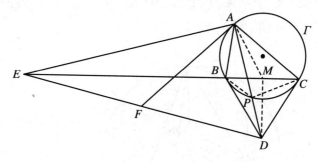

图 D8.53

因 DB = DC，故 DM⊥BC．

又因 AE⊥AD，故 A、E、D、M 四点共圆．

因此∠ADE = ∠AMB．

因△DBP∽△DAB，△DCP∽△DAC，故
$$\frac{BP}{AB} = \frac{DB}{DA} = \frac{DC}{DA} = \frac{PC}{AC},$$

即 BP · AC = PC · AB．

由托勒密定理得
$$2BM \cdot AP = BC \cdot AP = BP \cdot AC + CP \cdot AB = 2PC \cdot AB,$$

因此 $\frac{BM}{PC} = \frac{AB}{AP}$．

又∠ABM = ∠APC，所以△ABM∽△APC，因此∠AMB = ∠ACP．

在 Rt△AED 中，斜边 DE 的中点为 F，故 FA = FD，因此∠FAD = ∠ADE．

故∠FAD = ∠ACP，因此 AF 为圆 Γ 的切线．

45．如图 D8.54 所示，连接 DG、EF、PD、PG、DF．

因 CP 平分 $\angle ECG$，故 $CP \perp DF$，且 DG、EF、CP 三线共点，记为 L.

因 $PD = PG$，CP 平分 $\angle DCG$，$CD < CG$，故 C、D、P、G 四点共圆. 从而 $\angle PDL = \angle PGL = \angle PCD$，因此
$$PL \cdot PC = PD^2.$$

连接 AB，设 AB 交 CP 于点 L'.

因 $\angle PAL' = \angle PBL' = \angle PCA$，故 $PL' \cdot PC = PA^2$.

因为 $PD = PA$（均为 $\odot P$ 的半径），所以 $PL = PL'$，点 L' 与 L 重合，即 DG、EF、CP、AB 四线共点于 L.

连接 BD、GA 并延长，设 BD 与 GA 交于点 X.

因为四边形 $ADBG$ 内接于 $\odot P$，且 X、K 为对边的交点，L 为对角线交点，所以 XK 为点 L 关于 $\odot P$ 的极线.

因为 $PL \cdot PC = PD^2$，PD 为 $\odot P$ 的半径，所以点 C 在点 L 关于 $\odot P$ 的极线 XK 上.

因为 $PL \perp XK$，即 $PC \perp CK$，所以 $DF \parallel CK$.

故 $\angle CKA = \angle ADF = \angle AGF$，因此 C、A、G、K 四点共圆.

注 类似可证如下结论：设点 T 为直线 EA 与 BF 的交点，则 C、A、F、T，C、E、B、T 分别四点共圆.

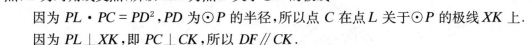

图 D8.54

46. 设 AE 交 MN 于点 V，连接线段，如图 D8.55 所示.

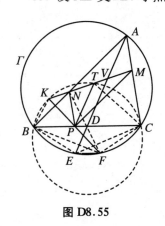

图 D8.55

因 AE 平分 BC，故 $S_{\triangle BAE} = S_{\triangle CAE}$.

又 $EF \parallel BC$，所以
$$\frac{AB}{AC} = \frac{CE}{BE} = \frac{BF}{CF},$$

从而
$$\frac{BP}{CP} = \frac{S_{\triangle BFP}}{S_{\triangle CFP}} = \frac{BF\sin\angle BFP}{CF\sin\angle CFP} = \frac{AB\sin\angle BFP}{AC\sin\angle CFP}.$$

又因为
$$\frac{BP}{CP} = \frac{BN}{AN} = \frac{AB \cdot PN}{AC \cdot AN} = \frac{AB}{AC} \cdot \frac{AM}{AN} = \frac{AB\sin\angle ANM}{AC\sin\angle AMN},$$

所以
$$\frac{\sin\angle BFP}{\sin\angle CFP} = \frac{\sin\angle ANM}{\sin\angle AMN}.$$

又
$$\angle BFP + \angle CFP = \angle BFC = 180° - \angle BAC = \angle ANM + \angle AMN,$$
故 $\angle BFP = \angle ANM = \angle BNK$，因此 B、K、N、F 四点共圆.

在平行四边形 $AMPN$ 中，因 $AV \parallel PT$，故 $AV = PT$.

因 $EF \parallel BC$，故 $\overset{\frown}{CF} = \overset{\frown}{BE}$，因此 $\angle FBP = \angle NAV$，所以 $\triangle BFP \backsim \triangle ANV$. 于是
$$\frac{BF}{AN} = \frac{BP}{AV} = \frac{BP}{PT}.$$

①

因为 $\triangle BPN \backsim \triangle PCM$,所以
$$\frac{BN}{PM} = \frac{BP}{PC}. \quad ②$$

①÷②,并注意 $AN = PM$ 得 $\frac{BF}{BN} = \frac{PC}{PT}$.

又因为
$$\angle NBF = \angle ABC + \angle FBC = \angle ABC + \angle BAE = \angle ADC = \angle TPC,$$
所以 $\triangle BNF \backsim \triangle PTC$,故
$$\angle BKN = 180° - \angle BFN = 180° - \angle TCP,$$
因此 $B 、K 、T 、C$ 四点共圆.

47. 如图 D8.56 所示,作 $BL \perp EF$ 于点 L, $CJ \perp EF$ 于点 J. 连接 $KB 、KC 、KE 、KF$.

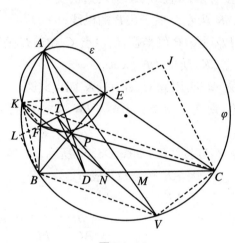

图 D8.56

对 $\triangle ABC$ 及点 P,由塞瓦定理得 $\frac{AF}{FB} \cdot \frac{BD}{DC} \cdot \frac{CE}{EA} = 1$.

又因为 $AF = EA$,所以 $\frac{BD}{DC} = \frac{BF}{CE}$.

由 $AE = AF$,得 $\angle BFL = \angle CEJ$. 故 $Rt\triangle BFL \backsim Rt\triangle CEJ$.

又因为 $BL // DT // CJ$,所以
$$\frac{LT}{JT} = \frac{BD}{CD} = \frac{BF}{CE} = \frac{FL}{EJ} = \frac{LT - FL}{JT - EJ} = \frac{FT}{ET}$$
$$= \frac{S_{\triangle PFT}}{S_{\triangle PET}} = \frac{PF\sin\angle FPT}{PE\sin\angle EPT} = \frac{PF\sin\angle CPN}{PE\sin\angle BPN},$$

即 $\frac{\sin\angle CPN}{\sin\angle BPN} = \frac{BF}{CE} \cdot \frac{PE}{PF}$. 所以
$$\frac{BN}{CN} = \frac{S_{\triangle PBN}}{S_{\triangle PCN}} = \frac{PB\sin\angle BPN}{PC\sin\angle CPN} = \frac{PB}{PC} \cdot \frac{CE \cdot PF}{BF \cdot PE}.$$

延长 KN,交圆 φ 于点 V. 连接 $BV 、CV$.

因 $\angle KBF = \angle KCE$，$\angle AFK = \angle AEK$，故 $\triangle BKF \backsim \triangle CKE$，因此 $\dfrac{BK}{CK} = \dfrac{BF}{CE}$．

所以
$$\dfrac{BN}{CN} = \dfrac{S_{\triangle BKV}}{S_{\triangle CKV}} = \dfrac{BK \cdot BV}{CK \cdot CV} = \dfrac{BF}{CE} \cdot \dfrac{BV}{CV},$$

故
$$\dfrac{BV}{CV} = \dfrac{BN}{CN} \cdot \dfrac{CE}{BF} = \dfrac{PB \cdot PF \cdot CE^2}{PE \cdot PC \cdot BF^2} = \dfrac{S_{\triangle BCF}}{S_{\triangle ECF}} \cdot \dfrac{S_{\triangle FBE}}{S_{\triangle CBE}} \cdot \dfrac{CE^2}{BF^2}$$
$$= \dfrac{BF \cdot BC\sin\angle B}{CE \cdot EF\sin\angle AEF} \cdot \dfrac{BF \cdot EF\sin\angle AFE}{CE \cdot BC\sin\angle C} \cdot \dfrac{CE^2}{BF^2} = \dfrac{\sin\angle B}{\sin\angle C} = \dfrac{AC}{AB}.$$

因此 $AB \cdot BV = AC \cdot CN$，故 $S_{\triangle ABV} = S_{\triangle ACV}$，所以 AV 平分 BC．故 A、M、V 三点共线，即直线 AM 与 KN 的交点在圆 φ 上．

48.（湖南省长沙市一中学生叶世卿提供）如图 D8.57 所示，作 $PZ \perp BC$ 于点 Z，直线 FN 交 BC 于点 R，连接 NZ、MZ．则
$$\dfrac{FN}{BF} = \dfrac{\sin\angle FBN}{\sin\angle FNB} = \dfrac{\sin\angle PBZ}{\sin\angle BPF} = \dfrac{PZ}{BF},$$

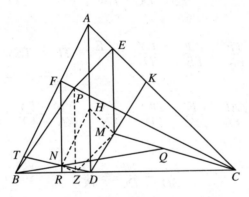

图 D8.57

故 $FN = PZ$．

同理，$EM = PZ$．

又 $FN // PZ // AD // EM$，故四边形 $FNZP$、$EMZP$ 均为平行四边形．

在 AD 上取点 H，使 $AH = FN = EM$，连接 NH、MH．则四边形 $FNHA$、$EMHA$ 均为平行四边形．

因 $NZ // FP$，$NH // FA$，故 $\angle HNZ = \angle AFP = 90°$．

同理，$\angle HMZ = 90°$．

又因为 $\angle HDZ = 90°$，所以 H、M、D、Z、N 五点在以 HZ 为直径的圆上．

因 $HN // AT$，$HM // AK$，故 $\angle TAK = \angle NHM = 180° - \angle NDM$．

所以 A、K、D、T 四点共圆．

49.设 DV 与 EF 交于点 N，在直线 EF 上取点 X、Y，使得 $BX // CY // DV // AT$，连接

线段如图 D8.58 所示.

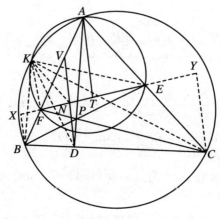

图 D8.58

对 △ABC 及 P，由塞瓦定理得

$$\frac{AF}{FB} \cdot \frac{BD}{DC} \cdot \frac{CE}{EA} = 1.$$

又因

$$\frac{TF}{FX} = \frac{AF}{FB}, \quad \frac{EY}{TE} = \frac{CE}{EA}, \quad TF = TE,$$

故

$$\frac{EY}{FX} = \frac{AF}{FB} \cdot \frac{CE}{EA} = \frac{DC}{BD} = \frac{YN}{XN} = \frac{YN - EY}{XN - FX} = \frac{NE}{NF}.$$

所以

$$\frac{NF}{BD} = \frac{NE}{DC} = \frac{FE}{BC}.$$

因为 $\angle AFK = \angle ACK$，所以 $\angle BFK = \angle CEK$. 又因为 $\angle KBF = \angle KCE$，所以 △KBF ∽ △KCE，故 $\frac{KF}{KE} = \frac{KB}{KC}$，且 $\angle BKF = \angle CKE$，因此 $\angle FKE = \angle BKC$.

故 △KFE ∽ △KBC，所以 $\angle KFN = \angle KBD$，且

$$\frac{KF}{KB} = \frac{FE}{BC} = \frac{FN}{BD}.$$

所以 △KFN ∽ △KBD，因此 △KBF ∽ △KDN，故 $\angle KBF = \angle KDN$，所以 B、D、V、K 四点共圆.

※50. 如图 D8.59 所示，设直线 BC、AD 交于点 K（可能是无穷远点），⊙(PO) 与 ⊙O 交于点 U、V. 连接 PU、PV、UO.

因为 $\angle PUO = 90°$，所以 PU 与 ⊙O 相切于点 U.

同理，PV 与 ⊙O 相切于点 V.

考虑到四边形 ABCD 内接于 ⊙O，由熟知命题知 U、V、K 三点共线（参阅 1997 年中国

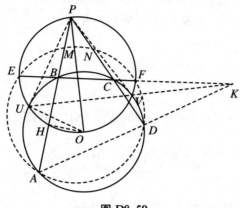

图 D8.59

数学奥林匹克试题).

所以 $KD \cdot KA = KV \cdot KU = KF \cdot KE$,从而 A、D、F、E 四点共圆.

设 $\odot(PO)$ 与直线 PA 交于点 H(不同于 P),连接 HO.

因 $\angle PHO = 90°$,故 H 为 AB 的中点.

由相交弦定理得

$$EB \cdot BF = PB \cdot BH = 2MB \cdot \frac{1}{2}BA = MB \cdot BA,$$

所以 A、F、M、E 四点共圆,即点 M 在 $\odot(ADFE)$ 上.

同理,点 N 在 $\odot(ADFE)$ 上.

故 A、D、F、N、M、E 六点共圆.

※51. 如图 D8.60 所示,过点 P 作 $\odot O$ 的两条切线,切点分别为 T、V,则 AD、TV、BC 三线共点,记此点为 Q(可能是无穷远点)(参阅 1997 年中国数学奥林匹克试题).

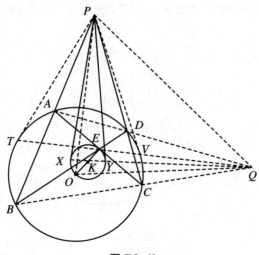

图 D8.60

先证 X、Y、V、T 四点共圆，再证 X、Y、Q 三点共线.

连接 PO、QO、PQ. 设 $\odot O$、$\odot K$ 的半径分别为 R、r.

由圆幂定理得
$$PT^2 = PO^2 - R^2,$$
$$\begin{aligned}PX^2 &= PK^2 - r^2 \\ &= \frac{1}{2}(PO^2 + PE^2) - \frac{1}{4}OE^2 - r^2 \quad (\text{对}\ \triangle POE\ \text{应用中线长定理})\\ &= \frac{1}{2}(PO^2 + PO^2 - R^2 + OE^2 - R^2) - 2r^2\\ &= PO^2 - R^2.\end{aligned}$$

所以 $PY = PX = PT = PV$，从而 X、Y、V、T 四点共圆.

下面证明 X、Y、Q 三点共线.

因为 $PK \perp XY$，所以只要证明 $PK \perp XQ$，这只要证明
$$PQ^2 - PX^2 = KQ^2 - KX^2.$$

因为
$$PQ^2 - PX^2 = (PO^2 - R^2 + OQ^2 - R^2) - (PO^2 - R^2) = OQ^2 - R^2,$$
$$\begin{aligned}KQ^2 - KX^2 &= \frac{1}{2}(OQ^2 + EQ^2) - \frac{1}{4}OE^2 - r^2\\ &= \frac{1}{2}(OQ^2 + OQ^2 - R^2 + OE^2 - R^2) - 2r^2\\ &= OQ^2 - R^2,\end{aligned}$$

所以 $PQ^2 - PX^2 = KQ^2 - KX^2$，从而 $PK \perp XQ$.

又 $PK \perp XY$，所以 X、Y、Q 三点共线.

故 $QD \cdot QA = QV \cdot QT = QX \cdot QY$，所以 A、X、Y、D 四点共圆.

※52. 如图 D8.61 所示，因 $\angle ABE = \angle ACF$，故 B、C、E、F 四点共圆.

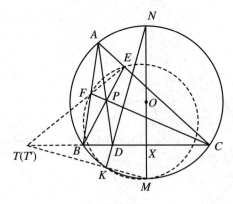

图 D8.61

因 $AB < AC$，可设 EF 与 CB 的延长线交于点 T.

由完全四边形的调和性质得

$$\frac{BD}{DC} = \frac{BT}{TC} \Rightarrow \frac{TD-TB}{TC-TD} = \frac{TB}{TC}$$

$$\Rightarrow TD(TC+TB) = 2TB \cdot TC.$$

因 X 为 BC 的中点,故 $TC + TB = 2TX$,所以

$$TD \cdot TX = TB \cdot TC = TF \cdot TE.$$

故 D、X、E、F 四点共圆.

因 $AB<AC$,可设 MK 与 CB 的延长线交于点 T'.

因 $\angle NKM = 90° = \angle DXM$,故 K、M、X、D 四点共圆.

由圆幂定理得

$$T'D \cdot T'X = T'K \cdot T'M = T'B \cdot T'C.$$

即

$$(T'B + BD) \cdot \frac{T'B + T'C}{2} = T'B \cdot T'C.$$

所以

$$\frac{BT'}{T'C} = \frac{BD}{CD} = \frac{BT}{TC},$$

从而 T' 与 T 重合.

因为 $TK \cdot TM = TB \cdot TC = TF \cdot TE$,所以 E、F、K、M 四点共圆.

※53. 如图 D8.62 所示,设 PN 交 AK 于点 E,KN 交 AP 于点 F,AN 交 FE 于点 L,FE 交 PK 于点 X.

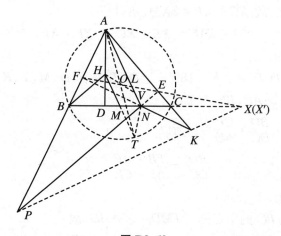

图 D8.62

因 $PN /\!/ BH \perp AK$,$KN /\!/ CH \perp AP$,故 N 为 $\triangle APK$ 的垂心,F、L、E、X 为调和点列.

设 O 为 $\triangle ABC$ 的外心,AT 为 $\triangle ABC$ 的外接圆 $\odot O$ 的直径,易知 H、M、T 三点共线.

设 HO 与 AN 交于点 V.

因 $AN /\!/ HM$,O 为 AT 的中点,故 $\triangle AOV \cong \triangle TOH$,于是 $OV = OH$.

根据第 7 章第 10 题得 AN、BE、CF 三线共点或互相平行.

设 FE 与 BC 交于点 X',则 F、L、E、X' 为调和点列.所以点 X' 与 X 重合.

因 A、F、D、N、E 五点共圆,F、P、K、E 四点共圆,所以 $XN \cdot XD = XE \cdot XF = XK \cdot XP$.故 P、D、N、K 四点共圆.

※54. 如图 D8.63 所示,连接 EF、AM.

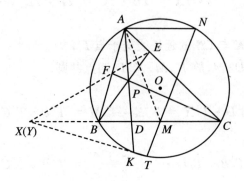

图 D8.63

因 $\angle ABE = \angle ACF$,故 B、C、E、F 四点共圆.

因 $AB < AC$,可设 EF 与 CB 的延长线交于点 X.

由完全四边形的调和性质得
$$\frac{BD}{DC} = \frac{BX}{XC} \Rightarrow \frac{XD - XB}{XC - XD} = \frac{XB}{XC}$$
$$\Rightarrow XD(XC + XB) = 2XB \cdot XC.$$

因 M 为 BC 的中点,故 $XC + XB = 2XM$.所以
$$XD \cdot XM = XB \cdot XC = XF \cdot XE.$$

故 D、M、E、F 四点共圆.

因 $AN \parallel BC$,故 $\angle DMT = \angle N = 180° - \angle DKT$,从而 D、M、T、K 四点共圆.

由 $AB < AC$ 得 $AF > AE$,$BF < CE$.

由塞瓦定理得 $\dfrac{AF}{FB} \cdot \dfrac{BD}{DC} \cdot \dfrac{CE}{AE} = 1$,所以
$$\frac{BD}{DC} = \frac{FB \cdot AE}{AF \cdot CE} < 1,$$

从而点 D 在线段 MB 上.

由 $AN \parallel BC$,M 为 BC 的中点知 $\angle TMD = \angle AMD$.故
$$\angle TMD + \angle T = \angle AMD + \angle ADM < 180°,$$

从而可设 TK 与 CB 的延长线交于点 Y.

由圆幂定理得 $YD \cdot YM = YK \cdot YT = YB \cdot YC$,即
$$(YB + BD) \cdot \frac{YB + YC}{2} = YB \cdot YC.$$

所以

$$\frac{BY}{YC} = \frac{BD}{DC} = \frac{BX}{XC},$$

从而点 Y 与点 X 重合.

因为 $XK \cdot XT = XB \cdot XC = XF \cdot XE$,所以 E、F、K、T 四点共圆.

※55.(1)如图 D8.64 所示,设 I 为 $\triangle ABC$ 的内心.

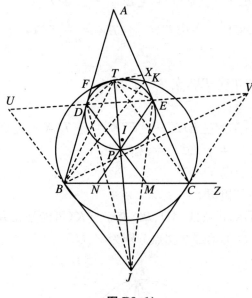

图 D8.64

因 $AD = AE$,$BM = BD$,$CN = CE$,故 D、E 关于 AI 对称,点 M、D 关于 BI 对称,点 N、E 关于 CI 对称.

从而 $IM = ID = IE = IN$,所以 D、E、M、N 四点共圆,I 为其圆心.

故 $\angle BDP = \angle BMD = \angle PED$.

所以 AB 与 $\odot(PDE)$ 相切于点 D.

同理,AC 与 $\odot(PDE)$ 相切于点 E.

(2)设直线 AB、AC 与 $\odot(TBC)$ 的第二个交点分别为 F、K. 直线 JB、JC 分别交直线 DE 于点 U、V,延长 BC 至点 Z. 连接线段,如图 D8.64 所示.

因 $BM = BD$,BJ 平分 $\angle DBM$ 的外角,故 $BJ \parallel DM$. 所以
$$\angle DTJ = \angle DTP = \angle BDP = 180° - \angle DBJ,$$
故 D、B、J、T 四点共圆.

因 $\angle ADV = 90° - \frac{1}{2}\angle A = \angle BJC$,故 D、B、J、V 四点共圆.

所以 D、B、J、V、T 五点共圆.

同理,E、C、J、U、T 五点共圆.

于是
$$\angle BTJ = \angle BDJ = \angle CEJ = \angle CTJ.$$

从而
$$\angle BVC = \angle BTJ = \frac{1}{2}\angle BTC = \frac{1}{2}\angle BKC.$$

结合 CV 平分 $\angle BCK$ 的外角得 V 为 $\triangle BCK$ 在 $\angle CBK$ 内的旁心，BV 平分 $\angle CBK$．

因为
$$\angle CTE = \angle ETJ - \angle CTJ = \angle ECV - \angle BTJ$$
$$= \angle ZCV - \angle BVC = \angle CBV = \frac{1}{2}\angle CBK = \frac{1}{2}\angle CTK,$$

所以 $\angle ETK = \angle CTE$．

过点 T 作 $\odot(PDE)$ 的切线 TX，交 AC 于点 X．

因为
$$\angle KTX = \angle ETX - \angle ETK = \angle TEX - \angle CTE$$
$$= \angle ECT = \angle KCT,$$

所以 TX 与 $\odot(TBC)$ 相切于点 T．

故 $\odot(PDE)$ 与 $\odot(TBC)$ 相切于点 T．

※56. 如图 D8.65 所示，设直线 AD、BC 交于点 K（可能是无穷远点），直线 KO 交 $\odot O$ 于点 M、N，MQ、NQ 与 $\odot O$ 的第二个交点分别为 V、U．

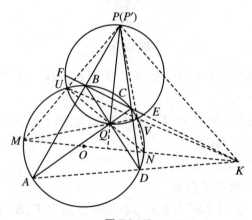

图 D8.65

因为 PQ 为点 K 关于 $\odot O$ 的极线，所以 $PQ \perp OK$．

因 MN 为 $\odot O$ 的直径，故 $MU \perp NQ$，$NV \perp MQ$．

所以 MU、NV、PQ 三线共点于 P'（$\triangle QMN$ 的垂心）．

因为点 P 为点 Q 关于 $\odot O$ 的极线与 PQ 的交点，点 P' 也为点 Q 关于 $\odot O$ 的极线与 PQ 的交点，所以点 P' 与 P 重合，故 U、V、K 三点共线．

因为 $\angle PUQ = 90° = \angle PVQ$，所以 P、U、Q、V 四点共圆，且 PQ 为其直径，即点 U、V 为 $\odot(PQ)$ 与 $\odot O$ 的交点．

由圆幂定理得

$$KD \cdot KA = KV \cdot KU = KE \cdot KF.$$

所以 A、D、E、F 四点共圆.

※57. 如图 D8.66 所示,延长 BC、DC,分别交⊙(BDE)于点 M、N.

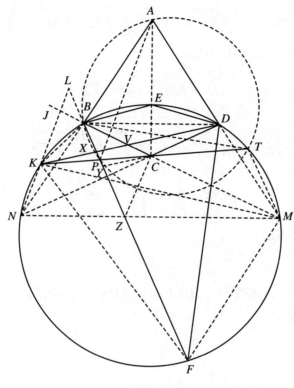

图 D8.66

因 $AB = AD$,$BC = CD$,故 AC 为 BD 的中垂线,点 E 也在 AC 上.

因 $\angle ADE = \angle EDC = \angle EBC$,故 $\angle ADE + \angle EDM = \angle EBC + \angle EDM = 180°$,所以 A、D、M 三点共线.

同理,A、B、N 三点共线.

由 $AB = AD$ 知 $BN = DM$,$BD /\!/ NM$.

设直线 FB 分别交 NK、DK 于点 L、X,DK 与 BM 交于点 V.作 $CY /\!/ DK$,交 BF 于点 Y;$CZ /\!/ NL$,交 BF 于点 Z.延长 CB 至点 J,连接线段,如图 D8.66 所示.

因 DK 平分 $\angle ADF$,故 $KM = KF$,因此 BK 是 $\angle XBV$ 的外角平分线. 又 $CY /\!/ XV$,所以

$$\frac{KX}{KV} = \frac{BX}{BV} = \frac{XY}{VC}.$$

考虑△BXV 被直线 KPC 截,由梅涅劳斯定理得

$$\frac{XK}{KV} \cdot \frac{VC}{CB} \cdot \frac{BP}{PX} = 1.$$

故
$$\frac{XY \cdot BP}{CB \cdot PX} = 1 \Rightarrow \frac{BP}{PL} = \frac{PX \cdot BC}{XY \cdot PL}.$$

因
$$\angle L \stackrel{m}{=\!=} \frac{1}{2}(\overset{\frown}{NF} - \overset{\frown}{BK}) = \frac{1}{2}(\overset{\frown}{KF} - \overset{\frown}{BN}) = \frac{1}{2}(\overset{\frown}{KM} - \overset{\frown}{DM}) = \frac{1}{2}\overset{\frown}{KD} \stackrel{m}{=\!=} \angle KND,$$

结合 $CZ \parallel NL$ 得 $LZ = CN = CM$. 于是
$$\frac{AB}{AN} = \frac{BD}{NM} = \frac{BC}{CM} = \frac{BC}{LZ}.$$

因为
$$\frac{PX}{PY} = \frac{PK}{PC} = \frac{PL}{PZ} \Rightarrow \frac{PX}{PL} = \frac{PY}{PZ} = \frac{PX + PY}{PL + PZ} = \frac{XY}{LZ},$$

所以
$$\frac{PX \cdot BC}{XY \cdot PL} = \frac{BC}{LZ} = \frac{AB}{AN}.$$

故 $\frac{BP}{PL} = \frac{AB}{AN}$，因此 $AP \parallel NL$.

所以
$$\angle APT = \angle LKT = \angle TMN = \angle ABT,$$

故 A、B、P、T 四点共圆.

第 9 章 三角形的"心"

习 题

1. 如图 T9.1 所示,在 $\triangle ABC$ 中,I 为内心,延长 AI,交 $\triangle ABC$ 的外接圆于点 D,过点 I 作直线 EF,分别交 AB、AC 于点 E、F,且 $\angle AEF = \angle ACB$. 求证:$\triangle DEF$ 的外心在直线 AD 上.

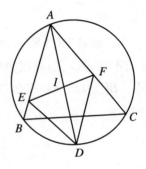

图 T9.1

2. 如图 T9.2 所示,在圆内接四边形 $ABCD$ 中,$AB = AD$,点 E、F 分别在 BC、CD 上,使得 $\angle BAD = 2\angle EAF$. 求证:$\triangle AEF$ 的外心在直线 AC 上.

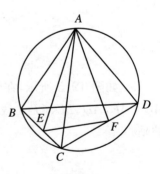

图 T9.2

3. 如图 T9.3 所示,在△ABC 中,O 为外心,过点 O 的直线 DE 分别交 AB、AC 于点 D、E. 求证:(1)以 BE 为直径的⊙P、以 CD 为直径的⊙K、⊙O 三圆共点(记为点 F);(2)设△DEF 的外心为 V,则 O、P、V、K 四点共圆;(3)∠POK = ∠BAC.

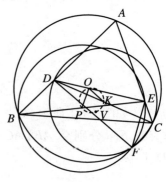

图 T9.3

4. 如图 T9.4 所示,AB 为⊙O 中不是直径的弦,过点 O 作直线 d⊥AB,点 P 在直线 d 上而不在⊙O 上,直线 AP 交⊙O 于点 A、C,直线 BC 与 d 交于点 K,点 E 在⊙O 上,满足 BE = BP. 直线 KE 交⊙O 于点 E、F,点 T 为点 O 关于 AF 的对称点. 求证:T 为△AFP 的外心.

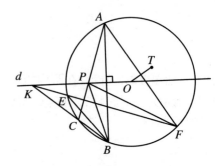

图 T9.4

5. 如图 T9.5 所示,在锐角△ABC 中,AB>AC,点 D、E、F 分别在 BC、CA、AB 上,AE = AF,AD、BE、CF 三线共点于 P,DH⊥EF 于点 H. 已知 AH⊥BC. 求证:H 是△ABC 的垂心.

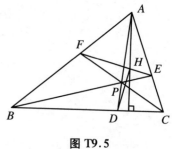

图 T9.5

6. 如图 T9.6 所示，△ABC 的外接圆为圆 φ，点 D 为 $\overset{\frown}{BAC}$ 的中点，圆 ε 与边 AB、AC 分别切于点 E、F，与圆 φ 交于点 M、N，DM、DN 分别与线段 EF 交于点 T、V．求证：点 T、V 是 △ABC 的等角共轭点．

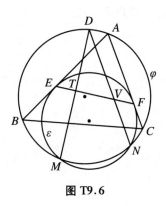

图 T9.6

解　析

1. 如图 D9.1 所示，作 △AEF 的外接圆，交 AD 于点 P（不同于 A），连接 PE、PF、BD、BI．

因 AP 平分 ∠EAF，故 PE = PF．

因为 ∠AEF = ∠ACB = ∠ADB，所以 E、B、D、I 四点共圆．从而 ∠IED = ∠IBD．

又
$$\angle IEP = \angle FAP = \angle CAD = \angle CBD,$$
所以
$$\angle PED = \angle IBC = \angle IBE = \angle PDE,$$
故 PD = PE = PF，即 P 为 △DEF 的外心．

所以 △DEF 的外心在直线 AD 上．

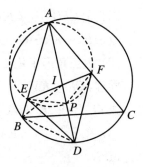

图 D9.1

2. 如图 D9.2 所示，在圆内接四边形 ABCD 中，因 AB = AD，故 CA 平分 ∠ECF．

又
$$\angle EAF = \frac{1}{2}\angle BAD = \frac{1}{2}(180° - \angle ECF)$$
$$= 90° - \frac{1}{2}\angle ECF,$$

所以 A 为 △CEF 的旁心．

作 △CEF 的外接圆，交 AC 于点 P（不同于 C），连接 PE、PF．

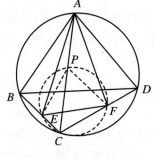

图 D9.2

由旁心性质(旁心鸡爪定理)得 $PA = PE = PF$，即 P 为 $\triangle AEF$ 的外心.

所以 $\triangle AEF$ 的外心在直线 AC 上.

3.（1）如图 D9.3 所示，作 $\odot O$ 的直径 BM、CN，直线 ME 交 $\odot O$ 于点 M、F，NF 与 AB 交于点 D'.

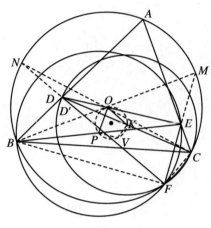

图 D9.3

对圆内接六边形 $MFNCAB$，由帕斯卡定理知 E、O、D' 三点共线. 所以点 D' 与 D 重合.

因为 $\angle BFE = \angle BFM = 90°$，所以点 F 在 $\odot P$ 上.

因为 $\angle CFD = \angle CFN = 90°$，所以点 F 在 $\odot K$ 上.

故 $\odot P$、$\odot K$、$\odot O$ 三圆共点于 F.

（2）由三角形中位线定理得 $OP \parallel ME$，即 $OP \parallel EF$. 又 $PV \perp EF$，所以 $OP \perp PV$.

同理，$OK \perp KV$.

故 O、P、V、K 四点共圆.

（3）在 $\odot O$ 中，$\angle BAC$ 所对的弧为 $\overset{\frown}{BC}$，$\angle MFN$ 所对的弧为 $\overset{\frown}{MN}$，$\overset{\frown}{BC} = \overset{\frown}{MN}$，所以 $\angle BAC = \angle MFN$.

因为 $OP \parallel MF$，$OK \parallel NF$，所以 $\angle POK = \angle MFN$.

故 $\angle POK = \angle BAC$.

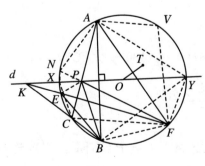

图 D9.4

4. 如图 D9.4 所示(图形画得不同时，证明类似)，取点 E 关于直线 d 的对称点 N，连接 AN、PN、PE、BF、CF.

因直线 d 过圆心 O，且弦 $AB \perp d$，故 N 在 $\odot O$ 上，且 $\triangle APN \cong \triangle BPE$.

设直线 d 交 $\odot O$ 于点 X、Y（$KX < KY$），连接 CX、NX、BY、FY、AY、EX. 下面证明 N、P、F 三点共线，即

$$AC \text{、} NF \text{、} XY \text{ 三线共点} \Leftrightarrow \frac{AN}{NX} \cdot \frac{XC}{CF} \cdot \frac{FY}{YA} = 1.$$

因 $\triangle KXC \backsim \triangle KBY$,故 $XC = \frac{KX \cdot BY}{KB}$.

因 $\triangle KEB \backsim \triangle KCF$,故 $\frac{1}{CF} = \frac{KE}{KC \cdot BE}$.

因 $\triangle KFY \backsim \triangle KXE$,故 $FY = \frac{KF \cdot EX}{KX}$.

又 $AN = BE, NX = EX, BY = AY, KE \cdot KF = KC \cdot KB$,所以

$$\frac{AN}{NX} \cdot \frac{XC}{CF} \cdot \frac{FY}{YA} = \frac{BE}{EX} \cdot \frac{KX \cdot BY}{KB} \cdot \frac{KE}{KC \cdot BE} \cdot \frac{KF \cdot EX}{KX \cdot YA} = 1.$$

故 N、P、F 三点共线.

在 $\odot O$ 上取点 V,使 $AV = AN$.连接 VF.

则 $\angle AFV = \angle AFN = \angle AFP$.

又 $AP = BP = BE = AN = AV, AF = AF$,所以 $\triangle AFV \cong \triangle AFP$ 或 A、V、F、P 四点共圆.因为点 P 不在 $\odot O$ 上,所以后一种情况不成立.

故 $\triangle AFV$ 与 $\triangle AFP$ 关于 AF 对称.

于是 $\triangle AFV$ 的外心 O 与 $\triangle AFP$ 的外心关于 AF 对称,即点 O 关于 AF 的对称点 T 为 $\triangle AFP$ 的外心.

5. 如图 D9.5 所示,作 $BM \perp EF$ 于点 M,$CN \perp EF$ 于点 N,连接 BH、CH.

对 $\triangle ABC$ 及点 P,由塞瓦定理得 $\frac{AF}{FB} \cdot \frac{BD}{DC} \cdot \frac{CE}{EA} = 1$.

又 $AF = EA$,故 $\frac{BD}{DC} = \frac{BF}{CE}$.

因 $\angle BFM = \angle CEN$,故 $\text{Rt}\triangle BFM \backsim \text{Rt}\triangle CEN$.

又因为 $BM \parallel DH \parallel CN$,所以

$$\frac{MH}{HN} = \frac{BD}{DC} = \frac{BF}{CE} = \frac{MF}{NE} = \frac{MH - MF}{HN - NE} = \frac{FH}{EH}.$$

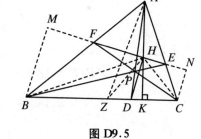

图 D9.5

又因 $\angle BFH = \angle CEH$,故 $\triangle BFH \backsim \triangle CEH$,因此 $\angle ABH = \angle ACH$.

设 $AH \perp BC$ 于点 K.因 $AB > AC$,故 $BK > CK$,点 C 关于点 K 的对称点 Z 在 BK 上.连接 AZ、HZ.

则 $\angle ABH = \angle ACH = \angle AZH$,所以 A、B、Z、H 四点共圆.

故 $\angle HBC = \angle HAZ = \angle HAC = 90° - \angle ACB$,因此 $BH \perp AC$.

结合 $AH \perp BC$,得 H 是 $\triangle ABC$ 的垂心.

6. 首先证明一个引理:

引理 点 T、V 为 $\triangle ABC$ 内的等角共轭点,直线 TV 分别交 AB、AC 于点 E、F,使得

$AE = AF$,则 B、C、T、V 四点共圆.

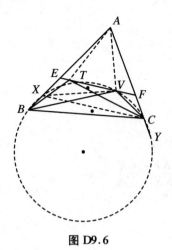

图 D9.6

引理的证明 如图 D9.6 所示,设 $\angle TAB = \angle VAC = \alpha$,$\angle TBA = \angle VBC = \beta$,$\angle TCB = \angle VCA = \gamma$,$\triangle ABC$ 的三内角简记为 $\angle A$、$\angle B$、$\angle C$.

作 $\triangle VBC$ 的外接圆,与 AB、AC 的第二个交点分别为 X、Y,连接 AT、AV、VX、CX.

由 $AE = AF$,$\angle EAT = \angle FAV$,得 $AT = AV$.

又因为
$$\angle TAC = \angle VAX, \quad \angle ACT = \angle BCV = \angle AXV,$$
所以 $\triangle ATC \cong \triangle AVX$,因此 $AC = AX$. 故
$$\angle BVC = \angle BXC = 90° + \frac{1}{2}\angle A.$$

又因为
$$\angle BVC = 180° - \angle VBC - \angle VCB$$
$$= 180° - \beta - (\angle C - \gamma)$$
$$= 180° - \angle C + \gamma - \beta,$$

所以
$$90° + \frac{1}{2}\angle A = 180° - \angle C + \gamma - \beta,$$

即
$$\beta - \gamma = 90° - \angle C - \frac{1}{2}\angle A.$$

于是
$$\angle BTC = 180° - \angle TBC - \angle TCB = 180° - \angle B + \beta - \gamma$$
$$= 180° - \angle B + 90° - \angle C - \frac{1}{2}\angle A$$
$$= 90° + \frac{1}{2}\angle A = \angle BVC,$$

故 B、C、V、T 四点共圆.

引理证毕.

下面回到原题.

延长 ME、NE、MF、NF,分别交圆 φ 于 P、S、L、Q,BQ 与 CS 交于点 T',BL 与 CP 交于点 V'. 连接线段,如图 D9.7 所示.

易知
$$\angle ACP = \angle AMP = \angle BEM - \angle BAM$$
$$= \angle MNE - \angle BCM$$

$= \angle MCS - \angle BCM = \angle BCS$.

同理，$\angle ABQ = \angle CBL$.

故点 T'、V' 是 $\triangle ABC$ 的等角共轭点.

对圆内接六边形 $ABQNSC$，由帕斯卡定理得 AB 与 NS 的交点 E、BQ 与 CS 的交点 T'、QN 与 AC 的交点 F 三点共线，即点 T' 在直线 EF 上.

由引理得 B、C、V'、T' 四点共圆. 所以
$$\angle BT'E = \angle BCV' = \angle BME,$$
$$\angle CT'F = \angle CBV' = \angle CMF,$$
故 E、B、M、T' 四点共圆，F、C、M、T' 四点共圆.

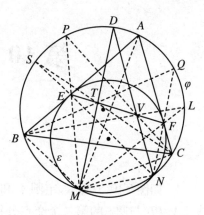

图 D9.7

因此 $\angle BMT' = \angle AET' = \angle AFT' = \angle CMT'$.

因 D 为 $\overset{\frown}{BAC}$ 的中点，故 $\angle BMD = \angle CMD$. 所以点 T' 在 DM 上.

故点 T' 为 DM 与 EF 的交点，T' 与 T 重合.

同理，V' 与 V 重合.

所以 T、V 是 $\triangle ABC$ 的等角共轭点.

注 显然，本题是曼海姆（Mannheim）定理的一种推广，还可以进一步推广如下：

如图 D9.8 所示，$\triangle ABC$ 的外接圆为圆 φ，点 D 为 $\overset{\frown}{BAC}$ 的中点，圆 ε 与边 AB 交于点 E_1、E_2，与边 AC 交于点 F_1、F_2，使得 $AE_1 = AF_1$，圆 ε 与圆 φ 交于点 M、N，直线 DM 与 E_1F_1 交于点 T，DN 与 E_2F_2 交于点 V. 则点 T、V 是 $\triangle ABC$ 的等角共轭点.

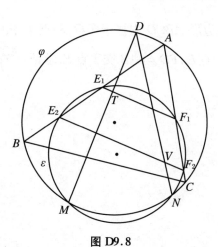

图 D9.8

第10章 定值问题

习 题

1. 如图 T10.1 所示,定圆 φ 和定圆 ε 相交于点 A、B,动点 P 在圆 φ 上且在圆 ε 外面.直线 PA、PB 与圆 ε 的第二个交点分别为 C、D,直线 AD、CB 与圆 φ 的第二个交点分别为 E、F.求证:线段 EF 的长为定值.

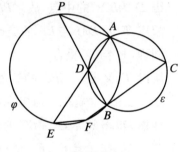

图 T10.1

2. 如图 T10.2 所示,四边形 $ABCD$ 内接于 $\odot O$,动点 P 在 $\odot O$ 上,且不与点 A、B、C、D 重合,直线 PC 与 AB 交于点 E,PD 与 AB 交于点 F.求证:$\dfrac{AE \cdot BF}{EF}$ 为定值.

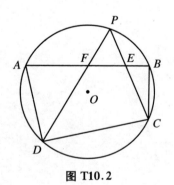

图 T10.2

3. 如图 T10.3 所示,定圆内两条定弦 AB、CD 平行,点 P 为 $\overset{\frown}{AB}$ 上任一点. 求证: $\dfrac{PA+PB}{PC+PD}$ 为定值.

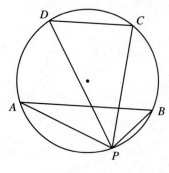

图 T10.3

4. 如图 T10.4 所示,在 $\triangle ABC$ 中,点 D、E 分别在 AB、AC 上,$DE \parallel BC$,DE 的中垂线交 BC 于点 F,直线 FE 交 $\triangle ADE$ 的外接圆 $\odot P$ 于点 E、K,$\odot P$ 在点 D、K 处的切线相交于点 T. 求证:点 T 在直线 BC 上.

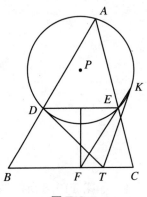

图 T10.4

5. 如图 T10.5 所示,已知定四边形 $ABCD$,动点 P 在直线 AD 上. 作 $PE \parallel AB$,交 BC 于点 E;$PF \parallel CD$,交 BC 于点 F. 直线 AE 与 DF 相交于点 K. 求证:点 K 到直线 BC 的距离为定值.

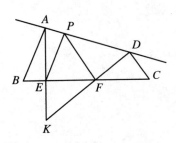

图 T10.5

※6. 如图 T10.6 所示,已知定△ABC,D 为任意一点,直线 BD 与 AC 交于点 E,CD 与 AB 交于点 F,AD 与 EF 交于点 P,PK⊥BC 于点 K.求证:直线 DK 恒过一个定点.

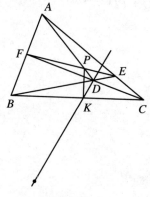

图 T10.6

※7. 如图 T10.7 所示,P 为△ABC 内一点,AP 与 BC 交于点 D,BP 与 CA 交于点 E,CP 与 AB 交于点 F,EF 的中点为 T,AT 交 DF 于点 K,边 BC、CA 的中点分别为 M、N.求证:点 K 在直线 MN 上.

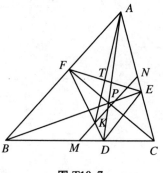

图 T10.7

8. 如图 T10.8 所示,定圆 φ 的定弦 BC 不是直径,动点 V、U 在圆 φ 上,BU 与 CV 相交于点 P,M 为 BC 的中点,BC 与过 M、V、U 三点的圆 δ 交于点 M、N.求证:直线 PN 恒过一个定点.

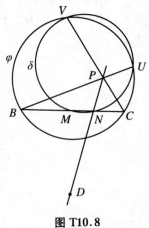

图 T10.8

9. 如图 T10.9 所示,AB 为定圆的定弦(不是直径),定点 P、K 在 AB 上,满足 $AP = BK < \dfrac{1}{2}AB$.动点 C 在优弧$\overset{\frown}{AB}$上,$PE \perp AC$ 于点 E,$KF \perp BC$ 于点 F.求证:EF 的中垂线经过一个定点.

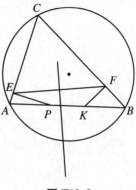

图 T10.9

10. 如图 T10.10 所示,AB 为定圆的弦(不是直径),定点 P 满足 $PA = PB$,动点 C 在优弧$\overset{\frown}{AB}$上,$PE \perp AC$ 于点 E,$PF \perp BC$ 于点 F.求证:EF 的中垂线经过一个定点.

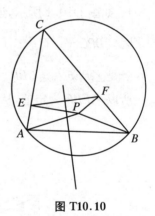

图 T10.10

11. 如图 T10.11 所示,已知定 $\triangle ABC$,动点 D 在直线 BC 上,以 AD 为直径的 $\odot(AD)$ 分别与 CA、AB 交于点 E、F(均不同于 A),$\odot(AD)$ 在点 E、F 处的切线相交于点 P.求证:当点 D 运动时,点 P 在一条定直线上.

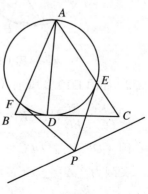

图 T10.11

12. 如图 T10.12 所示,在定 $\triangle ABC$ 中,动点 D、E 在射线 BC 上,满足 $BD < BE$,线段 DE 为定长,$\triangle ABE$ 的外接圆交直线 AC 于点 A、F,$\triangle ACD$ 的外接圆交直线 AB 于点 A、K. 求证:当动点 D、E 变动时,$\triangle AFK$ 的外接圆恒过一个不同于 A 的定点.

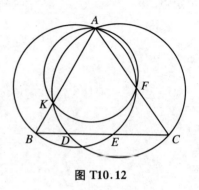

图 T10.12

解 析

1. 如图 D10.1 所示,连接 PE、PF.

因 $\angle BPC + \angle C \stackrel{m}{=} \frac{1}{2}(\overset{\frown}{AMB} + \overset{\frown}{ADB})$ 为定值,故 $\angle PAD = \angle CBP$ 为定值.

于是 $\angle PEF = \angle CBP = \angle PAD = \angle PFE$ 为定值.

所以 $\angle EPF$ 为定值,从而线段 EF 的长为定值.

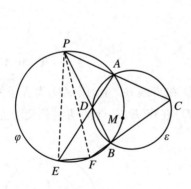

图 D10.1

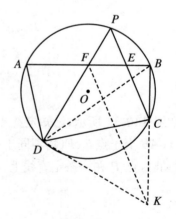

图 D10.2

2. 如图 D10.2 所示,作 $FK \parallel PC$,交直线 BC 于点 K,连接 DK、BD.

则 $\dfrac{CK}{BC} = \dfrac{EF}{BE}$,故 $CK = \dfrac{EF \cdot BC}{BE}$.

因 $\angle DFK = \angle DPC = \angle DBK$,故 D、F、B、K 四点共圆. 所以 $\angle AFD = \angle CKD$.

又因为 $\angle A = \angle DCK$,所以 $\triangle AFD \sim \triangle CKD$,故

$$\frac{AF}{CK} = \frac{AD}{CD} \Rightarrow CK = \frac{AF \cdot CD}{AD}.$$

所以
$$\frac{EF \cdot BC}{BE} = \frac{AF \cdot CD}{AD} \Rightarrow \frac{AF \cdot BE}{EF} = \frac{AD \cdot BC}{CD}.$$

从而
$$\frac{AE \cdot BF}{EF} = \frac{(AF+EF)(BE+EF)}{EF} = \frac{AF \cdot BE}{EF} + AB$$
$$= \frac{AD \cdot BC}{CD} + AB \quad (定值).$$

3. 如图 D10.3 所示,连接 AC、AD、BC、BD.
因为 $AB /\!/ CD$,所以 $AD = BC$,$BD = AC$.
对圆内接四边形 $PADB$、$PACB$,由托勒密定理得
$$PA \cdot BD + PB \cdot AD = PD \cdot AB$$
$$\Rightarrow PA \cdot AC + PB \cdot BC = PD \cdot AB,$$
$$PA \cdot BC + PB \cdot AC = PC \cdot AB.$$

所以
$$(PA + PB) \cdot AC + (PA + PB) \cdot BC$$
$$= (PC + PD) \cdot AB,$$

即
$$\frac{PA + PB}{PC + PD} = \frac{AB}{AC + BC} \quad (定值).$$

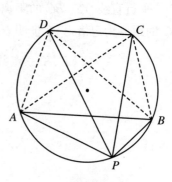

图 D10.3

4. 连接线段,如图 D10.4 所示.

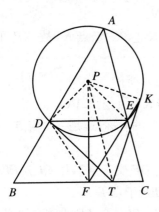

图 D10.4

因点 P 在 DE 的中垂线上,故 $\triangle PDF \cong \triangle PEF$,因此 $\angle PDF = \angle PEF$.

因 $PE = PK$,故 $\angle PKE = \angle PEK$.

从而
$$\angle PDF + \angle PKF = \angle PEF + \angle PEK = 180°,$$

所以 P、D、F、K 四点共圆.

因 TD、TK 均为 $\odot P$ 的切线,故 $\angle PDT = \angle PKT = 90°$,所以 P、D、T、K 四点共圆.

故 P、D、F、T、K 五点共圆.

从而 $\angle PFT = \angle PDT = 90°$,即 $FT \perp PF$.

又因 $BFC \perp PF$,根据过点 F 与 PF 垂直的直线有且只有一条,知点 T 在直线 BC 上.

5. 如图 D10.5 所示,作 $AN \mathbin{\!/\mkern-5mu/\!} CD$,交 BC 于点 N,直线 AB 与 DN 交于点 Y;作 $DM \mathbin{\!/\mkern-5mu/\!} AB$,交 BC 于点 M,直线 AM 与 CD 交于点 Z.设直线 AB 与 CD 交于点 X.

由梅涅劳斯定理得

$$\frac{XY}{YB} \cdot \frac{BN}{NC} \cdot \frac{CD}{DX} = 1 = \frac{XZ}{ZC} \cdot \frac{CM}{MB} \cdot \frac{BA}{AX}.$$

因 $AN \mathbin{\!/\mkern-5mu/\!} CD, DM \mathbin{\!/\mkern-5mu/\!} AB$,故

$$\frac{BN}{NC} = \frac{BA}{AX}, \quad \frac{CD}{DX} = \frac{CM}{MB},$$

所以 $\dfrac{XY}{YB} = \dfrac{XZ}{ZC}$,因此 $YZ \mathbin{\!/\mkern-5mu/\!} BC$.

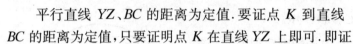

图 D10.5

平行直线 YZ、BC 的距离为定值.要证点 K 到直线 BC 的距离为定值,只要证明点 K 在直线 YZ 上即可.即证

$$Y、Z、K \text{ 三点共线} \Leftrightarrow \frac{S_{\triangle DKZ}}{S_{\triangle AKZ}} = \frac{S_{\triangle DYK}}{S_{\triangle AYK}}$$

$$\Leftrightarrow \frac{\left(\dfrac{DK}{DF}\right)^2 \cdot S_{\triangle DFC}}{\left(\dfrac{AK}{AE}\right)^2 \cdot S_{\triangle AEM}} = \frac{\left(\dfrac{DK}{DF}\right)^2 \cdot S_{\triangle DNF}}{\left(\dfrac{AK}{AE}\right)^2 \cdot S_{\triangle ABE}}$$

$$\Leftrightarrow \frac{S_{\triangle DFC}}{S_{\triangle DNF}} = \frac{S_{\triangle AEM}}{S_{\triangle ABE}}$$

$$\Leftrightarrow \frac{FC}{NF} = \frac{EM}{BE}.$$

由 $AN \mathbin{\!/\mkern-5mu/\!} PF \mathbin{\!/\mkern-5mu/\!} CD, AB \mathbin{\!/\mkern-5mu/\!} PE \mathbin{\!/\mkern-5mu/\!} DM$ 知上式左右两边都等于 $\dfrac{PD}{AP}$.所以欲证结论成立.

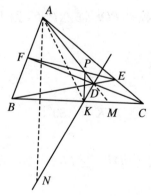

图 D10.6

※6. 如图 D10.6 所示,设直线 AD 与 BC 交于点 M,连接 AK.作 $AN \perp BC$,交直线 DK 于点 N.

因 $A、P、D、M$ 为调和点列,$PK \perp BC$ 于点 K,故 KP 平分 $\angle AKD$.

又因为 $PK \mathbin{\!/\mkern-5mu/\!} AN$(都与 BC 垂直),所以

$$\angle KNA = \angle DKP = \angle PKA = \angle KAN,$$

从而 $KA = KN$,点 N 是点 A 关于 BC 的对称点,是一个定点.

所以直线 DK 恒一个过定点 N.

※7. 如图 D10.7 所示,设 BE 与 DF 交于点 J,作 $CL \mathbin{\!/\mkern-5mu/\!} EF$,分别交 DF、AB 于点 K'、L,AK' 交 EF 于点 T'.

因 $B、J、P、E$ 为调和点列,故 $FB、FJ、FP、FE$ 为调和线束.

因 $CL \mathbin{\!/\mkern-5mu/\!} EF$,故 $CK' = K'L$.

从而 $ET' = T'F$,点 T' 与 T 重合.

所以点 K' 与 K 重合.

因 $CK = KL$,故点 K 在 $\triangle ABC$ 的中位线 MN 所在的直线上.

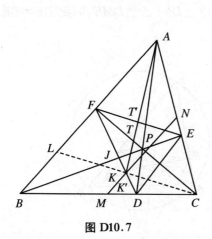

图 D10.7

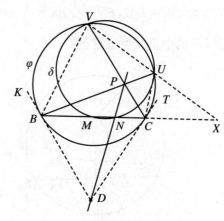

图 D10.8

8. 如图 D10.8 所示,设 V、U 均在圆 φ 的优弧 $\overset{\frown}{BC}$ 上(其他情况证明类似). 因 BC 不是圆 φ 的直径,过点 B、C 作圆 φ 的切线 BK、CT,点 K、T 与 V 在直线 BC 的同侧,可设直线 BK、CT 交于点 D.

下面证明:直线 PN 恒过定点 D,即证 P、N、D 三点共线.

若 $VU \parallel BC$,则直线 PN 为弦 BC 的中垂线,结论成立.

若 VU 与 BC 不平行,则可设直线 VU 与 BC 交于点 X,连接 BV、CU.

因 M 为 BC 的中点,故 $2XM = XB + XC$.

因为 $XM \cdot XN = XV \cdot XU = XB \cdot XC$,所以

$$(XB + XC)(CN + XC) = 2XB \cdot XC$$

$$\Rightarrow XB \cdot CN + XC \cdot CN + XC^2 = XB \cdot XC$$

$$\Rightarrow XB \cdot CN = XC \cdot BN$$

$$\Rightarrow \frac{BN}{CN} = \frac{XB}{XC}.$$

设直线 PD 与 BC 交于点 N'. 则

$$\frac{BN'}{CN'} = \frac{S_{\triangle BPD}}{S_{\triangle CPD}} = \frac{BP\sin\angle KBP}{CP\sin\angle TCP} = \frac{BV\sin\angle BCU}{CU\sin\angle CBV} = \frac{BV \cdot BU}{CU \cdot CV} = \frac{S_{\triangle BVU}}{S_{\triangle CVU}} = \frac{XB}{XC}.$$

所以 $\frac{BN}{CN} = \frac{BN'}{CN'}$,故点 N' 与 N 重合,即 P、N、D 三点共线.

综上所述,命题获证.

9. 如图 D10.9 所示,设 PA、KB 的中点分别为 M、N,点 D 在 MN 的中垂线上,且点 D 与 C 在 AB 的异侧,满足 $\angle DMN = \angle DNM = \angle C$. 连接 EM、DE、NF、DF.

下面证明 EF 的中垂线经过定点 D.

当 $\angle A = \angle B$ 时,结论显然成立.

不妨假设 $\angle A > \angle B$,则

$$\angle DNF = \angle DNM + \angle FNK = \angle C + 2\angle B,$$

$$\angle DME = 360° - \angle DMN - \angle EMP = 360° - \angle C - 2\angle A = \angle C + 2\angle B = \angle DNF.$$

又因为 $DN = DM, FN = \dfrac{1}{2}BK = \dfrac{1}{2}AP = EM$，所以 $\triangle DNF \cong \triangle DME$，因此 $DF = DE$.

故 EF 的中垂线经过定点 D.

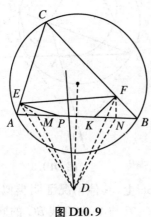

图 D10.9

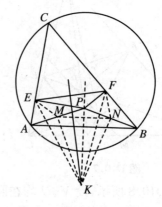

图 D10.10

10. 如图 D10.10 所示，设点 P 与 C 在直线 AB 的同侧（若在异侧证明类似）. 把 $\triangle ABC$ 的三内角简记为 $\angle A$、$\angle B$、$\angle C$，$\angle PAB = \angle PBA = \alpha$. 设 PA、PB 的中点分别为 M、N，则 $MN \parallel AB$，在 MN 的中垂线上取点 K（点 K 与 C 在直线 AB 的异侧），使 $\angle KMN = \angle KNM = \angle C + \alpha$. 连接 KE、KF、EM、NF.

下面证明 EF 的中垂线经过定点 K.

当 $\angle A = \angle B$ 时，结论显然成立.

不妨假设 $\angle A > \angle B$. 则

$$\begin{aligned}
\angle KNF &= \angle KNM + \angle PNM + \angle FNP \\
&= \angle C + \alpha + \alpha + 2\angle CBP \\
&= \angle C + 2\angle B, \\
\angle KME &= 360° - \angle KMN - \angle PMN - \angle EMP \\
&= 360° - \angle C - \alpha - \alpha - 2\angle CAP \\
&= 360° - \angle C - 2\angle A \\
&= \angle C + 2\angle B = \angle KNF.
\end{aligned}$$

又 $KN = KM, NF = \dfrac{1}{2}PB = \dfrac{1}{2}PA = ME$，所以 $\triangle NKF \cong \triangle MKE$，因此 $KF = KE$.

故点 K 在 EF 的中垂线上.

11. 如图 D10.11 所示（图形画得不相同时，证明类似），作 $BG \perp AB$，交直线 AC 于点 G，作 $CH \perp AC$，交直线 AB 于点 H，设 BG、CH 的中点分别为 M、N，则直线 MN 为定直线.

下面证明点 P 在定直线 MN 上.

设直线 ED 与 AB 交于点 U，FD 与 AC 交于点 V. 对退化的圆内接六边形 $AFFDEE$，由帕斯卡定理得 U、P、V 三点共线.

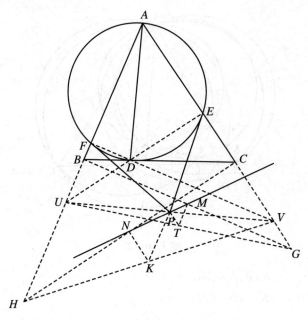

图 D10.11

因为 FP 为 $\odot(AD)$ 的切线,D 为 $\triangle AUV$ 的垂心,所以 $\angle PFV = \angle FAD = \angle PVF$,因此 $PV = PF$.

同理,$PU = PE$.

故 $PV = PF = PE = PU$.

设 UG、HV 的中点分别为 T、K. 连接 TP、TM、KP、KN.

由三角形中位线定理得

$$TM \underline{\underline{/\!/}} \frac{1}{2} BU, \quad TP \underline{\underline{/\!/}} \frac{1}{2} VG, \quad KP \underline{\underline{/\!/}} \frac{1}{2} UH, \quad KN \underline{\underline{/\!/}} \frac{1}{2} CV.$$

所以 $TM /\!/ KP$,$TP /\!/ KN$,从而 $\angle MTP = \angle PKN$.

因 $DU /\!/ CH$(都与 AC 垂直),$DV /\!/ BG$(都与 AB 垂直),故

$$\frac{BU}{UH} = \frac{BD}{DC} = \frac{VG}{CV},$$

所以 $\dfrac{TM}{KP} = \dfrac{TP}{KN}$.

故 $\triangle TMP \sim \triangle KPN$. 因此 $\angle TPM = \angle KNP$. 从而

$$\angle TPM + \angle TPN = \angle TPM + \angle KNP = 180°.$$

因此点 P 在直线 MN 上.

12. 如图 D10.12 所示,设 BC 的中点为 M,$\triangle AFK$ 的外接圆与直线 AM 交于点 A、N.

下面证明当动点 D、E 变动时,$\triangle AFK$ 的外接圆恒过定点 N.

在射线 BC 上取点 D_1、E_1,满足 $BD_1 < BE_1$,$D_1 E_1 = DE$(定长),$\triangle ABE_1$ 的外接圆交直线 AC 于点 A、F_1,$\triangle ACD_1$ 的外接圆交直线 AB 于点 A、K_1. 只要证明 $\triangle AF_1 K_1$ 的外接圆也

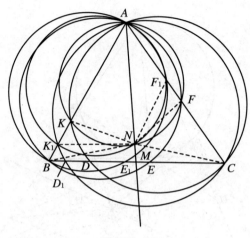

图 D10.12

过点 N,即证明 A、F_1、N、K_1 四点共圆.

连接 NF、NK、NF_1、NK_1、BN、CN.

由圆幂定理得

$$BK \cdot BA = BD \cdot BC, \quad BK_1 \cdot BA = BD_1 \cdot BC,$$

则

$$KK_1 \cdot BA = (BK - BK_1)BA = (BD - BD_1)BC = DD_1 \cdot BC.$$

同理,$FF_1 \cdot CA = EE_1 \cdot BC$.

由 $D_1E_1 = DE$ 知 $DD_1 = EE_1$,所以

$$KK_1 \cdot BA = FF_1 \cdot CA \Rightarrow \frac{KK_1}{FF_1} = \frac{CA}{BA}.$$

因为 M 为 BC 的中点,所以 $S_{\triangle ABN} = S_{\triangle ACN}$,即

$$\frac{1}{2}BA \cdot NK\sin\angle NKA = \frac{1}{2}CA \cdot NF\sin\angle NFC.$$

又因为 $\angle NKA = \angle NFC$,所以

$$\frac{NK}{NF} = \frac{CA}{BA} = \frac{KK_1}{FF_1}.$$

故 $\triangle NKK_1 \backsim \triangle NFF_1$,因此 $\angle NK_1K = \angle NF_1F$.

于是 A、F_1、N、K_1 四点共圆.

注 特别地,若 $DE = \frac{1}{2}BC$,则 $\triangle AFK$ 的外接圆过 BC 的中点 M;若 $DE = BC$,设 AM 交 $\triangle ABC$ 的外接圆于点 P,则 $\triangle AFK$ 的外接圆过点 P.

第 11 章 几何不等式

习　题

1. 如图 T11.1 所示,在锐角 △ABC 中,CH⊥AB 于点 H,点 D、E 在边 BC 上,且 ∠BAD = ∠CAE < $\frac{1}{2}$∠BAC. 求证:∠BHD > ∠CHE.

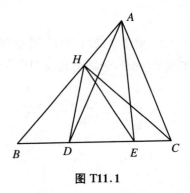

图 T11.1

2. 如图 T11.2 所示,已知在 △ABC 中,点 D 在边 BC 上,点 E 在外接圆的 $\overparen{BC}$(不含点 A)上,且 ∠BAD = ∠CAE,过点 D 的直线分别交射线 EB、EC 于点 M、N. 求证:∠MAN ≥ ∠BAC.

图 T11.2

3. 如图 T11.3 所示,⊙O 中弦 $AB \perp$ 弦 CD 于点 E,圆心 O 在 $\angle AED$ 内,点 P 在不含有 B、C 的 $\overset{\frown}{AD}$ 上(点 P 不与 A 或 D 重合),直线 PE 交 ⊙O 于点 P、F,PB 交 CD 于点 K. 求证:$BK > EF$.

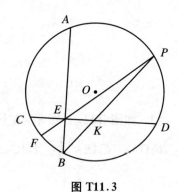

图 T11.3

4. 如图 T11.4 所示,锐角 $\triangle ABC$ 的外接圆为 ⊙O,垂心为 H,AD 为 ⊙O 的直径,过 D 作 $MN \perp AD$,分别交直线 AB、AC 于点 M、N. 求证:$\angle MHN > 90°$.

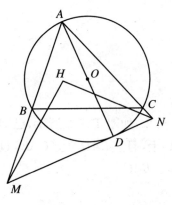

图 T11.4

解　析

1. 如图 D11.1 所示,点 D 在 AB、AC、CH 上的射影分别为 F、K、G,点 E 在 AB、AC、CH 上的射影分别为 M、N、V,EN 交 CH 于点 P.

因 $\triangle ABC$ 为锐角三角形,故上述各射影在各线段上,而不在其延长线上.

因
$$\angle BAD = \angle CAE < \frac{1}{2} \angle BAC,$$

故 $Rt\triangle ADF \backsim Rt\triangle AEN$,$Rt\triangle ADK \backsim Rt\triangle AEM$,所以
$$\frac{DF}{EN} = \frac{AD}{AE} = \frac{DK}{EM}.$$

①

因 $EV /\!/ DG$, $EN /\!/ DK$, 故

$$\frac{EV}{DG} = \frac{CE}{CD} = \frac{EN}{DK}. \qquad ②$$

①×②得

$$\frac{DF}{DG} = \frac{EN^2}{EM \cdot EV}.$$

因 $HFDG$、$HMEV$ 均为矩形, 故 $HF = DG$, $EM = HV$.

又因为 $EN > EP > EV$, 所以

$$\frac{DF}{HF} = \frac{DF}{DG} = \frac{EN^2}{EM \cdot EV} > \frac{EV}{HV},$$

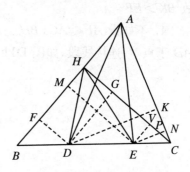

图 D11.1

即 $\tan\angle FHD > \tan\angle VHE$. 故 $\angle FHD > \angle VHE$, 即 $\angle BHD > \angle CHE$.

2. 如图 D11.2 所示, 因 $\angle CBE = \angle CAE = \angle BAD$, 故直线 EB 与 $\triangle ABD$ 的外接圆切于点 B, 所以 $\angle ABC \geqslant \angle AMN$, 当且仅当点 M 与 B 重合时, 等号成立.

类似地, $\angle ACB \geqslant \angle ANM$, 当且仅当点 N 与 C 重合时, 等号成立. 故

$$\angle MAN = 180° - \angle AMN - \angle ANM \geqslant 180° - \angle ABC - \angle ACB = \angle BAC,$$

当且仅当直线 MN 与 BC 重合时, 等号成立.

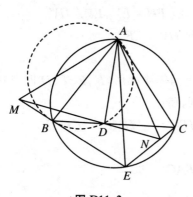

图 D11.2

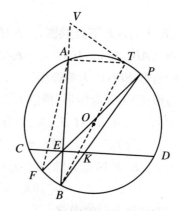

图 D11.3

3. 如图 D11.3 所示, 作直径 BT, 则点 T 在不含有点 B、C 的 $\overset{\frown}{AD}$ 上, 直线 PT 与 BA 交于点 V, 连接 AF、AT.

当点 P 在 $\overset{\frown}{DT}$ 上时, 因 $\angle BTV > \angle BPT = 90° > \angle BTA$, 故点 V 在 BA 的延长线上.

当点 P 与点 T 重合时, PT 为 $\odot O$ 的切线, 故点 V 在 BA 的延长线上.

当点 P 在 $\overset{\frown}{AT}$ 上时, 因 $\angle BTV = \angle BTP > \angle BTA$, 故点 V 在 BA 的延长线上.

总之, 点 V 在 BA 的延长线上. 所以 $BV > AB$.

因 $AB \perp CD$, 圆心 O 在 $\angle AED$ 内, 故 $\overset{\frown}{ACB}$、$\overset{\frown}{ACF}$ 都是劣弧, 且 $\overset{\frown}{ACB} > \overset{\frown}{ACF}$. 于是 $BV > AB > AF$.

因为 $\text{Rt}\triangle BEK \sim \text{Rt}\triangle BPV$, $\triangle BEP \sim \triangle FEA$, 所以

$$\frac{BK}{BV} = \frac{BE}{BP} = \frac{EF}{AF}.$$

故 $BK > EF$.

4. 不妨设 $AB \leqslant AC$，$BH \perp AC$ 于点 E，$CH \perp AB$ 于点 F，作 $HT \perp MN$ 于点 T，$HV \perp AD$ 于点 V. 连接线段，如图 D11.4 所示.

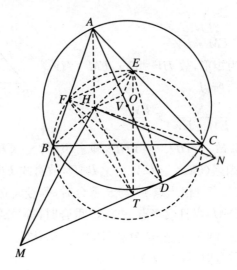

图 D11.4

因 A、E、V、H、F 五点共圆，$\angle FAH = \angle EAV$，故 $FH = EV$，$EF \parallel HV$.

在锐角 $\triangle ABC$ 中，$\angle HAV < \angle FAE < 90°$，因此 $HV < EF$.

所以四边形 $EFHV$ 为等腰梯形.

又四边形 $HVDT$ 为矩形，所以四边形 $EFTD$ 也为等腰梯形，E、F、T、D 四点共圆.

又因为 H、F、M、T，H、E、N、T 分别四点共圆，所以

$$\angle EDF = \angle ETF = \angle HTF + \angle HTE = \angle HMF + \angle HNE.$$

因为 B、C、E、F 四点共圆，BC 为直径，且

$$\angle BDC = 180° - \angle BAC > 90°,$$

所以点 D 在 $\odot(BCEF)$ 的内部.

从而

$$\angle HMF + \angle HNE = \angle EDF > \angle EBF = 90° - \angle BAC.$$

故

$$\angle MHN = \angle HMF + \angle HNE + \angle BAC > 90°.$$